Anarquia relacional

Anarquia relacional
A revolução a partir dos vínculos

Juan-Carlos Pérez-Cortés

Traduzido por

Caetano Barsoteli

Primeira edição em espanhol, abril de 2020
Autor: Juan Carlos Pérez Cortés
Editora: La Oveja Roja
Título original: *Anarquía Relacional. La revolución desde los vínculos*

Primeira edição em português, outubro de 2024
Título: *Anarquia relacional. A revolução a partir dos vínculos*
Tradutor: Caetano Barsoteli
Design da capa: Juan-Carlos Pérez-Cortés
Publicado de forma independente

Dedicado

Para aqueles que me ensinaram e cuidaram de mim,
para aqueles que estão fazendo isso agora,
e para aqueles que o farão no futuro.
Na esperança de saber como cuidar e ensinar a alguns também,
e de poder continuar fazendo isso.

Índice

Prefácio às edições internacionais

por Elisabeth Sheff

Há alguns anos, ao ouvir pela primeira vez a expressão "Anarquia relacional", imediatamente visualizei sofás em chamas, pessoas gritando e outras cenas caóticas. Como muitos que sabem pouco sobre anarquia além dos estereótipos, a entendi erroneamente como um cenário de selvageria e desordem. Porém, ao longo do tempo, conversas com pessoas que se identificavam como anarquistas relacionais me fizeram compreender melhor esse estilo peculiar de relacionamento. O que inicialmente soou como caos absoluto revelou-se como a simples rejeição da aceitação automática de convenções relacionais e uma negociação de algo que melhor se adequa aos envolvidos. Em resumo, liberdade. Talvez excessiva para alguns, mas para outros, a anarquia relacional oferece uma oportunidade ímpar de autenticidade. Se sente o desejo de romper com as normas sociais que exigem conformidade não questionada e questiona padrões rígidos em relação à interação amorosa que valoriza o romance e negligencia outras formas de intimidade, este livro é para você.

Recentemente traduzido do espanhol, o intrigante e desafiador livro de Juan-Carlos Pérez-Cortés atrai os leitores interessados na filosofia dos relacionamentos. Isso não significa que o livro seja desafiador pelo fato de ser de difícil compreensão - definitivamente, não é. Ainda que Pérez-Cortés utilize ocasionalmente termos complexos como *patriarcal* ou *hegemônico*, ele o faz com o objetivo de exprimir grandes ideias, e não para intimidar os leitores ou ostentar seu intelecto. *Anarquia relacional: A revolução a partir dos vínculos* é desafiador porque questiona e provavelmente desmantela algumas das suposições mais enraizadas - e frequentemente automáticas - sobre o que torna os relacionamentos "verdadeiros" ou "importantes".

Anarquia relacional não é um livro típico de manual ou auto-ajuda. É, ao invés disso, um exercício de pensamento filosófico sobre a estrutura fundamental dos laços nos níveis pessoal e coletivo. A primeira parte do livro proporciona uma visão global, histórica e intelectual do pensamento anarquista, sedimentando estas ideias no berço europeu do feminismo e da política, onde a anarquia surgiu. Desde os pioneiros suecos Andie Nordgren e Jon Jordas, que introduziram o termo anarquia relacional, passando por obras que exploram a natureza da intimidade, de Anthony Giddens, Zygmunt Bauman, Jacob Strandell e Ida Midnattsol (entre outros), até a ficção especulativa de Octavia Butler, Ursula Le Guin e Samuel Delany, Pérez-Cortés proporciona uma visão completa da evolução do pensamento anarquista relacional. Ao longo da trajetória, Pérez-Cortés explora os coletivos *queer* e não monogâmicos, a assexualidade e as reações indígenas às visões colonizadas da intimidade. No âmago, a análise de Pérez-Cortés centra-se nas inúmeras maneiras pelas quais o poder é criado, codificado e imposto através da definição e regulamentação das relações íntimas.

A segunda parte do livro oferece uma aplicação mais pessoal, descrevendo como Pérez-Cortés aplica essas ideias à sua própria vida e práticas de criação de relacionamentos não autoritários. Pérez-Cortés propõe questionamentos intrigantes que exigem que os leitores reconsiderem as normas sociais e indaguem como seriam os relacionamentos "se os mandatos sociais fossem substituídos por mecanismos de autogestão de redes de conexões íntimas". Para Pérez-Cortés, o pessoal é essencialmente político, e seu trabalho aponta para uma revolução a começar pelo nível mais básico das relações interpessoais. Pérez-Cortés ressalta que todos nós podemos participar da fundação desta nova ordem social ao nos relacionarmos uns com os outros de maneira ativa, focados na autogestão e no bem-estar coletivo, em vez de estruturas impostas que dicotomizam as relações em "importantes" (ou seja, exclusivas, sexuais, baseadas em propriedade) e de "apenas" amizade.

A liberdade para além dos mandatos sociais pode ser estimulante, mas também assustadora. O que acontece quando as expectativas caem, tanto em nível pessoal quanto coletivo? Qual a base de uma sociedade na qual tudo se faz por escolha? Quem é livre para fazer essas escolhas já que o menu de opções está inscrito nas estruturas existentes de opressão e nas relações de poder sistêmicas que talvez não sejamos tão livres para ignorar? Pérez-Cortés não oferece respostas fáceis a essas questões, mas fornece uma ampla gama de informações que auxiliarão os leitores a chegar às suas próprias conclusões. E que melhor forma para entusiastas do anarquismo do que pensar por si mesmos?

Elisabeth Sheff
Ph.D. em sociologia, consultora educacional, oradora pública,
especialista em famílias poliamorosas e minorias sexuais.
Autora de "The Polyamorists Next Door", "When Someone
You Love is Polyamorous" e "Stories from the Polycule".

Introdução à edição brasileira

Passaram quase cinco anos desde a publicação original de "Anarquía Relacional. La revolución desde los vínculos" em espanhol, na primavera de 2020, na sequência do surto da pandemia da COVID-19. É provável que as consequências dos confinamentos e restrições que vivemos como uma distopia do cotidiano também tenham atingido a esfera relacional, destacando aspectos da estrutura hegemônica das relações, como o isolamento em bolhas familiares, a existência velada de redes de cuidados que essa estrutura minimiza e subordina (mas que nos salvou), ou a evidência de relações de casal baseadas mais na resignação do que no entusiasmo. Não sei se é possível estabelecer uma ligação, mas é evidente que a surpreendente recepção do livro — o fato de uma edição após outra ter esgotado (em novembro de 2022, a quarta edição chegou às livrarias na Espanha e na América Latina) — e de várias traduções para outras línguas e projetos editoriais em outros países terem sido lançados ou estarem em curso, indicam que havia e continua a haver uma necessidade social de conhecer e compreender estruturas alternativas quando se trata de nos relacionarmos uns com os outros.

A recepção mais entusiástica desta monografia tem-se verificado nas comunidades já interessadas nessas alternativas relacionais ao sistema monogâmico hegemônico e também em grupos mais vocacionados para o ativismo lifestyle-politics de inspiração anti-patriarcal, anarquista e anti-capitalista. Nestes domínios, em particular, têm sido organizadas sessões de leitura, análise, cursos, seminários e workshops de âmbitos, extensões e abordagens variadas. De igual modo, as propostas apresentadas no livro têm sido recolhidas em artigos de imprensa, programas de rádio e televisão, entrevistas, podcasts e outros formatos digitais e impressos. Toda essa atividade continua e está mesmo a aumentar com o passar do tempo.

Como pude verificar, o público do livro abrange perfis muito diferentes em termos de interesses e de outras características, como a idade, o gênero, a orientação e as preferências sexuais, a origem geográfica e sociocultural, entre outros. Creio que uma das razões para isso é o fato de a obra reunir duas visões: a política e a relacional. Ela estrutura historicamente os elementos que levaram à emergência desse quadro, começando pelos fundamentos teóricos, filosóficos e políticos, a tradição do livre-pensamento, os desenvolvimentos sociais, os ativismos feministas, queer, sex-positive, etc., ao mesmo tempo que aborda os aspectos mais pessoais e cotidianos.

Rever a história de uma área tão crucial como o pensamento social e a experiência coletiva de nos relacionarmos livremente e sem coerção fornece uma visão e uma perspectiva que são simultaneamente tranquilizadoras e estimulantes para aqueles que esperam explorar as possibilidades que podem existir para além do quadro hegemônico.

Desde as primeiras edições do livro e em todos os países de língua espanhola, o feedback dos leitores tem sido constante, valioso e incrivelmente comovente para mim. Isso mostra que havia uma necessidade em muitas pessoas que sentiam não se encaixar no único modelo disponível para elas. A leitura deste volume inspirou-as e ajudou-as a não se sentirem "esquisitas", além de promover orgulho e confiança em suas próprias decisões e escolhas em matéria de relações.

Nestes quase três anos, as tendências que levaram o livro a ser como é consolidaram-se e generalizaram-se no que se pode ler em fóruns e outras obras escritas, e, em muitos casos, na forma como muitas pessoas tencionam viver. A anarquia relacional é ainda uma estrutura pouco conhecida em geral, mas cada vez mais reconhecida e compreendida por coletivos com preocupações sociais revolucionárias e indivíduos interessados em construir relações mais justas, saudáveis e igualitárias.

A experiência cotidiana dessas pessoas e desses coletivos reforça a importância e o interesse de divulgar cada vez mais ao grande público esta e outras alternativas que confrontam o modelo relacional monogâmico normativo, formado por bolhas funcionalmente isoladas. Não é possível formar redes robustas de amor, afeto, ajuda, apoio e solidariedade se não houver pessoas ao nosso redor que conheçam essas opções e tentem fazer parte dessas redes, na medida de suas possibilidades emocionais e materiais.

Com esta tradução, o público potencial da obra é significativamente ampliado. Estou muito entusiasmado com este passo, que espero que conduza a uma nova aventura tão fascinante quanto a publicação original do livro.

Juan-Carlos Pérez-Cortés
outubro de 2024

Preâmbulo

"Se houver um livro que você gostaria de ler, mas ele ainda não
foi escrito, então você deveria escrevê-lo."

— Toni Morrison.

Como a maioria das jornadas pessoais e intelectuais, sejam elas comuns e sutis no impacto, ou grandiosas e notáveis, tanto em nível individual quanto coletivo, independentemente de sua urgência imediata ou perspectiva de longo prazo, este livro representa, em sua essência, uma busca por identificação. Ele encarna a harmonia entre a vontade de narrar e a ânsia de compreender.

Alguém uma vez proferiu que se os livros fossem redigidos com o intuito de desvendar e compartilhar conhecimentos com seus leitores, em vez de apenas exibir a sabedoria de seus autores, tornariam-se ferramentas ainda mais valiosas. É intrigante perceber que o ato de escrever é uma forma singular de aprendizado. É evidente que o propósito de ensinar - no sentido de instruir ou lecionar - não é o objetivo primário deste trabalho; mas se adequaria, talvez, a uma interpretação mais abrangente do ato de desvendar, explorar e, principalmente, se auto revelar. De fato, a intenção é justamente essa — sem mais nem menos: despir-se sem tornar a própria imagem o foco do desvelamento; emergir por trás do cavalete com as mãos e a pele expostas, tingidas pela tinta; compor a obra sem evitar os reveladores espelhos de fundo, optando por uma visão mais ampla; uma busca por identificação, neste caso, uma projeção do íntimo para o estrutural, contribuindo assim para a própria exploração e reunindo as ideias sugeridas por tantos olhares valiosos. Esta escrita não visa apenas destilar o conhecimento pessoal em palavras, mas trabalha ao tecer um manto personalizado com a essência que absorve de suas inúmeras fontes de inspiração.

Este livro não é um *prêt-à-porter*, nem mesmo se assemelha a um uniforme. A minha esperança reside na convicção de que, após uma meticulosa jornada de exploração - visitando intimamente os bastidores e provadores, esboçando e exibindo com cautela e máxima discrição um traje que considero singularmente confortável, estimulante e provocativo - esses traços e contornos possam servir como um tipo de inspiração. Mas inspiração para que e para quem? Bem, creio que a resposta se revelará de maneira talvez anárquica - isto é, numa ordem autoinstituída - nas próximas páginas. E, se ao final, a leitura não resultar em nenhuma resposta específica, almejo que ao menos ela tenha aguçado questionamentos. Incontestavelmente, nada do que foi abordado aqui buscou a perspectiva de um manual de receitas, de autoajuda ou de desenvolvimento pessoal. A abordagem escolhida é reflexiva e especulativa, com a intenção de também ser útil e instrutiva, mas sem reivindicar uma inatingível objetividade ou adotar uma imagem, sempre insatisfatória, de neutralidade ou equidistância.

Estou convencido de que a abordagem geral e específica que apresento aqui será um insight surpreendente para aqueles que já se identificam em diferentes graus com as propostas ou práticas da anarquia relacional. Isso é particularmente verdadeiro quando consideramos a ancoragem política e social em que baseio minha interpretação, optando pelo radicalismo ao invés do ecletismo ou complacência. Com a crescente disseminação e popularidade do entendimento público da anarquia relacional, temos visto um aumento na tendência de abordá-lo a partir de uma perspectiva apolítica e sem compromisso, desconsiderando uma visão coletiva e desvalorizando as relações de poder e resistência aos diferentes níveis de opressão que afetam gênero, raça, classe ou origem. Minha intenção é pessoalmente trilhar o caminho contrário, desafiando essa perspectiva que, em minha visão, é fragmentada e individualista.

No entanto, escolher um lado não significa interpretar uma proposta como a anarquia relacional de forma prescritiva. Na verdade, uma anarquia estruturada seria um paradoxo insensato. Em todos os sentidos, a estrutura proposta é descritiva, reflete as experiências pessoais e de terceiros, e se baseia amplamente em hipóteses e, no final das contas, é utópica. Todavia, um compromisso ideológico forte não significa abdicar da subjetividade e da singularidade nas relações sociais e emotivas, mas sim estabelecer limites. Tanto em um nível pessoal quanto político, ele é articulado sob a convicção de que qualquer análise de relacionamentos que não considere centralmente as estruturas de opressão permeadas em nossas sociedades, e em particular o modelo patriarcal de pensamento e organização social, que é naturalizado e dominante, é produto de uma cegueira difícil de acreditar - quase um insulto nesta era - ou um conivência interesseira com este sistema opressivo e injusto

O primeiro capítulo delineia a anarquia relacional, explorando suas bases anarquistas, utópicas e transformadoras, à luz de pesquisas acadêmicas e de várias perspectivas de coletivos, seja a favor ou contrárias. O escopo da abordagem é descrito juntamente com sua origem e desenvolvimento inicial como "relações radicais" em ambientes anarquistas no Norte da Europa. Este capítulo também detalha como a proposta alcançou coletivos em outros países do continente que estavam refletindo sobre formas não normativas de relacionamento, bem como sua subsequente disseminação mundial.

Os capítulos dois e três posicionam a anarquia relacional em relação ao pensamento filosófico, social, legal, biológico, antropológico, moral, religioso e político. Esta análise vai do anarquismo inicial, passando pelo feminismo burguês, o anarcofeminismo, a revolução sexual e o amor livre das décadas de 1960 e 1970, até chegar aos movimentos mais atuais, como o ativismo *queer* e as ondas mais recentes do feminismo.

O quarto capítulo foca na dimensão coletiva das relações e nas justificativas para a busca de novas formas de interação. Ele discute por que o anarquismo sempre postulou a razão como alternativa ao escapismo proporcionado por doutrinas religiosas alienantes, que redirecionam as pessoas para divindades ou para si mesmas, impedindo-as de formular práticas sociais de resistência. Por último, o capítulo destaca iniciativas que surgem a partir dos princípios da anarquia relacional, como uma mudança da normatividade nas relações para autogestão coletiva: do enfoque na identidade até a sensibilidade, e da formação de núcleos familiares isolados até outros modelos de vida, convivência e cuidado.

O quinto capítulo expõe possíveis aplicações práticas dos princípios da anarquia relacional no cotidiano individual. Discorre sobre como funciona a concepção dominante dos relacionamentos, suas consequências potenciais e maneiras de superá-las se a intenção for cultivar relacionamentos sem autoritarismo, saudáveis e sustentáveis, com visão coletiva. Este capítulo visa inserir todas essas ideias e reflexões na realidade cotidiana de maneira pessoal, prática e comprometida. Ele explora cada implicação do cotidiano, desde privilégios a expectativas, escassez e falta, individualismo, necessidade de reconhecimento, delimitação, negociação, comprometimento, limites, comunicação e confiança, além de apontar as dificuldades e sugerir ideias para superá-las.

O sexto e último capítulo apresenta as modalidades de ativismo relacional que têm sido propostas, discutindo suas características e quais delas estão sendo realmente implementadas em diferentes partes do mundo. Também aborda a direção que este movimento está seguindo e quais são as expectativas para o futuro próximo.

Por fim, o glossário inclui vários termos utilizados no livro, explicando suas definições sob a perspectiva específica dessa obra. Portanto, ele oferece informações que vão além do necessário para uma simples consulta terminológica. Acredito que seja interessante consultar este glossário antes, durante ou após a leitura do corpo principal do livro.

Se a sua satisfação ao ler for ao menos uma fração do prazer que eu tive ao escrever, meu trabalho terá gerado o dobro de alegria. Agradeço a su3a atenção.

Apresentação

"Amanhã nos encontraremos, e então você me dirá como o
príncipe de Salina suportou a revolução.
—Eu lhe direi agora em quatro palavras: ele diz que não houve
revolução e que tudo continuará como antes."

— Giuseppe Tomasi di Lampedusa, *O Leopardo*.

Estamos vivendo uma era de revoluções que não são
revoluções? Muitos aspectos da vida cotidiana estão
evoluindo a uma velocidade surpreendente, mas parece cada
vez mais difícil transformar outros aspectos do mundo. É como se a
máxima de Lampedusa - mudar tudo para que nada mude - tivesse
se transformado numa profecia, ou, talvez, sempre tenha sido uma

A segunda década do século XXI presenciou importantes eventos
sociopolíticos, como a Primavera Árabe, os movimentos dos
indignados e o Occupy Wall Street, dentre outros. Tais eventos
despertaram grandes esperanças e ilusões, tornando-se valiosos
marcos simbólicos, apesar de suas consequências práticas, ao menos
a curto e médio prazo, não atenderem às expectativas. Uma vez
mais, as mudanças no imaginário coletivo adaptaram a realidade,
ao invés de transformá-la. Assistimos, com a mesma mescla de
esperança e inquietação, a processos ainda mais recentes, como a
intensificação das mobilizações feministas em todo o mundo,
vinculadas ao que vem sendo denominado de "quarta onda do
feminismo". No entanto, parafraseando James Branch Cabell,[1] o
otimismo pode nos fazer acreditar que este é o melhor de todos os
mundos possíveis, e o pessimismo nos fazer temer que ele esteja

---

[1] Literato norte-americano cuja obra, do início do século XX, é considerada uma
referência esteticista e, ao mesmo tempo, anti-romântica.

certo. Independentemente da postura adotada, é inegável que, ancorados em novos conceitos teóricos, somos capazes de expandir nossos horizontes.

Um dos slogans frequentes nas manifestações de movimentos de empoderamento popular de 2011 foi a frase criada décadas antes por Joan Fuster: "Política, ou você a faz ou a fazem por você"[2]. Se combinarmos isso com o slogan feminista dos anos 1970, cada vez mais atual, "O pessoal é político"[3], podemos conceber, como síntese, que a configuração dos laços pessoais é política - ou você os faz ou os fazem por você. A dinâmica dos relacionamentos transcende o âmbito pessoal, pois não se limita a ser um mero acúmulo de experiências individuais e escolhas baseadas em suposições de livre arbítrio. Na verdade, ela é o fruto experimental de um sistema de pensamento moldado pelos padrões culturais dominantes. Diante desta perspectiva, proponho que embarquemos numa jornada que seja crítica desses esquemas pré-concebidos. O objetivo é promover uma reflexão profunda e identificar possíveis caminhos para a emancipação individual e coletiva.

A anarquia relacional, uma proposta emergente com pouco mais de uma década, explora duas dimensões. A primeira é a introspecção crítica: questiona se estou autenticamente vivendo a vida que eu escolheria se tivesse a liberdade de projetá-la do zero. Considera se minhas decisões significativas nos campos afetivo e relacional são frutos das minhas necessidades genuínas, meus desejos e minhas circunstâncias materiais, ou se eu simplesmente segui um padrão predefinido, movendo-me de um estágio para o outro, como em uma escada rolante, com pouca margem para análise ou discordância.[4]

Essa escada, a normatividade, pode ser desafiada com tentativas de escapar ou reverter o trajeto, ainda que isso possa me expor a riscos de um tombo doloroso ou à desaprovação e julgamento de

---

[2]   Prefácio de Gonçal Mayos para Filosofia para indignados: textos situacionistas, RBA, Barcelona, 2013.

[3]   E. Parrondo Coppel, "Lo personal es político", Trama y fondo, 2009.

[4]   A. Gahram, *Stepping Off the Relationship Escalator: Uncommon Love and Life*, Off the escalator enterprises LLC, Boulder, 2017.

outros escalando a mesma escada - para quem minha reviravolta pode ser desconfortável, implicando em interações tensas e conflituosas. A anarquia relacional, dessa maneira, propõe uma conjectura inicial: o que aconteceria se tivéssemos a audácia de desafiar essas rotas mecanizadas?

A segunda dimensão teorizada pela anarquia relacional é a crítica coletiva. Questionamos como nossas sociedades poderiam se transformar se a homogeneização que governa as relações pessoais fosse radicalmente reduzida. E se os mandatos sociais fossem substituídos por mecanismos de autogestão de redes de conexões íntimas, sem diretrizes preestabelecidas ou implicitamente aceitas? O postulado aqui é que expandir espaços para tomada de decisões pessoais e coletivas — particularmente aquelas que moldam as intrincadas redes de relacionamentos que compõem nossas comunidades — tem o potencial de alterar fundamentalmente sua estrutura.

Vários dos pilares mais proeminentes do privilégio social têm suas bases no controle normativo que aprendemos a considerar como "naturais". Isso começa com o controle sexual e reprodutivo, estruturalmente exercido sobre a mulher, que se expande a partir da noção de fidelidade em um casal monogâmico tradicional - historicamente assimétrico - para abranger todas as esferas e formas de regulamentação social. Evolui até o extremo individualismo da família nuclear, transformando o egoísmo acentuado em algo moralmente admirável e quase obrigatório quando manifestado como defesa do grupo familiar. Esse "egoísmo familiar" que Natalia Ginzburg aludiu em seu livro de 1942 *O Caminho que Leva à Cidade*, identificando-o como a semente do fascismo na Itália, fornece uma percepção lúcida da relação entre o pessoal e o político.

O propósito deste livro, por conseguinte, é aprofundar esses dois elementos - o pessoal e o coletivo - e fornecer argumentos que possam embasar as hipóteses formuladas. Trata-se de um empenho voltado para o otimismo e a compreensão, na busca de uma lufada de ar fresco no íntimo e no particular, bem como para a possibilidade de contrapor do micro ao macro - da estrutura aos detalhes das relações - um sistema que constantemente se arma com mecanismos de defesa cada vez mais resilientes. O objetivo é superar os processos que permitem ao sistema assimilar e neutralizar novas ideias, propostas alternativas, visões coletivas e métodos menos autoritários de gestão e governança.

Essa é uma empreitada que provavelmente irá além do tempo e da aptidão individual e social desta geração para evoluir e se adaptar, mas que pode contribuir para revelar e comparar referências além das tradicionalmente dominantes. Assim, pode ser que a próxima onda de transformações seja liderada por indivíduos que não se veem atados a um único modelo predefinido de relações, ou a um único caminho para realizarem seus desejos e aspirações emocionais, familiares, sociais e coletivas.

Bennett se referiu à prática de alinhar ações e decisões pessoais com princípios e metas políticas como "Política de Estilo de Vida" ([5]), em especial quando essa dinâmica desafia de forma radical o status quo. Esse ato, portanto, representa um pequeno (mas potencialmente massivo) esforço rumo a uma nova configuração social.

Talvez a revolução possa desafiar as estruturas de sustentação do sistema não unicamente por meio de ataques ao poder, mas através do que compartilhamos - do que nos liga enquanto seres afetivos, configurando um tecido de vínculos, cuidado, emoções, e sentimentos. Essa resistência é feita através da defesa da dignidade e da luta contra privilégios e abusos pessoais. Nesse cenário, talvez as defesas que mantêm o esquema autoritário e opressivo do sistema hegemônico comecem a ruir. Isso talvez possa nos preparar a agir, em nossa dimensão mais íntima, como indivíduos que se apoiam reciprocamente, que se conectam ao invés de se dividirem em camadas progressivamente menores. Pessoas que não apenas

---

[5] W. L. Bennett, "The UnCivic Culture: communication, identity, and the rise of lifestyle politics", *Political Science and Politics,* 1998.

aprenderam conceitos que promovem o empoderamento popular, solidariedade, apoio mútuo e combate à injustiça, mas que sentem e vivem esses princípios todos os dias.

Manifestação, Wall Street, 2011. Fonte: Wikimedia.

A meta é nos equipar para enfrentar conjuntamente a transformação social de baixo para cima, do íntimo ao coletivo, da indignação à ocupação dos vínculos. *Ocupem vínculos!*[6]

---

[6] Sobre o movimento Occupy, consulte: B. Berkowitz, "From a single hashtag, a protest circled the world", Brisbane Times, 19/10/2011.

Capítulo 1. O que é anarquia relacional?

—Você se considera um radical?
—Todos nós nos consideramos moderados e razoáveis.
—Então, defina—se ideologicamente.
—Acredito que toda autoridade deve ser justificada. Que toda
hierarquia é ilegítima até que se prove o contrário. Às vezes, ela
pode ser justificada, mas, na maioria das vezes, não pode. E
isso é... isso é anarquismo."

— Noam Chomsky
(entrevista no jornal espanhol *El País*, abril de 2018).

Com quase dois séculos de existência, os termos anarquia e anarquismo foram incorporados à linguagem e ao universo simbólico de boa parte da população global. Desde o ativismo em suas várias vertentes ou interpretações, passando pela análise teórica, a simpatia e a curiosidade, até o temor, suspeita ou até mesmo o desdém distante, a maioria dos indivíduos da nossa geração já se deparou, em várias ocasiões, com os termos anarquismo e anarquia.

1.1 O político se torna pessoal

Referências casuais a essa ideologia ou a este conjunto de movimentos políticos geralmente não só carecem de profundidade, mas raramente conseguem retratar a verdadeira essência do termo, e às vezes até insinuam o contrário de seu significado real. Para muitas pessoas, a anarquia traz à mente um cenário de caos social, ao invés da expressão máxima de ordem concebível: aquela que é autodirigida e autogerida. No terceiro capítulo, explorarei o anarquismo político, sua história e seu papel no contexto cultural predominante.

Do anarquismo

A anarquia relacional é uma proposta introduzida por anarquistas, com base em uma perspectiva das relações sociais fundamentada no anarquismo. Essa proposta tem o intuito de ir além, de transcender a abordagem tradicional de um movimento que tem se ocupado, em sua maioria, com a organização política e econômica e com os modos coletivos de gerenciar a convivência social. A anarquia relacional é concebida com o propósito de aplicar os princípios do anarquismo ao domínio das relações pessoais.

De fato, o campo das relações afetivas - a maneira como são formadas, regulamentadas e suas implicações sociais - é uma área que tem sido objeto de escrita e reflexão desde os primeiros ensaios anarquistas e tem mantido relevância ao longo do tempo. Contudo, excetuando algumas ocasiões, as relações afetivas raramente foram vistas como um fator impulsionador chave para uma potencial revolução social. Elas geralmente são consideradas apenas aspectos de um hipotético modelo futuro de convivência - uma consequência prevista desta revolução que pretende superar o Estado com base nos princípios da liberdade e da autogestão coletiva.

A anarquia relacional, então, se fundamenta em aspectos dentro do anarquismo que foram examinados e discutidos ao longo dos anos — como veremos mais adiante — tais como relações familiares, solidariedade, apoio mútuo, comunhão, compromisso e companheirismo, bem como instituições como o casamento, os papéis de gênero e a dinâmica de poder subjacente a todas essas formas de laço. Ela representa a aplicação de uma nova visão a uma corrente de pensamento que tem sido constantemente analisada, validada e revista para compreender como essas relações podem ser estruturadas dentro de uma sociedade anarquista e libertária idealizada. Em algum grau, isso solidificou a representação geral dessa linha de pensamento.

A anarquia relacional, especificamente, de início chamada de "relações radicais" por seus proponentes, é uma crítica à normatividade do pessoal, do íntimo, dos laços afetivos, próximos e cotidianos. Partindo de uma tradicional rejeição expressa ao Estado, à Igreja, à autoridade e ao domínio hierárquico das elites políticas, religiosas e econômicas, a anarquia relacional evolui para um novo paradigma. Este passa a concentrar sua crítica nos eixos de poder simbolizados pelo patriarcado, pelo atual sistema social calcado na família nuclear reprodutiva com foco no heterocentrismo e na monogamia normativa.

Portanto, o paradigma desafia a ideia de que a estrutura social deve girar exclusivamente em torno da família tradicional e que as práticas relacionais devam ser limitadas à monogamia sem série. Na anarquia relacional, qualquer conduta ou comportamento, incluindo a monogamia, é aceitável, desde que seja o resultado da autogestão - ou seja, a consequência de reflexões e decisões compartilhadas que não envolvam autoridade ou coerção de qualquer tipo.

Após esta tentativa de delinear e contextualizar a proposta, no entanto, as questões que surgem naturalmente são: Como essas abordagens se manifestam na prática? Existe um movimento efetivo buscando alcançar esses objetivos? A resposta para a segunda pergunta é provavelmente negativa, pelo menos em termos de organização ou militância. A anarquia relacional surge como uma nova referência, como um paradigma (ou "antiparadigma" por seu caráter antinormativo) que atrai muitos indivíduos em um momento de procura por diferentes modelos relacionais. Contudo, devido a seu caráter experimental, não tem, em princípio, a intenção de originar um movimento organizado, exceto no que concerne ao estudo e disseminação.

Quanto à primeira pergunta, de como essas ideias se materializam no cotidiano, pretendo dedicar a maior parte deste livro. Por ora, tentarei fornecer uma resposta preliminar na forma de uma síntese circunstancial e sucinta: o pensamento e as práticas associadas à anarquia relacional se caracterizam pela rejeição da normatividade predominante, das categorias prescritivas, da autoridade, das prerrogativas, dos privilégios e dos direitos subentendidos que essa normatividade acriticamente cria nos relacionamentos. Além disso, rejeita as expectativas, ilusões e idealizações que são instigadas nas pessoas com base nestes elementos.

Os rótulos e estereótipos estabelecidos pela cultura dominante são colocados sob escrutínio. As definições convencionais de relacionamentos - sejam eles de amor ou amizade, valorosos ou insubstanciais, e até mesmo íntimos ou não íntimos - são questionadas por serem categorias impostas, e não frutos de uma reflexão pessoal crítica. Estes rótulos, livres de padrões regulados, devem ser específicos para cada situação, emoção e momento. Estes são rótulos imperativos que vão além da simples descrição da realidade; eles ditam e hierarquizam-na.

Para uma utopia mais próxima

A anarquia relacional não nega a existência de laços com diferentes níveis de afinidade, compromisso, devoção, confiança, investimento emocional, paixão ou afeto. Torna-se inquestionável que essas características podem se manifestar em gradações variáveis em cada relacionamento e em cada momento. No entanto, a anarquia relacional destaca que definir e rotular relações com base nessas ou outras dimensões apenas serve para reafirmar privilégios, direitos e expectativas estereotipadas, além de suas consequências emocionais. Isso gera uma falsa sensação de segurança e uma necessidade de administração constante das dicotomias padronizadas existentes nas relações: "estamos ou não estamos", "somos ou não somos", "amigos ou mais que isso", "avançamos ou estagnamos", "terminamos ou não", "tudo ou nada", "ele(a) me ama ou não"... Este pensamento binário pode transmutar-se em projeções perniciosas de possessividade, coerção e ameaça: "ou é meu/minha ou não é de ninguém".

1.2 Onde e quando tudo isso aconteceu?

20 de agosto de 2005: Anarkistfestival, Ilha Långholmen, Estocolmo

Em um sábado de agosto, no breve mas luminoso verão sueco, acontece um evento que transforma a tranquila ilha de canais de Långholms — conforme relatado por Anki Bengtsson no já extinto jornal sueco *Yelah*[7] — em um pequeno paraíso anarquista, com oficinas e palestras na grama, música e "acesso proibido a sexistas". As oficinas abrangem desde palestras introdutórias até debates sobre uma ampla variedade de temas e pedidos, que incluem sistemas de transporte gratuito, anarcofeminismo, mídia direta, a Revolução Espanhola,[8] Emma Goldman e até instruções de como fundar uma casa de cultura anarquista.

Cercados por essa atmosfera quase bucólica, mais de 50 pessoas se reúnem no anfiteatro do Långholmsparken para ouvir Andie Nordgren e Jon Jordås falarem sobre normatividade e relacionamentos. Jon inicia sua argumentação destacando que culturalmente temos a tendência de abordar as relações que denominamos de românticas ou amorosas de maneira diferente das que chamamos de amizades. Damos um status mais elevado às primeiras, mas, paradoxalmente, também as situamos em um patamar de maior vulnerabilidade. Consideramos comum que a passagem do tempo representa uma ameaça a um relacionamento romântico em um nível muito maior do que em outros tipos de relacionamento.

Andie complementa dizendo que criamos um pedestal que rotulamos de amor, onde geralmente há espaço para apenas uma

---

[7]   A. Bengston, "Relationsanarki som frigörelseprocess, reportage 050823", Yelah, 23/08/2005 (*Yelah* foi um meio socialista libertário que foi publicado de 1994 a 2014).
[8]   A revolução espanhola de 1936 é um processo social único que se desenvolve durante os primeiros meses da guerra civil a partir de raízes ideológicas anarco-sindicalistas e libertárias, com características cantonalistas no território, horizontalistas na administração, anticlericais e racionalistas na educação, e coletivistas autogestionárias na economia. Ver, por exemplo: Rafael Cid, "80 años de la revolución española. VIVIR la utopía", *Rojo y Negro Digital,* 2016.

pessoa ou, em contextos não monogâmicos, para poucas. A escalada até este pedestal exige sacrifício e um processo de confirmação constante para assegurar que o grau de afeto e compromisso atenda às expectativas deste patamar elevado. No entanto, nas relações que chamamos de amizade, o grau de contato e compromisso é mais flexível, podendo variar com o tempo sem que isso necessariamente resulte em uma ruptura no relacionamento. Embora existam amizades que incluem níveis significativos de controle e demandas de atenção, essa não é a expectativa estruturalmente atribuída a esses vínculos.

Continuam ressaltando que a proposta de desfazer a distinção entre tipos de relacionamentos pré-rotulados não significa que as emoções e sentimentos devem ser uniformes em todos os casos, nem que a paixão deve ser eliminada. Na realidade, as atitudes rígidas que atualmente adotamos em relação ao amor, por um lado, e a amizade, por outro, podem ser combinadas e praticadas de maneira natural a qualquer momento, conforme as circunstâncias. Andie e Jon enfatizam que não querem que a sua visão de anarquia relacional, como chamam a sua proposta, seja confundida com a prática cada vez mais popular do poliamor (o hábito de manter múltiplos relacionamentos afetivos e sexuais ao mesmo tempo). Reconhecem que essa prática poderia ser uma consequência — secundária — de sua abordagem, mas de maneira alguma é o objetivo.

Trata-se da primeira aparição documentada - pelo menos ao meu alcance - de um conceito, a anarquia relacional, que, mais de uma década depois, vem sendo reivindicada, debatida e experimentada por indivíduos e grupos em todo o mundo. Até livros estão sendo escritos sobre isso!

Inabalável diante das exaltações e épicas que estão por vir, a modesta assembleia no Långholmsparken prossegue. Discute-se o fenômeno da paternidade, um aspecto que reconhecem como complexo, e a questão do ciúme, que na visão predominante é apresentado como prova de amor ao invés do que realmente é: um comportamento de controle e posse. Andie também destaca a necessidade de uma mudança para uma perspectiva feminista e não heterocêntrica, superando a lógica do amor livre dos anos 70, que acabou favorecendo primariamente os homens, perpetuando o papel das mulheres como cuidadoras enquanto eram exploradas. Andie defende que o desenvolvimento de cada relacionamento deve ser encarado como um projeto de libertação sob uma ótica de gênero.

Anfiteatro no parque Långholmsparken, na ilha de Långholmen, Estocolmo. Fonte: Wikimedia.

"A genderqueer relationship hacker"

Andie Nordgren, que se auto-descreve como uma "hacker" de relacionamentos de gênero-queer,[9] é vista como a figura principal na origem da anarquia relacional, devido ao seu trabalho de divulgação na internet através de publicações na "*Interacting Arts*" e em diversos blogs pessoais,[10] bem como no livro de perguntas e respostas coletadas "*Fråga Dr Andie*",[11] que pode ser traduzido como

---

[9]   Descrição que faz alusão a uma identidade não-binária combinada com o interesse na pesquisa sobre as relações sob uma perspectiva de ativismo e desconstrução.

[10]   Interacting Arts se definia como um grupo de artistas interdisciplinares, críticos em relação aos meios de comunicação, uma rede de ativistas, uma conspiração, um centro de estudos, um jornal e um blog.

[11]   Andie Nordgren, Fråga Dr Andie Relationsanarki i praktiken frågor och svar från en radikal hjärtespalt, Leanpub books, Victoria, 2012.

"Pergunte à Dra. Andie: Anarquia Relacional na Prática, Perguntas e Respostas de uma Sensibilidade Radical". Andie reconhece que a concepção do termo e da ideia também envolveu Jon Jordås e Leo Nordwall.

Em 2 de novembro de 2006, Andie anunciou em seu blog que a anarquia relacional já havia sido incluída na Wikipédia (na versão em sueco). Demorou até junho de 2013 para que fizesse sua estreia na versão em inglês e, alguns meses depois, em janeiro de 2014, nas edições em espanhol e catalão (fui eu quem criou os artigos, com as poucas informações que consegui reunir naquele momento). Em 12 de maio de 2007, Andie informou no fórum Interacting Arts que Leo Nordwall havia criado um logo para a anarquia relacional.

Finalmente, o documento mais referenciado e que mais causou impacto subsequentemente é o "Manifesto da Anarquia Relacional". Este texto, inicialmente intitulado "8 Pontos sobre a Anarquia Relacional" (*Relationsanarki i 8 punkte*), foi traduzido para o inglês e adaptado por Andie Nordgren com o título "O Pequeno Manifesto Instrutivo para a Anarquia Relacional" (*The Short Instructional Manifesto for Relationship Anarchy*).[12]

Quando tudo é novo e chega algo ainda mais novo

A primeira vez que eu e alguns colaboradores ao sul dos Pirineus nos deparamos com o termo foi em uma reunião organizada pelo coletivo Poliamor Catalunya, em Barcelona, numa sexta-feira de novembro de 2013. Há quase um ano, em Valência, começamos a debater sobre questões de relacionamento e de gênero em colóquios abertos, promovidos por Cristian Yapur, Sonia Pina e eu. O interesse foi despertado e um pequeno coletivo se formou informalmente. Como parte de uma equipe de vanguarda em uma missão exploratória, Sonia e eu fomos a esse encontro, que se desenrolou da maneira mais casual possível: um passeio para tomar cerveja em Barceloneta.

---

[12] http://log.andie.se

Não conhecíamos ninguém pessoalmente, mas foi fácil identificar o grupo de 10 ou 15 pessoas que se reunia na praça de Pau Vila. Pouco tempo depois, já estávamos conversando ao redor de uma mesa em um terraço perto da Carrer del Mar, na Plaça de la Barceloneta. O grupo era diversificado e multicultural e, como se revelou ao longo dos anos, extremamente interessante: um verdadeiro presente da vida. Dentre as pessoas que organizaram a reunião e conduziram a conversa estava David, que após as apresentações e algumas questões introdutórias, mencionou a existência de encontros internacionais chamados *OpenCon*, onde questões de não-monogamia e não-normatividade vinham sendo discutidas há alguns anos. Eu falarei mais detalhadamente sobre isso mais tarde, no capítulo sobre ativismo. A questão principal é que, em determinado momento, uma das participantes, Lina, indagou se alguém já tinha ouvido falar de algo chamado "anarquia relacional".

E não, ninguém na mesa estava familiarizado com o termo. Lina nos explicou brevemente do que se tratava, mencionando que era um movimento originado em seu país, a Suécia, e que começava a se difundir e a ganhar reconhecimento em outros lugares.

No entanto, muito antes, em novembro de 2011, Lille Skvat já havia introduzido e explicado o conceito de anarquia relacional em espanhol, em seu blog "Un blog personal = político". Lille reside na Dinamarca e parece ter sido a responsável por trazer o termo para o cenário feminista e *sex-positive* em Madri. Assim, independentemente, em novembro de 2014, em Los Placeres de Lola, Roma de las Heras realizou uma palestra sobre anarquia relacional, documentada por Miguel Vagalume no pioneiro e muito recomendado site espanhol "Golfxs con Principios".[13] Roma já havia introduzido o conceito quase um ano antes em seu blog "El Bosque en el que vivo" e proposto um logotipo alternativo que tem sido frequentemente utilizado, especialmente na Espanha. Além disso,

---

[13] "Anarquía relacional, según Roma", em golfxsconprincipios.com.

alguns meses antes, Demonio Blanco havia traduzido o artigo "Relationship Anarchy vs. Non-hierarchical Polyamory" do blog "The Thinking Asexual".

Logotipos para anarquia relacional, criados por Leo Nordwall (esquerda) e Roma de las Heras (direita).

Por fim, em julho de 2016, aconteceu o primeiro *Encontro sobre Anarquia Relacional* na Espanha, realizado na cidade de Albacete. O evento contou com a participação de 8 pessoas, vindas de Albacete, Valência, Castelló e Barcelona. No capítulo dedicado ao ativismo, oferecerei mais detalhes sobre este primeiro encontro que, embora modesto em tamanho, considero de grande valor simbólico.

1.3 Quem demonstrou interesse na anarquia relacional até agora?

O mundo acadêmico

Em 2010, Jacob Strandell conduziu um estudo acadêmico pioneiro sobre a anarquia relacional na Universidade de Lund.[14] Nesse estudo, ele situou o modelo dentro das análises teóricas contemporâneas das relações sociais, mencionando a hipótese de Anthony Giddens sobre normatividades emancipatórias substituindo as tradicionais. Além disso, ele explorou a teoria do "amor líquido" de Zygmunt Bauman, relacionando-a à tendência de relacionamentos fluidos devido a influências consumistas. Isso

---

[14] J. Strandell, Det fria subjektets diskurs: en analys av de diskurser som möjliggör relationsanarkins diskurs och praktik, trabalho de graduação de Bacharelado, sociologia, Universidade de Lund, 2010.

resulta no padrão de monogamia em série, onde a busca constante por algo melhor gera insatisfação e substituição de relacionamentos. Esse conceito será abordado em relação aos relacionamentos sustentáveis.

O estudo também aborda a teoria da individualização de Ulrich Beck e Elisabeth Beck-Gernsheim, que descreve a dissolução de estruturas sociais estáveis como classe, gênero, tradição ou família. O que antes era predefinido agora se abre à reflexão e escolha. Entre a interpretação otimista de Giddens (de uma liberação emancipatória) e pessimista de Bauman (de uma fonte distópica de ansiedade e vertigem), a perspectiva de Beck e Beck-Gernsheim destaca as potencialidades do processo, que podem levar a uma direção ou a outra.

Strandell também menciona Sasha Roseneil, que utiliza a teoria queer para analisar o mesmo fenômeno. Roseneil conclui que os processos de individualização e reflexão pessoal abrem novas oportunidades nas relações, desconstruindo identidades sexuais e normas, questionando o essencialismo e minando (por meio do que Roseneil chama de "tendências *queer*") as relações heteronormativas.

Em 2012, Ida Midnattsol realizou uma análise acadêmica no Centro de Estudos de Gênero da Universidade de Umeå[15]. Ela investigou um grupo de pessoas que se identificam com a anarquia relacional, usando a teoria do discurso de Ernesto Laclau e Chantal Mouffe. O objetivo foi examinar a base ideológica e identitária por trás desse modelo e como ele se manifesta na prática.

A pesquisa parte da ideia de que essas posições e discursos individualizam e fragmentam um tema definido de forma vaga e diversa, mas ainda assim contribuem para uma identidade de grupo identificável, apesar de seu caráter difuso.

---

[15] I. Midnattssol, Ett relationsanarkistiskt ställningstagande - en undersökning av subjektspositionering inom relationsanarki, tese de bacharelado, Umeå Centre for Gender Studies (UCGS), Umeå universitet, 2012.

A análise do discurso adota uma abordagem construcionista social, que entende que o conhecimento não é uma verdade objetiva, mas sim moldado pela forma como definimos categorias, influenciadas pelo contexto cultural e histórico. Essa abordagem rejeita a noção de que o significado é intrínseco. Em vez disso, considera que os significados são adquiridos pelos indivíduos como naturais, tornando difícil perceber que são escolhas em vez de uma realidade fixa.

Certamente, essa estrutura teórica e seus conceitos correlatos — como significantes flutuantes e a análise da política como um estudo da hegemonia e dos processos de criação e disputa de significados — foram, por meio da interpretação dos movimentos 15-M e dos indignados, o embrião ideológico e discursivo do que, alguns anos mais tarde, se tornou o partido político Podemos na Espanha.

No contexto das conclusões de Midnattsol, a anarquia relacional, conforme experienciada por aqueles primeiros indivíduos que a adotaram na Suécia, apresenta uma forte ligação conceitual com o anarquismo. Esta relação conceitual se dá pela adaptação da noção de que as normas não devem ser impostas de maneira hierárquica e pré-estabelecida, mas sim sugeridas e construídas de baixo para cima, adequando-se a cada situação e particularidade, em vez de serem tratadas de maneira generalizada.

Outra conclusão é a presença de uma dicotomia no discurso. Ou a anarquia relacional possui uma definição clara, permitindo a identificação de diretrizes que seriam seguidas por seus praticantes, substituindo assim uma normatividade por outra; ou renunciamos a esse limite normativo, destacando a total liberdade para estabelecer modalidades de relacionamento. Contudo, nesse segundo cenário, corremos o risco de chegar à conclusão de que tudo pode ser enquadrado como anarquia relacional e, por consequência, o modelo perde seu propósito.

Na tentativa de fugir do binarismo, uma pressuposição fundamental é a confiança na existência de um meio-termo. Esse equilíbrio representa uma solução que aproveita os pontos fortes de ambos os lados da dicotomia, permitindo a flexibilidade nas relações, sem, entretanto, cair na indistinção que mina a utilidade do próprio conceito de anarquia relacional.

O estudo do autor deixa claro que os adeptos da anarquia relacional desafiam as normas sociais tradicionais, evidenciando a possibilidade de se viver relações diferentes. Eles também se enxergam como uma alternativa que desmonta as estruturas sociais, legais e econômicas existentes, principalmente a distinção rígida entre relações que têm direito a reconhecimento como unidade familiar e as demais.

Algumas pesquisas acadêmicas, apesar de não citar explicitamente a anarquia relacional, compartilham conceitos notavelmente semelhantes com esta perspectiva — uma coincidência particularmente significativa. Uma dessas pesquisas é o livro "Anarchism and Sexuality"[16], compilado por Jamie Heckert e Richard Cleminson, com contribuições advindas da conferência homônima realizada em Leeds, em 2006. Em um dos capítulos do livro, intitulado "Nobody knows what an insurgent body can do"[17], Stevphen Shukait Shukaitis propõe que a política está intrinsecamente ligada às relações e interações pessoais. Ele defende que o afeto e o cuidado podem ser vistos como formas expansivas e criativas de exercer poder, usando como embasamento teórico o pensamento de Antonio Negri.

Além disso, elabora o conceito de um poder que emana da liberdade, da abertura ontológica e da difusão omnilateral, articulando um valor que é formado de baixo para cima e que catalisa transformações nos ritmos comuns do cotidiano. Shukaitis fala da criação de comunidades de resistência, caracterizadas por intensas redes de relações e afetos que dão suporte e geram cumplicidade em todas as facetas da vida.

---

[16] J. Heckert, R. Cleminson, *Anarchism and Sexuality*, Routledge, Bingdon/ New York, 2011.

[17] Ibid.: S. Shukaitis, "Nobody knows what an insurgent body can do" (Ninguém sabe o que um corpo insurgente pode fazer).

Ele ainda conceitua uma cultura sustentável, intitulada por ele de "resistência afetiva", que associa a eficácia à afetividade a longo prazo, em um contraponto ao que normalmente é enfatizado no imaginário neoliberal capitalista.

No estudo *Love and Revolution in Ursula Le Guin's 'Four Ways to Forgiveness'*[18], Laurence Davis destaca o vínculo entre amor e revolução. Ele argumenta que revoluções não dependem somente de mudanças políticas, mas também de transformações na vida diária. Ao contrário de progressistas e marxistas, muitos anarquistas, feministas, ambientalistas e socialistas libertários e utópicos veem a libertação da vida cotidiana como o meio pelo qual suas ideias podem ser alcançadas. Assim, eles incorporam a mudança revolucionária em suas vidas, dando origem a uma contracultura rica em liberdade, presente na arte, educação, mídia e relacionamentos.

Em *Structures of Desire: Postanarchist kink in the speculative fiction of Octavia Butler and Samuel Delany* (Estruturas do Desejo: Fetichismo pós-anarquista na ficção especulativa de Octavia Butler e Samuel Delany)[19], Lewis Call examina as dinâmicas de poder e subjetividade na sociedade. Ele apresenta o pós-anarquismo - um desdobramento contemporâneo da teoria anarquista influenciado pelo pós-modernismo e pós-estruturalismo - como uma força que impulsiona o anarquismo para além de seus limites tradicionais. Call pontua que isso compreende a desconstrução de formatos convencionais de identidade sexual, guiada pelas ideias de pensadores como Michel Foucault, Judith Butler e Gayle Rubin. Essa abordagem leva ao surgimento de universos *queer* e *kink*.

Já no estudo *Amateurism and Anarchism in the creation of autonomous queer spaces* (Amadorismo e Anarquismo na criação de

---

[18]   Ibid.: L. Davis, "Love and Revolution in Ursula Le Guin's 'Four Ways to Forgiveness"

[19]   Ibid.:L. Call, "Structures of desire. Postanarchist kink in the speculative fiction of Octavia Butler and Samuel Delany" (Amor e Revolução em 'Quatro Formas de Perdão' de Ursula Le Guin).

espaços queer autônomos)[20], Gavin Brown investiga formas emergentes de política radical. Estas incorporam objetivos éticos, como a promoção de relacionamentos cooperativos, desprovidos de hierarquia e que encaram a sexualidade de forma positiva. Brown examina como essas metas são implementadas por meio de processos coletivos autônomos, gerados e sustentados através de laços recíprocos e de reconhecimento mútuo. Estes processos criam espaços independentes, não originados por instituições ou por indivíduos em posições de autoridade e poder. Logo, esses espaços se apresentam como verdadeiramente autônomos, com gestão e operação autodirecionadas.

Por último, as linhas temáticas da Conferência Não-Monogamias e Intimidades Contemporâneas (NMCI), organizada no contexto do projeto europeu Citizenship, Care and Choice: The Micropolitics of Intimacy in Southern Europe (INTIMATE)[21], encontram-se diretamente associadas à anarquia relacional.[22] Nas propostas aceitas para apresentação nas três edições do evento, também foram encontradas análises[23] que se alinhavam de perto com esses conceitos.[24]

---

[20] Ibid.: G. Brown, "Amateurism and Anarchism in the creation of autonomous queer spaces" (Amadorismo e anarquismo na criação de espaços queer autônomos).

[21] https://ces.uc.pt/intimate/

[22] Entre outros: "Relacionamentos não sexuais e/ou não românticos e identidades emergentes, como assexualidade e arromantismo", "Intersecções entre não monogamia e teorias feministas, estudos LGBT, estudos de gênero, teorias queer, teorias pós/decoloniais e outras teorias não opressivas", "Trabalho sexual, pornografia (convencional ou alternativa) e outras misturas capitalistas-sexuais dentro do amplo campo das intimidades", "Conexões hegemônicas entre religião e não-monogamia", "Novas normatividades e novas resistências: Polinormatividade e anarquia relacional, neoliberalismo e lutas políticas".

[23] Como "Thinking Relationship Anarchy (RA) from a Transfeminist Perspective" by Roma De Las Heras (uma versão ampliada e desenvolvida aparece em R. De las Heras, "Thinking Relationship Anarchy from a Queer Feminist Approach", *Sociological Research Online*, 2018), " Queer Friendship, Support and Vulnerability" by Varpu Alassutari, o "Chosen Families: Seeking the Possibilities of the Concept in the Case of Communal Living" de Anna Heinonen.

[24] Entre muitos outros: "O que é uma família? Sexual and Dependency Bonds in Law and Utopia" de Daniela Danna; "Unconventional Relationship Options for the Over Sixties" de John Button; "Relational Anarchy: Breaking the Paradigm" de

A atividade acadêmica voltada para a anarquia relacional continua a crescer. O interesse por essa nova abordagem sugere que ela provavelmente veio para ficar e que sua influência em todos os setores pode se tornar cada vez mais significativa.

Coletivos queer

O olhar *queer* questiona o essencialismo e as relações de poder na sociedade e na cultura ocidentais dominantes. Em particular, rejeita a ideia hegemônica de que o gênero é binário, natural, inato, essencial e invariável: ditado pela biologia. Pelo contrário, propõe que ele é um produto da construção cultural, das normas sociais e das circunstâncias individuais. Devido a esse questionamento amplo e crítico do "normal" e do normativo, a teoria *queer* tem o potencial de desconstruir hierarquias, diferenças e eixos de controle e dominação por estruturas sociais e também por algumas pessoas sobre as outras.

Já a anarquia relacional busca evitar a simplificação das conexões afetivo-sexuais e de amizade. Questiona a ideia de que o formato tradicional de família, especialmente o casal heterossexual reprodutivo, é a única forma natural de relação. Além disso, explora desigualdades em diversos tipos de relacionamentos, considerando orientações sexuais, identidades de gênero, intimidade e conformidade com normas sociais. Nordgren, a mencionada "hacker de *relacionamentos genderqueer*", personifica essa abordagem.

Assim, ambas as propostas compartilham a ideia de que os estereótipos de gênero historicamente serviram para manter um sistema de privilégios, elevando os homens e concedendo-lhes controle sobre questões sexuais e reprodutivas das mulheres. Isso dependeu da manutenção do padrão heterossexual e da supressão de qualquer expressão que não se encaixasse nessa norma. Os padrões de relacionamento também desempenharam um papel crucial, sendo influenciados por estereótipos de

---

Amanda Rose ou "Polynormativity? Revisitando a crítica da anarquia relacional ao poliamor", de Gesa Mayer.

heteronormatividade e amatonormatividade, fundamentando esse sistema social historicamente arraigado.

A palavra *queer* ganhou esse sentido nos EUA nos anos 90, marcando a *terceira onda do radicalismo sexual*. As duas ondas anteriores foram os primeiros movimentos pelos direitos gays no início do século 20 e a libertação gay e lésbica dos anos 60 e 70. A terceira onda buscou destacar a diversidade de visões, desejos e expressões sexuais, desafiando padrões convencionais.

No século 21, *queer* expandiu-se para englobar ideias mais profundas que vão além das categorias de gênero, como mencionado. Essas perspectivas incentivam a desconstrução de estruturas culturais e normativas que moldam atitudes e relacionamentos, ultrapassando dualidades como homem/mulher e heterossexual/homossexual. Isso converge naturalmente com a anarquia relacional, especialmente na distinção entre relacionamentos íntimos e amizades.

O essencialismo, questionado pela visão *queer*, sustenta que certas características definem cada ser humano: "Meninos têm pênis. Meninas têm vulvas. Não se engane. Se nasceu homem, é homem. Se mulher, permanece mulher." A frase transfóbica do ônibus da associação ultradireitista Hazte Oír, que circulou pela Espanha em 2017, ressalta o papel dos padrões estereotipados na manutenção da ordem social.

Na infância, quando conquistamos certa autonomia, idealizamos nossa identidade e futuro segundo esses padrões. Ouvimos afirmações como "em breve será um homem adulto", "já é uma mulher" ou "é hora de arranjar um namorado (ou namorada)". Passamos por rituais de afirmação de gênero, ingressamos no mundo amoroso e nos cobram a responsabilidade, quase urgente, de moldar um futuro com carreira típica, família convencional, status social esperado — resumindo, uma trajetória de sucesso e integração social.

Através de expectativas e visões utópicas de futuros ideais - o "sonho americano" - e ideias herdadas, rígidas e uniformes sobre identidade, mantemos o sistema de poder intacto, evitando transformações desconcertantes. Cada eixo de identidade cria suas próprias afinidades e antagonismos. A soma dessas diferenças resulta em um equilíbrio alcançado por meio de lutas e rebeliões. No entanto, esse equilíbrio nos conduz a confrontos que não desafiam as verdadeiras bases de privilégio, subordinação e opressão. Em seu trabalho *Polyamory and Queer Anarchism: Infinite Possibilities for Resistance* (Poliamor e Anarquismo Queer: Possibilidades Infinitas de Resistência)[25], Susan Song, dos Estados Unidos, discute esses temas, mesmo antes de se deparar com a proposta da anarquia relacional — que já estava se difundindo na Europa naquela época. Ela argumenta que:

> "Como anarquistas engajados em políticas de gênero e na luta contra opressões, podemos criar um novo estilo de relação queer-anarquista, combinando princípios anarquistas de solidariedade e cooperação com uma visão queer sobre normas e poder. Usando a teoria *queer*, podemos conceber formas de relação que desafiam o patriarcado e outras opressões, gerando um modelo social queer-anarquista de relacionamento. Ao permitir identificações e interações sexuais fluidas, que transcendem as categorias de gay/hétero, as práticas queer-anarquistas nos capacitam a confrontar Estado, capitalismo e normas sexuais que frequentemente sustentam estruturas hierárquicas de relacionamento".

Coletivos não monogâmicos

Embora a disseminação social do conceito de anarquia relacional seja modesta, ele tem ganhado alguma popularidade em blogs, artigos e encontros de grupos interessados em relacionamentos fora das normas, especialmente os não monogâmicos. Apesar de não existirem, na Espanha e em outros lugares, encontros regulares de grupos identificados especificamente com a anarquia relacional,

---

[25] S. Song, "Polyamory and Queer Anarchism: Infinite Possibilities for Resistance", em C.B. Daring, J. Rogue, Deric Shannon e Abbey Volcano. *Queering Anarchism: Essays on Gender, Power, and Desire [Anarquismo queer: ensaios sobre gênero, poder e desejo]*, AK Press, Oakland, 2012.

pessoas que se identificam total ou parcialmente com esse termo fazem parte de uma comunidade mais ampla, que questiona diversos graus de normatividade nos relacionamentos. Geralmente, essas pessoas são agrupadas sob etiquetas como "poliamor", "não monogamia ética" ou "relacionamentos afetivos não convencionais", como será abordado no capítulo dedicado ao ativismo relacional.

Atualmente, o termo "poliamor" está se tornando mais conhecido globalmente, graças às redes sociais e à mídia. No entanto, essa popularização nem sempre é precisa. A cobertura midiática frequentemente sensacionalista e enviesada levou a uma estigmatização equivocada, associando o poliamor à hipersexualização e marginalização. Isso não representa adequadamente a variedade de práticas e abordagens abrangidas por esse termo.[26]

Nesse sentido, algumas pessoas que adotam a autodenominação de "anarquistas relacionais" podem estar buscando evitar esse estigma. Esse rótulo é relativamente novo e, por enquanto, menos associado a conotações negativas, transmitindo uma ideia de radicalismo e rebeldia. No entanto, é importante que essa identificação seja consciente e informada, ao invés de ser uma reação impulsiva, para garantir que suas perspectivas e práticas relacionais realmente estejam alinhadas com os princípios do movimento.

Uma das razões para escrever este livro não é criar uma "Anarquia Relacional de Referência Universal" ou emitir "Certificados de Anarquista Relacional", mas esclarecer e defender, com argumentos sólidos, uma interpretação específica, evitando o vazio do "vale tudo". O foco é proporcionar uma abordagem pessoal, mas o mais clara possível, mantendo a riqueza da proposta que considero valiosa.

---

[26] Esse efeito é menos pronunciado nos meios de comunicação europeus do que nos de outros continentes, provavelmente graças a um critério jornalístico mais responsável neste caso e ao cuidado e dedicação especiais das pessoas representantes dos coletivos ativistas.

Muitas vezes, em relacionamentos não monogâmicos, o padrão dominante é imitado sem questionamento, gerando privilégios sem debate. Acordos estabelecidos com "parceiros existentes" frequentemente determinam limites e obrigações, criando o que poderia ser chamado de "ditadura do consenso prévio". Essa cultura de acordo, por vezes, justifica hierarquias, privilégios, vetos e dinâmicas de poder, sob a ideia de que "se é consensual, é ético". Detalhes adicionais serão abordados no capítulo sobre modelos e práticas relacionais.

Pessoas assexuais e arromânticas

Outro grupo interessado nas abordagens da anarquia relacional é o das pessoas assexuais e arromânticas. Esse modelo oferece a elas uma maneira mais flexível de se relacionar, não focada na estabilidade dos relacionamentos, mas no que é esperado delas. Algumas pessoas não sentem atração sexual, mas têm sentimentos intensos de amor, afinidade pessoal, intelectual, diversão, etc. Outros rejeitam o padrão do amor romântico, por não se encaixarem ou por escolha própria. Essas identidades dissidentes podem coexistir com uma profunda necessidade de se relacionar de maneira significativa. No entanto, isso muitas vezes não se encaixa no modelo dominante de relacionamentos. Em um ambiente onde as expectativas em relacionamentos não são rígidas, a pressão diminui e as possibilidades se expandem.

Para a comunidade assexual, a anarquia relacional é relevante por ser a única abordagem que desafia o alossexismo, eliminando o sexo como critério de valor dos relacionamentos. Nas interações sociais comuns ou em cenários não monogâmicos, a pergunta "Vocês fazem sexo?" pode determinar se um relacionamento é considerado muito importante ou menos ("somos apenas amigos"). A anarquia relacional supera essa limitação ao valorizar conexões independentemente da atividade sexual, proporcionando uma visão mais inclusiva e igualitária dos relacionamentos.

Um dos textos mais citados no campo da anarquia relacional é o artigo "Relational Anarchy Basics"[27] [33] no blog The thinking asexual (agora The thinking aro, abreviação de arromântico). Nele, assim como em outras análises, o texto explora os referenciais em conflito naquele momento: monogamia e poliamor. A anarquia relacional é comparada ao segundo, em vez do primeiro, e, equivocadamente, por vezes é confundida com o poliamor. Os elementos principais destacados estão logicamente relacionados ao sexo e ao romance.

Nesse sentido, o texto inicia defendendo que pessoas envolvidas em relacionamentos poliamorosos podem estar tão inseridas na amatonormatividade quanto aquelas em relações monogâmicas (para mim, isso parece óbvio, dado que ambos os tipos de relacionamento são afetados por essa norma). Em ambos os casos, as expectativas e comportamentos se distinguem, separando espaços e momentos com base na categorização como "romance+sexo" ou não. Isso resulta em limitações na intimidade, no cuidado, no compromisso e em níveis específicos de atenção, de acordo com essas características. O autor prossegue explicando que aqueles que se identificam com a anarquia relacional, porém, partem da premissa de indeterminação e administram o progresso de cada relacionamento sem imposições ou comportamentos pré-estabelecidos.

Para alguém assexual, que passou anos explicando sua orientação não é uma doença e que a felicidade[28] não depende de atração sexual, é desafiador enfrentar a pressão de se ajustar às expectativas sexuais em cada novo relacionamento para alcançar a intimidade desejada. O mesmo acontece com aqueles que não seguem os códigos, obrigações e mitos do amor romântico. Isso gera a sensação de que estão impedidos de formar conexões de acordo com seus próprios desejos e condições, pelo menos em parte.

---

[27]   "Relational Anarchy Basics", em thethinkingasexual.wordpress.com
[28]   Veja o acessível, interessante e bem documentado artigo "Cuando la atracción sexual no existe", en huffingtonpost.es.

Em resumo, se uma pessoa assexual procurar um arranjo que envolve coabitação, ternura, intimidade emocional profunda, proximidade física e compartilhamento de vulnerabilidades, isso significa romper com as categorias normativas. Na amizade, encontraria algo diferente do desejado, enquanto em um relacionamento de casal convencional, estaria colocando a outra pessoa em uma situação de abstinência ou infidelidade.

Culturas colonizadas

Nos processos de colonização, a moral e o estilo de vida dos colonizadores, tanto em termos de território como de cultura, são progressivamente impostos ao povo colonizado. A cultura dominante substitui os costumes locais, considerados obsoletos e imorais.

Os acadêmicos, incluindo Kim Tallbear[29] e outros autores[30], exploraram o impacto das práticas colonizadoras na vida social dos nativos na América do Norte. Sua pesquisa evidencia relacionamentos e estilos de vida coletivos destruídos pela colonização, devido a preconceitos morais e imposições culturais.

No blog The Critical Polyamorist (A Poliamorista Crítica), Tallbear examina as mudanças culturais centradas na família nuclear e na estrutura do casal. Esses são pilares do que ela define como *sexualidade dos colonizadores*, baseando-se na concepção de Scott Lauria Morgense do "homonacionalismo dos colonizadores", que impõe um padrão de heteronormatividade (e crescente homonormatividade) ocidental sobre a sexualidade e o gênero indígenas, suplantando-os com a modernidade sexual dos colonizadores.

Tallbear, nascida e criada entre um povo indígena, discute como a moralidade colonial influencia a percepção (por parte de brancos ou mesmo de indígenas submetidos às mesmas narrativas) de

---

[29] K. Tallbear, "Making Love and Relations Beyond Settler Sex and Family" em Adele E. Clarke e Donna Haraway, Making Kin Not Population, op. cit.

[30] S. L. Morgensen, "Settler Homonationalism: Theorizing Settler Colonialism within Queer Modernities", GLQ: A Journal of Lesbian and Gay Studies, 2010 e A. Willey Undoing Monogamy: The Politics of Science and the Possibilities of Biology. Duke University Press, Durham/Londres, 2016.

famílias indígenas tradicionais como "quebradas" ou "disfuncionais". Rotuladas em culturas ocidentais como "adolescentes grávidas" ou "mães solteiras", são, na realidade, membros felizes e integrados de suas comunidades, livres de estigmas e inseridos numa rede de cuidados afetiva e funcional.

O cerne da questão reside nas formas culturalmente impostas de amatonormatividade heterossexual, que foram adotadas pelas formas homossexuais, porém sem abandonar suas características impositivas e etnocêntricas. Mesmo novas abordagens normativas, como a não-monogamia consensual e o poliamor, correm o risco de cair em padrões similares.[31] A influência da mentalidade colonizadora na sexualidade persiste, mesmo quando o paradigma do relacionamento de casal é expandido para incluir múltiplos parceiros. Essa estrutura normativa continua sem reconhecer integralmente as configurações familiares indígenas, desconsiderando a importância da solidariedade coletiva, das redes de cuidado e afeto, bem como dos relacionamentos sustentáveis com os outros e com o ambiente natural. Estes últimos são, na verdade, modelos de vida bem-sucedidos e alicerces fundamentais para os laços humanos. Como argumentado por Tallbear:[32]

> "...pessoas não monogâmicas frequentemente valorizam o aspecto sexual ao definirem a não-monogamia ética ou amores múltiplos. Mas é possível ter amores profundos não ligados ao sexo? Amores que não caiam nas categorias "amigo" ou "amante", sem o "apenas" antes de "amigos"? Alguns dos meus amores mais importantes são pessoas com quem não me envolvi sexualmente, como membros da família e até mesmo alguém por quem tive desejo sexual, mas com quem esse relacionamento não é possível. Amo-o sem arrependimentos. Embora não haja intimidade física, é "apenas amizade"? Meu amor por ele é forte como por alguém por quem estive "apaixonada". Será que também podemos ter

---

31 "Couple-centricity, polyamory and colonialism", em criticalpolyamorist.com.
32 "Looking for love in too many languages...", em criticalpolyamorist.com.

> grandes e importantes amores que nem sequer envolvem outros
> seres humanos, mas sim vocações, arte e outras práticas?"

A cultura ocidental muitas vezes assume uma postura de superioridade em relação a outras tradições culturais. Essa sensação de ser superior tem suas raízes em realizações objetivas, como conquistas militares e avanços científicos e tecnológicos. Contudo, essa atitude também se estende para áreas religiosas e morais, abrangendo desde a diferença entre monoteísmo e politeísmo até a forma como diferentes culturas se relacionam com a natureza (domínio versus fusão) e vivenciam relacionamentos interpessoais (monogamia estrutural versus diferentes formas de poliginia e poliandria). Essas certezas culturais moldam percepções sólidas sobre quem é o verdadeiro Deus (mesmo os ateus muitas vezes evitam ferir os sentimentos religiosos de pessoas que crêem em "grandes" deuses) e levam a caricaturas e brincadeiras inescrupulosas com os ídolos de tribos "pueris e atrasadas".

Também em relação à natureza, que estamos modificando a ponto de ameaçar o planeta, e aos relacionamentos e ao amor. O amor ocidental, com sua ênfase romântica, livre, arrebatadora e inspiradora de infinitas obras de arte, muitas vezes é considerado o único tipo "autêntico". Outras formas de relacionamento são por vezes depreciadas como imposições de culturas primitivas. Vale destacar: imposições! As ações que não sigo são rotuladas como mandatos culturais autoritários. Por outro lado, o que escolho fazer, mesmo que eu faça igual a um bilhão de outras pessoas, é visto como minha escolha pessoal.

Da mesma forma que não reconhecer um Deus único, elevado, sublime, sagrado e supremo é muitas vezes considerado primitivo, também não considerar um Amor único, elevado, sublime, sagrado e supremo é por vezes tido como falta de moralidade e ignorância. É importante esclarecer que eu não compartilho dessa visão tacanha e etnocêntrica. Mantenho uma perspectiva progressista, aberta a diversas culturas e visões de mundo, respeitando todas elas. Apesar disso, é possível que traços dessas ideias tenham deixado marcas em algum canto da minha mente e de meus sentimentos. Ao refletir mais fundo, percebo que talvez essa influência não seja tão pequena quanto eu gostaria. Carregamos em nós tudo que construiu nossa personalidade e nossa moral. Reconhecer essa influência e que ela atende pelo nome de racismo, xenofobia e aporofobia não é uma solução definitiva, mas pode ser o começo de uma.

Status de relacionamento no Facebook. A opção para a anarquia relacional pode ser: Tenho laços únicos e valiosos (e nem todos eles incluem sexo ou romance).

Outras comunidades

Nos próximos capítulos, irei explorar outras alternativas adicionais que poderiam ser consideradas como pseudo-normativas, como parcerias abertas, relacionamentos de *swing* e até mesmo a infidelidade sexual. No entanto, o espectro de expressão, orientação e identidade sexual e de gênero é muito mais vasto. Um exemplo notável é o Facebook, que oferece até 114 opções de identidade e uma variedade de pronomes, variando conforme o idioma. Há até mesmo blogs[33], que lista incríveis 108 identidades de gênero. Essa

---

[33] "Gender Definition List", em www.theairingofgrief.com/gender-list.

diversificação teve origem nos anos 1960 e foi formalizada na década de 1980, principalmente através dos trabalhos de Judith Butler, com o objetivo de refletir sensibilidades plurais e diversas.

É possível que um caminho lógico de progresso rumo a um reconhecimento cada vez mais inclusivo da diversidade nas percepções, experiências, expressões e atrações humanas também possa estender-se às formas de relacionamento, tornando os vínculos mais subjetivos e afastando-os da uniformidade e do binarismo amatonormativo. Nesse contexto, talvez o objetivo não seja simplesmente ampliar a lista de categorias de relacionamento em plataformas de mídia social, além de termos como "compromisso", "casamento", "relacionamento aberto" ou até "é complicado", mas sim de que essa categorização deixe de fazer sentido pouco a pouco.

1.4 Pontos de vista, interpretações e perspectivas críticas

Interpretação a partir de uma análise de privilégios

A organização de uma sociedade e seus conjunto de valores normativos inevitavelmente envolve a concessão de privilégios e a desaprovação de comportamentos que divergem ou questionam esses valores. A estrutura predominante em nosso meio atribui ao relacionamento de casal (considerado normativo, seja através do namoro, casamento, uniões consensuais reconhecidas ou mesmo aquelas que, embora não formalizadas, são socialmente interpretadas como tais) uma porção de direitos, criando assim a ideia de "privilégio de casal".

Não me refiro apenas aos privilégios legais ou econômicos, que são claramente observáveis, mas também a pronta aceitação, sem questionamentos profundos, da importância emocional e vital de uma relação. Isso se reflete nas expectativas de cuidado — pensemos em situações hospitalares ou em outras instituições, onde somos automaticamente designados para cuidar e visitar alguém que foi internado. Além disso, isso influencia o nível de respeito — consideremos a diferença que isso faz para um homem cisgênero heterossexual médio tratar uma pessoa que ele percebe como mulher, dependendo se acredita que ela tem um parceiro ou não, especialmente se esse parceiro for heterossexual e, ainda mais notavelmente, se o parceiro for outro homem cisgênero heterossexual e estiver presente. Também pode-se destacar o valor social atribuído, em se tratando de mulheres, nas conotações avaliativas das palavras "menina" ou "senhorita" e "senhora".

Mais de um século atrás, Emma Goldman já defendia a visão de que a instituição do casamento, então extremamente coercitiva e inescapável, funcionava como uma ferramenta de opressão feminina por meio do Estado e do patriarcado. Seu objetivo era submeter as mulheres nas esferas mais íntimas de suas vidas pessoais. Goldman instigava a rebelião contra essa estrutura de controle e posse dos corpos femininos pelos homens. Promovia a ideia do amor livre como uma maneira genuína de desencadear uma revolução simbólica contra o esquema dominante das ideologias autoritárias.[34]

Atualmente, talvez haja uma percepção acentuada de que a ideia de propriedade sobre outra pessoa é inaceitável e que ninguém deve controlar o comportamento alheio, especialmente dentro de um sistema societal que hierarquiza indivíduos. Contudo, o mero reconhecimento dessas estruturas de controle não nos imuniza contra a possibilidade de, inconscientemente, repetirmos padrões de pensamento incutidos ao longo de nossas vidas.

Fui instruído a acreditar que tinha o direito de aprovar ou desaprovar os comportamentos de outras pessoas com as quais eu me relacionava intensamente, a de apontar, sem rodeios e por privilégio adquirido, atitudes que me desagradavam mesmo quando não estava presente. Era ensinado a responsabilizar os outros pela minha felicidade, a conhecer os detalhes mais íntimos dos outros, a culpá-los por minhas inseguranças, ciúmes e deficiências, a tolerar

---

[34] E. Goldman , *Emma Goldmas's anarchism and other essays*, Mother Earth, New York/London, 1911.

suas emoções e ações, desde que não interferissem em demasia comigo, e a exigir que compreendessem minhas necessidades sem ter que expressá-las, porque eram determinadas por normas sociais pré-estabelecidas. Acreditei que eu entendia como cuidar de um homem ou como tratar uma mulher e me ressentia quando algo não atendia às minhas expectativas.

Embora as questões cotidianas e íntimas possam parecer separadas de aspectos mais amplos de poder e opressão social, talvez não haja nada mais político do que tentar discernir os mecanismos autoritários sutis que se entrelaçam em nossa educação dominante. Qualquer modelo de relacionamento que visa ser ético deve integrar em sua estrutura uma análise aprofundada das relações de poder e trazer propostas visando transformá-las.

Nas interações românticas e sexuais heteronormativas, as dinâmicas de poder são evidentes. Expressar-se, comportar-se e socializar-se de acordo com os papéis de gênero pode afirmar sua identidade, algo importante e saudável se sua identidade for subalterna, mas para pessoas cisgênero, especialmente homens cis, muitas vezes representa um exercício de poder. Redefinir tais comportamentos, características e hábitos associados à interação binária entre homens e mulheres e buscar relações menos influenciadas pelo gênero surgem como importantes ferramentas de interesse político.

O mesmo se aplica a outras facetas de privilégio que moldam nossos relacionamentos profundos, como as dimensões socioeconômica, cultural, a de capacitação, a racial, a de origem, a de idade e a diversidade funcional. O eixo de privilégio definido pelas diferenças no capital erótico, social e sexual também são pontos cruciais para uma análise crítica e desconstrução. Uma abordagem de relação anarquista deve priorizar estas questões.

Justamente as pessoas mais vulneráveis, detentoras de menor poder e privilégios, se beneficiariam enormemente da transição de uma sociedade baseada em laços isolados e individualistas para um sistema moldado em extensas redes interligadas. Nestas redes, os relacionamentos não estariam presos a prescrições culturais que os rotulam e delimitam, mas seriam guiados pelas necessidades, desejos e habilidades de seus membros. Neste contexto, a reciprocidade não seria bilateral, mas entre cada indivíduo e o coletivo. Aqueles que podem comprar cuidados com dinheiro ou capital social e relacional, que têm liberdade de movimentação, comunicação efetiva, e acesso a uma família abastada, não precisam de muito mais.

Por essas razões, a consciência coletiva, o ativismo e a construção de redes de afeto, solidariedade e identificação comum contra as opressões formam as raízes da cultura social libertária. Esses elementos alicerçam a revolução em curso e constróem uma nova perspectiva, que não pode ser alcançada só brigando por posições ou desmantelando instituições individuais, como o casal ou o amor romântico. Em vez disso, essa revolução representa um horizonte utópico para onde podemos nos dirigir ao passo que dermos exemplo, amplificarmos vozes marginalizadas e normalizarmos novas ideias. Essa jornada certamente moldará as gerações vindouras.

O olhar neoliberal, individualista e apolítico

Seria exatamente o inverso da visão anterior: uma adaptação das relações anarquistas à lógica predominante, modelo antes considerado burguês e estatista e que agora no Oeste é chamado de democrático, capitalista e neoliberal. Em outras sociedades, outros padrões socioeconômicos são observados, porém sempre resultando em estruturas de desigualdade, poder e privilégio. É comum, quase universal, que a dialética dominante absorva qualquer abordagem minimamente inovadora ou bem-sucedida, as integrando ao senso comum contemporâneo numa versão atenuada e adoçada, menos perigosa para o *status quo* ou até mesmo benéfica para este, sob a forma da inauguração de novos mercados.

A interpretação apolítica, que paradoxalmente possui uma natureza política tão marcante quanto qualquer outra abordagem, tende a se concentrar, dentro deste âmbito, na celebração da liberdade individual, do culto ao individualismo e na[35] adesão ao imaginário arraigado do capitalismo consumista e do heteropatriarcado objetificador. Na maioria dos casos, essa abordagem não surge de uma escolha consciente, mas sim de um processo inconsciente de acomodação aos valores culturais predominantes. Em outras palavras, quando não existem referências críticas bem definidas, originadas de discussões coletivas onde as perspectivas pessoais são ponderadas de maneira ampla e diversificada, os espaços vazios de significado são preenchidos automaticamente com os significados dominantes.

Portanto, é possível argumentar que a interpretação que estou examinando aqui é uma leitura naturalizada. Me interessa destacar e questionar exatamente a rota por omissão ou padrão,

Do ponto de vista material, o conceito de "liberdade" frequentemente perde o seu significado virtuoso de conquista consciente e responsável da autonomia, emancipação e fortalecimento. Em vez disso, é frequentemente empregado para denotar uma "liberdade dos mais poderosos", com uma conotação de gênero intencionalmente marcada. Essa interpretação específica envolve a ideia de escapar de compromissos e responsabilidades, especialmente para aqueles que têm menos influência. Isso se opõe ao entendimento predominante nos círculos anarquistas, onde a noção de liberdade é, ou pelo menos deveria ser, explorada dentro de um contexto profundamente entrelaçado com a dimensão coletiva e as dinâmicas de poder.

Em um artigo no blog Queer Anarchism[36], deparei-me com um artigo que narra uma experiência pessoal e uma reflexão, as quais ilustram de maneira vívida esses conceitos. Abaixo, apresento uma tradução e síntese do relato:

---

[35] Não estou falando do anarquismo individualista, ao qual me referirei mais tarde, e que representa uma tradição filosófica do anarquismo que enfatiza a autonomia pessoal e a oposição ao controle estatal ou social sobre os indivíduos.

[36] "Relationship anarchy could be about so much more than the freedom to fuck", em queeranarchism.tumblr.com.

"Tenho que lhe contar uma coisa'", diz o rapaz que acabei de trazer para meu pequeno quarto de hotel. "Sou um anarquista relacional".

Isso me parece bastante irrelevante. Nós nos conhecemos em um bar (um bar anarquista, portanto, não é de surpreender), estou de férias e vou embora em três dias. Por que eu deveria me importar com a forma como ele administra seus relacionamentos? Mas o cara acha que ainda precisa elaborar: "Isso significa que eu faço sexo com pessoas diferentes e não classifico esses contatos como relacionamentos. Eu vejo as pessoas quando quero vê-las.

Mais uma vez, acho isso pouco relevante, mas suas palavras me marcam. É isso que significa anarquia relacional? Poliamor combinado com falta de compromisso? Espero que não. Esse tipo de liberdade individual, a liberdade de não construir relacionamentos duradouros, a liberdade de seguir apenas seus próprios desejos, a liberdade de transar sem compromisso, parece mais com o capitalismo relacional para mim. Mas esse cara não é o primeiro "anarquista relacional" que conheci que definiu a anarquia relacional como "eu faço o que eu quiser".

Acho que o motivo pelo qual a anarquia relacional não me convence é que seus praticantes geralmente parecem obcecados com a não-monogamia. O anarquismo, para mim, tem tudo a ver com engajamento. Sobre a construção de comunidades. Comunidades que rejeitam as "regras" do capitalismo, da propriedade, do emprego, dos membros produtivos e improdutivos, da competição. Comunidades que, em vez disso, optam pelo cuidado, pela cooperação, pela igualdade, pelo reconhecimento de que nossas diferenças são nossas força e que cada pessoa contribui de acordo com suas habilidades e recebe de acordo com suas necessidades. E para definir coletivamente as regras que se adequam à nossa comunidade.

Para mim, anarquia relacional significa comunidade. De dois ou mais. Uma comunidade que rejeita as *regras* dos relacionamentos, da heterossexualidade compulsória, da monogamia compulsória, do direito ao sexo, ao casamento e à paternidade exclusivamente como um casal, e da ideia de que precisamos de relacionamentos românticos ou sexuais para nos considerarmos seres completos.

Por essa definição, um relacionamento anarquista é, antes de tudo, sobre cooperação e criação de nossas próprias regras. Não é egoísta, mas mutuamente benéfico. Pode ser monogâmico se isso for o que faz as pessoas envolvidas felizes. Pode ser amizade, romance, sexo ou uma seleção de tudo isso, mas, por definição, sempre será sobre amor e carinho. E eu diria que um relacionamento anarquista é um sistema de apoio mútuo contra o mundo opressor e capitalista ao nosso redor. O mundo é um lugar muito fodido e opressivo que tenta nos dividir, mas decidimos nos apoiar mutuamente para criar um espaço seguro entre as paredes que compartilhamos quando as compartilhamos, para nos ajudarmos mutuamente nos dias e anos ruins, para nos lembrarmos de que estamos nisso juntos.

Esse "eu faço o que eu quiser" *automaticamente poliamoroso* e *sem compromisso não é* nada disso".

Como vimos, tanto o contexto cultural quanto a essência de muitas das ideias propostas por Andie Nordgren e outros pioneiros da anarquia relacional têm suas raízes no âmbito do anarquismo (a aplicação de princípios anarquistas aos relacionamentos). No entanto, de maneira intrigante, a maior parte da literatura, das revisões, referências e artigos publicados desde então tratam e exploram essa abordagem de uma perspectiva apolítica. Parece que a própria palavra "anarquia", que está presente desde o início na nomenclatura, de alguma forma, adquiriu uma transparência inexplicável, tornando-se quase invisível.

Sem dúvida, a interpretação profundamente falha do conceito de anarquia que prevalece no atual universo simbólico predominante, associando-o à desordem, ao caos e à confusão (em vez de à ordem e à solidariedade sem a necessidade de imposição e autoridade), desempenhou um papel significativo nessa generalizada invisibilidade, que até sugere um certo processo psicológico de defesa em nível coletivo.

A perspectiva de gênero

Um eixo de privilégio particularmente relevante no contexto da normatividade dos relacionamentos é, sem dúvida, aquele vinculado ao gênero. Esta dimensão é de extrema importância, pois atravessa praticamente todas as esferas sociais e pessoais, assumindo um papel particularmente significativo na esfera dos relacionamentos. Aqui, torna-se visível o primeiro elo de uma ampla gama de ferramentas utilizadas pelo patriarcado em seu papel de estruturar o controle e a subordinação das mulheres.

No contexto ocidental, ao longo dos últimos dois séculos, o mito romântico hetero-monogâmico emergiu como uma poderosa construção cultural. Esse mito tem servido como uma ferramenta central para manter um padrão moralmente aceitável para a maioria da sociedade,[37] permitindo que as mulheres ocupem um papel altamente específico, ligado à reprodução, à família e aos cuidados. Esse mito coloca as mulheres em uma posição que supostamente as valoriza simbolicamente (como alvos da conquista masculina), mas na realidade as subordina materialmente ao papel de serem atrativas e merecedoras do amor dos homens mais dominantes. Isso coloca as mulheres em uma competição com outras mulheres, gerando uma insegurança constante e um temor em relação ao declínio da beleza física. Elas enfrentam o medo do fracasso associado à solteirice e à pressão para se conformar com uma doçura forçada e uma submissão passiva às normas, sob ameaça de serem marginalizadas e excluídas da busca por esse ideal romântico ao menor sinal de resistência.

A natureza dos relacionamentos, de acordo com essa construção cultural onipresente, se revela como um esquema de conquista, posse, segurança, fortificação e proteção da solidez do vínculo. Essa dinâmica vital tem um ponto de partida: o ato de se apaixonar, e

---

[37] Anteriormente, pelo menos desde a cultura helênica, em muitas partes do mundo e durante diferentes períodos históricos (com algumas exceções interessantes), objetivos semelhantes eram impostos mediante o argumento da inferioridade da capacidade intelectual e do caráter moral das mulheres.

evolui para uma posição a ser defendida, tornando-se uma fortaleza: o relacionamento conjugal, seja ele monogâmico ou não. Não é mera coincidência que esse vocabulário traga ressonâncias bélicas, já que é uma estrutura forjada por homens, meticulosamente adaptada às capacidades e características associadas à masculinidade.

Elementos ligados à feminilidade hegemônica, como cuidado e comunicação, estão presentes nas interações diárias, mas frequentemente permanecem em segundo plano. São processos que fluem de maneira orgânica e contínua. Incluem afeto, cuidado, atenção e amor, porém, não são a própria definição de "O Relacionamento". Sob a perspectiva convencional, um relacionamento é tratado como um objeto quase autônomo, um projeto, um vínculo, uma aliança, em vez de ser encarado como um fluxo diário de trocas que envolvem apoio mútuo, compartilhamento de experiências, atenção mútua e conexões profundas. Isso não significa que um relacionamento romântico não possa englobar todos esses elementos (pelo menos por um período de tempo e, em casos afortunados, de maneira duradoura), mas sim que o conceito de relacionamento transcende essa definição. O estereótipo do relacionamento é moldado de maneira épica pelos traços associados ao estereótipo masculino, retratando-o como objeto e posse, em vez de enfatizar os traços moldados pela socialização feminina, que enfatizam a humanidade, o processo e a solidariedade.

A anarquia relacional - ao rejeitar o caráter prescritivo da norma que trata cada vínculo como um objeto ou uma caixa com uma etiqueta anexada - propõe uma visão dos relacionamentos como um processo de desenvolvimento, evolução e transformação. Isso envolve um enfoque no "nós fazemos" ou "temos vontade de fazer", em contraposição ao "nós somos" ou "queremos (ou acreditamos) ser". Essa perspectiva incentiva um percurso em que as inseguranças e as imperfeições são partes do trajeto, assim como as emoções, paixões e cumplicidades, em vez de serem características intrínsecas de uma condição ou status (civil).

Ao descartar as alavancas de controle prontamente disponíveis, que frequentemente se tornam instrumentos coercitivos, tais como o receio do fracasso, o medo da solidão, da exclusão ou de ser privado de um rótulo, a anarquia relacional retira do patriarcado uma arma crucial. Essa arma reside em cada casal monogâmico heterossexual feliz (ou resignado) e integrado, estacionado em sua casa geminada, casa na cidade ou apartamento de bairro.

Kate Millet, a principal representante da segunda onda do feminismo na América do Norte, disse em sua obra mais influente, *Sexual Politics*[38]:

> "A principal instituição do patriarcado é a família. Ela é tanto um espelho quanto uma conexão com a sociedade como um todo; uma unidade patriarcal em um todo patriarcal. Mediadora entre o indivíduo e a estrutura social, a família exerce controle e impõe a integração onde a autoridade política e outras são insuficientes. Como instrumento fundamental e unidade básica da sociedade patriarcal, a família não apenas incentiva seus próprios membros a se ajustarem e se integrarem, mas atua como uma unidade na governança do Estado patriarcal que dirige os cidadãos por meio de seus chefes de família. Mesmo nas sociedades patriarcais em que lhes são garantidos os direitos legais de cidadania, as mulheres tendem a ser governadas exclusivamente pela família e têm pouco ou nenhum relacionamento com o Estado".

A lógica que promove o sucesso, a competitividade e o individualismo equivale a uma corrida em que prevalece o mais forte. Essa corrida é meticulosamente desenhada para fortalecer a estrutura do capitalismo patriarcal, uma estrutura que se replica mesmo em estados com diferentes sistemas econômicos, mas igualmente enraizados no patriarcado. Quando os vínculos tidos como certificados de qualidade - como o amor, o relacionamento de casal e a família tradicional - são percebidos como recursos valiosos (raros e exclusivos) a serem conquistados e mantidos, o desfecho inevitável é a vantagem e o controle nas mãos dos membros mais privilegiados.

---

[38] K. Millet, *Sexual Politics*, Granada Publishing, London, 1969.

Consequentemente, isso amplifica os pilares da opressão, com destaque para a opressão de gênero.

Voltar às origens do pensamento anarquista é não apenas interessante, mas também surpreendente, pois nos leva a descobrir a longa história dessas ideias e a perceber que as abordagens formuladas por mulheres há mais de um século continuam a ser provocativas e visionárias. Dentro da seção dedicada ao anarcofeminismo, uma revisão sistemática será apresentada, acompanhada por uma profusão de exemplos notáveis. Desde as contribuições de figuras como Mary Wollstonecraft, Voltarine De Cleyre e Emma Goldman, até outras autoras, todas ressoam no sentido de defender a emancipação das mulheres por meio da solidariedade e apoio mútuo. Essas pioneiras argumentaram a favor do acesso à educação e contraceptivos, além de criticar abertamente instituições como a família nuclear, o casamento, a maternidade compulsória, a dependência econômica e o tratamento marginalizado e desrespeitoso das mulheres solteiras. Elas também abordaram a objetificação e a hipersexualização das mulheres, temas que continuam a ser relevantes até os dias de hoje.

Nos últimos anos, um dos triunfos dos movimentos feministas tem sido a gradual consolidação de uma cultura de consentimento na sociedade. Nesse contexto, a ênfase recai na meticulosa observância dos limites individuais e na defesa da liberdade pessoal na forma de autonomia emocional e corporal - em outras palavras, o empoderamento de tomar decisões sobre o próprio corpo. A expressão desses limites deve ser cristalina, mas, acima de tudo, precisa ser interpretada como uma decisão assertiva, adaptada ao momento e às circunstâncias, com a possibilidade de ser revogada a qualquer instante.

Essa cultura de consentimento reflete de maneira exemplar a essência da liberdade que sustenta e nutre a anarquia relacional. Não se trata da liberdade de agir sem consideração pelos outros, de explorar privilégios de maneira individualista ou de tomar decisões sem levar em conta o impacto nos outros. Em vez disso, essa liberdade diz respeito ao direito de determinar o próprio espaço, tempo e corpo, tudo isso enquanto se mantém a consideração e o apoio mútuo dentro de uma rede de relações e afetos. Isso se alinha perfeitamente com os princípios do anarquismo coletivo e da solidariedade.

Contudo, é essencial reconhecer que, mesmo no contexto do anarquismo em sua totalidade, da anarquia relacional e, de fato, de praticamente todos os comportamentos ou arranjos relacionais na sociedade atual, não podemos ignorar a presença de um viés masculino intrínseco. A narrativa histórica do anarquismo é, em grande parte, delineada, escrita e compreendida a partir de uma perspectiva masculina. Enquanto a anarquia relacional se posiciona com um propósito antipatriarcal e incorpora influências *queer*, as práticas que dela decorrem ainda podem estar sujeitas aos mesmos gradientes de poder e privilégio que permeiam a sociedade em geral. É vital internalizar a ideia de que nenhuma proposição ou conceito pode eliminar completamente o privilégio patriarcal.

No máximo, a expectativa realista para o médio prazo é reconhecer a centralidade do gênero como um fator determinante em todas as nossas práticas e manifestações. Isso nos permitirá adotar uma perspectiva mais consciente e sensível, promovendo um ambiente em que as questões de gênero sejam abordadas de maneira proativa e contínua.

Este livro leva a minha assinatura no masculino e é escrito a partir de uma perspectiva masculina. Embora eu possa tentar justificar isso com um sorriso, argumentando que é uma circunstância ocasional, uma casualidade, e que, pelo menos, estou ciente disso e o manifesto claramente, a verdade é que reconhecer a influência do gênero em cada interação relacional e tentar administrá-la, minimizá-la, representa apenas um passo inicial. Contudo, é importante enfatizar que reconhecer e confrontar um fenômeno não é o mesmo que negar sua existência. Esse fenômeno ocorre diariamente e, infelizmente, suas vítimas "por coincidência e circunstância" muitas vezes são sempre as mesmas.

Críticas à anarquia relacional

É claro que nem todos são adeptos. Tanto do ponto de vista ideológico quanto do ponto de vista da experiência vivida, muitas vezes há objeções, dúvidas, dificuldades, fracassos e decepções. Nem todos compartilham a ideia de politizar o pessoal e, por outro lado, as práticas relacionais associadas a uma abordagem anarquista exigem grandes mudanças de vida que envolvem esforços de comunicação, cumplicidade, compromisso e generosidade.

Em primeiro lugar, a motivação política, como um desejo de contribuir para a transformação social, é estranha para muitos daqueles que expressam interesse em um estilo relacional não normativo. De fato, como Laura Portwood-Stacer escreve em seu livro *Lifestyle Politics and Radical Activism*[39]:

> "Uma posição purista antinormatividade corre o risco de reproduzir o modelo liberal de livre escolha que trata os atos individuais como puras expressões de agência pessoal, embora as relações sistêmicas de poder estejam sempre em ação na estruturação desses atos. Invocar esse discurso é tanto descartar os obstáculos reais que trabalham contra a adoção de identificações e práticas de oposição quanto desculpar os indivíduos quando suas escolhas coincidem com a reprodução de relações opressivas tradicionais. O efeito provável de um movimento que pretende rejeitar totalmente as normas é a preservação invisível das normas dominantes de dentro e de fora desse movimento."

Embora não seja só o purismo antinormativo que suscita dúvidas entre os coletivos não politizados, que muitas vezes carecem de uma compreensão consciente sobre questões de gênero, é a falta de reconhecimento das estruturas opressivas, como o patriarcado, a homofobia e a crescente desigualdade nas sociedades capitalistas, que resulta na maior resistência a uma interpretação libertária porém solidária das novas propostas de dinâmicas relacionais.

---

[39] L. Portwood-Stacer, *Lifestyle Politics and Radical Activism*, Bloomsbury, London, 2013.

Aqueles que não estão cientes da amplitude desses sistemas de opressão, que permeiam as sociedades e amplificam seus impactos ao conferir privilégios a alguns enquanto submetem outros a uma variedade de formas de dominação, tendem a acreditar que possuem o direito de agir com liberdade a partir de suas posições, frequentemente enraizadas no poder, e encaram as regras meramente como obstáculos.

Aqueles com privilégios hegemônicos frequentemente têm dificuldade em reconhecer sua própria posição ou a existência dos sistemas de poder em jogo. Isso ocorre não apenas por falta de motivação, mas também devido à naturalização imposta pela cultura dominante, que reforça a sensação de merecimento. Assim, muitas vezes, assume-se que todas as pessoas têm as mesmas oportunidades para a felicidade, comunicação, socialização e liberdade pessoal. Isso leva à ideia do livre mercado nas relações, onde cada indivíduo cuida de si. No entanto, essa abordagem pode desconsiderar a análise relacional anarquista apresentada aqui, levando à reação de "não politize tudo!". Isso reflete um antigo cinismo: "faça como eu faço e evite a política".

A segunda crítica (a primeira foi sobre a necessidade de politização do pessoal) é, para mim, mais relevante e transcendente. Ela trata da dificuldade e do alto nível de comprometimento envolvidos na transição para um modelo relacional anarquista, especialmente para alguém criado em uma sociedade em que a monogamia serial (ainda que frequentemente desafiada por episódios de infidelidade) e o heterocêntrico patriarcal (ainda que imperfeito, devido às práticas ocasionais de desvio da heteronormatividade) não apenas prevalecem, mas também são praticamente os únicos referenciais amplamente acessíveis. Enfrentar a ideia onipresente de que o casal é a base social não é simples. Superar as emoções profundamente enraizadas que estão ligadas ao ciúme exige esforço, disciplina e fracasso. Também significa dar igual importância ao princípio da não autoridade e ao bem-estar e liberdade dos outros, ao lado das próprias necessidades de segurança, conforto ou de apaixonamentos. Todas essas dificuldades são reais, ocorrem repetidamente nos relacionamentos e práticas não normativas do dia a dia, e serão exploradas no capítulo 5.

A cultura em que fui criado funciona como um ponto de partida em várias dimensões, definindo os limites e fronteiras do meu alcance, mesmo quando me esforço ao máximo para esticar as diferentes facetas éticas, estéticas, intelectuais e emocionais. Essas extensões muitas vezes causam desconforto, tirando-me da postura confortável, da base segura do meu ambiente e da proteção da corrente principal que normalmente me permite seguir sem remar o tempo todo para manter minha trajetória.

A sustentabilidade material e econômica também não escapa desse abraço de urso cultural. No curto prazo, abrir mão do suporte da família nuclear para se lançar em uma busca por outras formas de convívio e cuidado mútuo pode ser desafiador para muitos. Essas alternativas geralmente carecem de referências próximas e carregam a possibilidade de ruptura iminente, uma vez que não internalizamos culturalmente as novas condições, nem possuímos a experiência necessária para dar os passos cruciais. Ficamos incertos sobre a direção a tomar e os resultados a alcançar.

No entanto, uma vez que a decisão tenha sido tomada, talvez o desafio mais árduo não resida em manter meus comportamentos e práticas diárias alinhados com os princípios que tracei para mim mesmo — buscar a felicidade, viver de acordo com meus valores éticos e cuidar daqueles ao meu redor. Em vez disso, é a batalha constante para impedir que as expectativas enraizadas em minha construção cultural surjam repetidamente em meu processo de pensamento. Essas expectativas frequentemente se revelam os ingredientes mais tóxicos, prejudiciais e intrincados no coquetel de obstáculos e barreiras à transformação nas relações.

Outra objeção à abordagem da anarquia relacional pode estar relacionada ao risco de interpretar essa proposta como um avanço em relação a outros esquemas relacionais não-normativos. Pode ser vista como a última fronteira a ser ultrapassada, como o horizonte definitivo para aqueles que desafiaram alguns dos padrões relacionais dominantes, mas que, ironicamente, não atingiram o ápice das conexões — a essência divina da vontade livre e solidária.

O risco de deslegitimar outros modelos contrários à hegemonia, que podem conter elementos mais normativos ou apresentar alternativas menos ambiciosas ou radicais, é de fato real e frequentemente resulta em consequências negativas. Cada indivíduo decide até que ponto deseja ou pode desafiar a normalidade social, levando em consideração seus interesses, possibilidades e circunstâncias. Ao apresentar a anarquia relacional como a versão "ideal" de relacionamentos abertos, *swing*, amor livre, poliamor ou não-monogamia consensual, é possível, sem querer, censurar ou desaprovar essas e outras abordagens que, na verdade, também implicam processos valiosos e significativos de ruptura. Qualquer desafio aos critérios universais estabelecidos pela norma constitui uma fissura substancial no edifício hegemônico, o que, em minha opinião, deveria ser sempre encarado como algo positivo.

De maneira mais detalhada, esse fenômeno ocorre de forma sequencial quando, por exemplo, a narrativa do poliamor desvaloriza os relacionamentos de casais abertos ou a comunidade *swinger* por romperem com a norma da exclusividade sexual, mas não com a exclusividade afetiva. Isso acontece quando a defesa do poliamor não hierárquico questiona a validade ética dos consensos que permitem o poder de veto de alguns relacionamentos sobre outros. Ou ainda quando a anarquia relacional critica a amatonormatividade presente no poliamor, mesmo no formato não hierárquico, bem como o foco na quantidade de relacionamentos em detrimento de sua natureza. Também é alvo de críticas a tirania dos consensos que perpetuam a mentalidade monogâmica, assim como a distinção entre laços de amizade e aqueles fundamentados em autoridade e na abdicação da autonomia pessoal, uma distinção que estou efetivamente explorando nestas páginas.

Nesse sentido, considero que a abordagem mais sensata é aquela que promove um discurso que reconhece as nuances e as contribuições inerentes à própria proposta, enquanto simultaneamente realça o valor de todos os modelos que desafiam a normatividade. Esses modelos são valiosos por apresentarem referências experienciais que são não apenas extremamente necessárias, mas também podem ser adaptadas às diversas necessidades de indivíduos com diferentes pontos de partida. Tais modelos abrangem uma gama de níveis de envolvimento e possibilidades de transição para novos paradigmas, refletindo a capacidade (ou desejo) de adaptação de cada pessoa.

Quanto às críticas substanciais dirigidas à proposta da anarquia relacional, é relevante salientar a perspectiva que argumenta que é possível combater a amatonormatividade sem necessariamente dissolver as fronteiras entre as categorias convencionalmente reconhecidas como diferentes tipos de relacionamentos. Afinal, esses rótulos podem oferecer segurança e estabilidade para algumas pessoas. De fato, considero essa crítica parcialmente válida, com a ressalva de que tal segurança e equilíbrio frequentemente são apenas ilusórios, e levo isso em consideração na elaboração da abordagem que estou desenvolvendo aqui.

A abordagem que estou propondo nesse sentido, e que se manifesta nos vários títulos e capítulos, é que o uso de rótulos descritivos é totalmente conciliável com a visão anarquista dos relacionamentos. No entanto, sustento que a aplicação de categorias para relacionamentos de forma prescritiva, tratando-os como espaços limitados que definem o que é permitido ou obrigatório, assim como o que é proibido ou inaceitável, não está alinhada com a perspectiva anarquista. Mesmo quando esses limites são estabelecidos através de acordos voluntários, eles não harmonizam-se com a essência anarquista dos relacionamentos. Isso se dá pelo fato de que essas categorias prescritivas e restritivas servem como estrutura e base para dinâmicas de subordinação e autoritarismo.

Essas categorias herdam do esquema amatonormativo o conceito de limite que demarca a fronteira entre diferentes situações afetivas. Estar no "lugar certo" nesse contexto depende da aderência a certas expectativas, que podem ser estruturais na monogamia ou específicas e consentidas na não-monogamia ética. Comprometimento, apoio, cuidado e respeito pelos limites (que considero sempre elementos essenciais) podem não resultar de uma solidariedade fundamentada em filosofia e princípios básicos, mas sim serem traços ligados exclusivamente à posição dentro dessa fronteira relacional.

Por último, considero importante destacar que a anarquia relacional não se apresenta como uma solução definitiva. Ela não é um modelo relacional que resolva questões pessoais, nem é, em si mesma, o embrião de uma revolução. Uma manifestação ou protesto, por exemplo, não automaticamente solucionam a injustiça que denunciam. A anarquia relacional, contudo, se coloca como uma das ferramentas acessíveis para fomentar mudanças. Ela é um ponto de referência, e os pontos de referência têm a função de conferir existência a algo, pois o que não tem um nome de certa forma não existe.

Para que, para quem e até que ponto a anarquia relacional pode ser valiosa? Para mim e para muitas outras pessoas que conheço, ela tem se revelado útil de maneira direta e consciente, ou mesmo de maneira mais sutil e indireta, porém genuína. Ela auxiliou a alinhar nossos modos de vida com nossas convicções, sentimentos e bem-estar. Ela nos ajudou a evitar direcionamentos egoístas, escudos emocionais e discrepâncias entre nossos pensamentos, emoções e ações. Ela substituiu a expressão "sinto muito, não sou normal", dita com a cabeça baixa, por um resoluto "me relaciono de uma forma diferente e gosto disso", proferido com olhos brilhantes e esperança. A anarquia relacional não é uma solução mágica, mas funciona. Pelo menos para alguns.

1.5 O que *não* é anarquia relacional?

Às vezes, é interessante enriquecer uma perspectiva descrevendo suas visões complementares. Isso envolve articular o que a perspectiva poderia ser, porém não é. O que poderia ser, diga-se, devido à proximidade semântica entre um conceito e outros, devido às recorrentes confusões que surgem ou então porque constituem noções mais amplas ou estreitas daquele conceito. O objetivo é esclarecer, evitando a armadilha de estabelecer definições por meio de oposições. Sublinhar uma série de diferenças pode, sem querer, resultar na criação de uma identidade que, mais uma vez, se transforma em uma jaula.

Para começar, a anarquia relacional se opõe à hierarquia relacional. Ela está tão distante da estrutura monogâmica, hegemônica no Ocidente capitalista e além, quanto das formas de poligamia religiosa ou tradicional associadas a sistemas igualmente normativos (sejam poliandria ou poliginia) e que se manifestam em diversas culturas (inclusive no Ocidente, como evidenciado nas comunidades mórmons). Não se trata de estabelecer comparações ou supremacismo cultural, mas de resgatar o caráter secular e não-normativo da estrutura anarquista. Estrutura essa que encontra maior afinidade com práticas culturais observadas entre os povos indígenas, frequentemente rotulados como "primitivos" pelas doutrinas das culturas mais difundidas e dominantes.

No âmbito ideológico, a anarquia relacional não abraça, de forma alguma, o individualismo e a liberdade no sentido de rejeitar compromissos e solidariedade. Ela não está alinhada com a tradição liberal. Da mesma maneira que a solução para salários miseráveis não reside no trabalho clandestino, a resposta para o dilema do casal normativo, isolado numa bolha que impede a formação de uma rede de apoio, cuidado e cumplicidade, não é a "liberdade" de simplesmente multiplicar bolhas.

A anarquia relacional não estabelece de forma explícita as normas das práticas sexuais e afetivas; portanto, não se enquadra no âmbito da não-monogamia ética ou consensual. Essa categoria engloba diversas práticas, incluindo os relacionamentos *swinger* (também referidos como "liberais" por quem os pratica, envolvendo atividades sexuais conjuntas do casal com outras pessoas ou casais), relacionamentos abertos (onde o sexo fora do casal é tolerado, mas sem um componente afetivo) e diferentes formas de poliamor, tanto hierárquico quanto não-hierárquico (abrangendo a aceitação da possibilidade de múltiplos parceiros afetivo-sexuais, com alguns relacionamentos subordinados a outros ou todos eles em igualdade de condições).

A possibilidade de relações não monogâmicas surge como um efeito colateral das abordagens antinormativas inerentes à anarquia relacional. A imposição da exclusividade sexual e afetiva é inaceitável nesse contexto, não devido a uma preferência intrínseca por um certo número de relacionamentos (sejam eles "mono", "não-mono" ou "poli"), mas sim porque tal imposição envolveria coerção ou o direito de veto.

Obviamente, essa inclinação em direção à multiplicidade de relacionamentos surge de maneira direta como ponto central nas abordagens autodenominadas como não monogâmicas.[40] Em outras

---

[40] Como Gesa Mayer colocou no resumo de seu artigo para a edição de 2017 da Conferência Non-Monogamies and Contemporary Intimacies (NMCI): "Nos últimos anos, o conceito de poliamor não apenas experimentou um aumento em sua popularidade, mas também passou a ser objeto de escrutínio. A crítica perspicaz realizada pelos defensores da anarquia relacional abalou o poliamor por tratar apenas de algumas questões, por possuir uma natureza inerentemente hierárquica, ao apoiar-se excessivamente na regulamentação em detrimento da espontaneidade e confiança, por se manifestar como um estilo de vida apolítico associado aos privilegiados, e por reforçar os alicerces essenciais do amor romântico. Nesse ângulo, o poliamor parece inadvertidamente contribuir para a normatividade, ao invés de questioná-la. Uma ênfase particular é conferida à discussão sobre se o poliamor é uma estratégia calculada ou, contrariamente, uma desconstrução do ideal do amor romântico e sua tendência a moldar casais, ao mesmo tempo que separa sexualidade e amizade. A defesa é a de que o poliamor e outras formas de não-monogamia não podem ser adequadamente confrontados através de uma análise simplista, dada a diversidade de desejos, configurações e discursos que englobam. Ainda que não estejam imunes à influência normativa, essas complexas multiplicidades habilmente minam algumas das categorias e fronteiras ultrapassadas que historicamente têm delineado os relacionamentos e as esferas de intimidade."

palavras, tanto os relacionamentos monogâmicos quanto os não monogâmicos se encaixam no paradigma da anarquia relacional. No entanto, a monogamia estrutural não se encaixa, pois implica uma imposição normativa que limita a autonomia individual. Ela estabelece diretrizes culturais que predeterminam os compromissos, impossibilitando que sejam assumidos de forma voluntária, responsável e autogerida.

A título de exemplo, o compromisso com a fidelidade sexual e afetiva da minha própria pessoa, caso seja fruto de uma decisão pessoal após uma reflexão partilhada, alinha-se com os princípios da anarquia relacional. No entanto, demandar exclusividade ou qualquer comportamento específico de outras pessoas, para além daqueles que afetam diretamente meus limites pessoais e corporais, não está de acordo com essa abordagem. Mais adiante, explicarei detalhadamente os temas de compromissos e limites.

Do ponto de vista fenomenológico, a anarquia relacional não se apresenta como uma proposta de natureza mística e reveladora, destinada a libertar o ser humano e desvelar uma verdade absoluta. Não busca identificar as armadilhas do amor, da paixão e dos impulsos carnais, nem pretende trilhar um caminho em direção a um patamar superior de consciência relacional. Da mesma forma, não adota uma abordagem positivista extrema que julga e ignora os domínios subjetivos imateriais das pessoas e suas ramificações emocionais.

A anarquia relacional não se configura como um modelo que mina o valor dos laços humanos, a importância do amor e do comprometimento (construído autonomamente ou de maneira compartilhada, não herdado ou estrutural), tampouco subestima a profundidade dos sentimentos, das paixões e das emoções, assim como da intimidade, confiança e conexão que nutrem a capacidade de cuidar, apoiar e amar uns aos outros. Muito pelo contrário, ela promove um entendimento oposto. Sua essência não reside no fomento do individualismo emocional, mas sim no enfrentamento desse paradigma de maneira completamente aberta. Nesse contexto, ela também não se apresenta como uma escolha cínica para se proteger de desilusões.

A anarquia relacional não surge de forma precipitada, visando introduzir novos paradigmas de relacionamento que, de maneira arbitrária, substituam uma normatividade por outra. Ela não desqualifica o amor, o desejo, nem os anseios individuais, incluindo suas orientações e identidades, ao estabelecer uma regra repressiva. Não se trata de uma reestruturação ética improvisada, mas sim o produto de um pensamento elaborado e compartilhado ao longo de gerações por autores, ativistas e organizações com inclinações anarquistas. Esse pensamento foi construído por meio de experiências, esforços, sacrifícios, fracassos e conquistas ao longo dos últimos dois séculos, agora direcionado para a concepção de uma sociedade em que a utopia reside nos vínculos, semeando uma nova forma de organização coletiva, e não apenas surgindo como um resultado desse processo.

A anarquia relacional não assume a postura de uma disciplina moralista que censura a paixão ou a intensidade emocional, de maneira semelhante ao modo como os puritanismos inquisitivos historicamente condenaram o comportamento sexual livre, o consumo de álcool, substâncias psicotrópicas alucinógenas, entre outros. Os estados emocionais mais ou menos alterados ligados à efervescência amorosa, os processos de idealização, projeção, ilusão, ansiedade e devaneio, sem dúvida, podem não ser recomendados para a rotina diária ou para tomar decisões significativas (assim como o estado de embriaguez ou uma experiência psicodélica não é indicado para dirigir um carro, por exemplo). Entretanto, eles podem sim representar uma exploração legítima de nossos limites, uma entrega a uma investigação pessoal ou simplesmente a celebração de uma liberdade individual inalienável.

Para além dos modelos e padrões de relacionamento, é o modo como gerenciamos o quando, o como e os limites dentro dos quais esses comportamentos ou experiências se desenrolam que determina se existe o risco de consequências negativas sérias (sejam físicas ou emocionais), ou se estamos simplesmente aproveitando mais uma oportunidade estimulante com a intensidade que a vida proporciona e merece.

Por fim, a anarquia relacional não é uma fantasia extravagante que desconsidera a vulnerabilidade das pessoas que experimentaram ou estão a passar por momentos difíceis — seja devido à violência estrutural na construção de identidades na nossa sociedade, seja devido às violências e privações pessoais. Ela não as relega à margem de um modelo supostamente superior e inovador, ou, o que é pior, não as assedia nem as sufoca diariamente por não serem capazes de se adequar nessa "onda fresca, frágil e espumante da modernidade".

O ciúme, a necessidade de sentir-se especial e único, o sentimento de abandono diante da solidão, a dificuldade de encontrar prazer num isolamento escolhido e saudável, a superação de sentimentos de impotência, tristeza, fracasso e rejeição - tudo isso não são indícios de malícia ou incompetência. Não são falhas, nem sinais de falta de maturidade ou de desinteresse em crescer. Não são imperfeições das quais alguém deveria se envergonhar por não corresponder às expectativas estabelecidas por uma doutrina vanguardista e inovadora.

Não. Esses comportamentos exigem apoio e solidariedade, princípios fundamentais do pensamento anarquista. Além disso, eles demandam uma dose significativa de autoexame, comunicação aberta e assertividade, de forma a evitar que as necessidades e feridas pessoais se tornem justificativas para padrões autoritários. Na prática do dia a dia, é notavelmente fácil confundir cuidado com subjugação, uma confusão que ocorre com frequência. Transformar angústia em coerção é quase inevitável sem uma vigilância constante e referências claras.

A anarquia relacional tem como objetivo precisamente contribuir para a criação dessas referências, uma espécie de farol sempre visível, um que nos lembre tanto da importância da fraternidade quanto do risco da tirania. Isso se deve ao fato de que dinâmicas coercivas não se sustentam e, com o tempo, acabam por prejudicar mais do que ajudar, ou até mesmo evoluem para opressões perigosas a longo prazo.

Capítulo 2. Perspectiva cultural e histórica

"Que linda época aquela em que dissemos revolução."

— Mario Benedetti, *Haikus*, n° 198, Inventário III.

Em 1884, em *A origem da família, da propriedade privada e do Estado*,[41] Friedrich Engels propõe que os esquemas de autoridade das sociedades modernas têm origem na transição neolítica da caça e coleta em grupos humanos cooperativos para a agricultura e pecuária, e com isso a aparição do conceito de propriedade. Isso teria provocado a passagem de sociedades nômades e matrilineares, onde a descendência estava exclusivamente ligada à maternidade, para sociedades sedentárias baseadas no Estado e na família nuclear patrilinear.

2.1 Autoridade, família, propiedade privada e anarquismo

Certamente, a ideia de propriedade a longo prazo pode ter se originado com a fixação humana à terra. A coexistência com o gado em áreas confinadas, mantendo machos e fêmeas separados, pode ter despertado ou confirmado a associação entre sexo e reprodução, cristalizando o conceito de paternidade.[42] A fusão desses conceitos elementares — propriedade e paternidade — e a capacidade dos homens de controlar a sexualidade e reprodução femininas, possivelmente fundamentaram a estrutura familiar nuclear patriarcal, prevalente em muitas sociedades atuais. A função histórica dessa configuração foi assegurar a transferência do

---

[41]   F. Engels, Der Ursprung der Familie, des Privateigentums und des Staats: Im Anschluß an Lewis H. Morgans Forschungen, Ed. Hofenberg, Germany, 1884.
[42]   C. Ryan, C. Jethá, Sex at Dawn: The Prehistoric Origins of Modern Sexuality, Harper Collins, 2010.

patrimônio aos homens como grupo hegemônico. Como reforços, emergiram o Estado, leis, dogmas e códigos morais como salvaguardas dessa estrutura. Nesse contexto, o Estado e as hierarquias militares e religiosas tornaram-se os árbitros da autoridade, exercendo coação por meio de leis e sanções, invocando o pecado e ameaças sobrenaturais.

A abordagem anarquista

A perspectiva anarquista social desafia a estrutura baseada na propriedade familiar de longa duração, na autoridade estatal como depositária da coerção legal pela força e no domínio da Igreja e outras hierarquias religiosas como impositoras de coerção moral fundamentada em superstições. Oferece alternativas que desconstroem as instituições e a hierarquia, favorecendo a autogestão com regras e decisões tomadas coletivamente, e a distribuição de recursos alinhada às habilidades e necessidades individuais.

No âmbito econômico, a organização anarquista autogerida seria pautada pela associação e cooperação, em vez de competição e acúmulo de bens. A sustentação funcional do modelo social associativo-cooperativo deveria se firmar na vontade racional das pessoas e não depender de uma dinâmica, outra vez, de coerção ou imposição por parte do coletivo, de outros indivíduos ou instituições representativas. Outro alicerce funcional é a solidariedade ou apoio mútuo entre iguais, caracterizando-se sempre por ser voluntário, recíproco e basear-se num equilíbrio direto entre recursos e necessidades.

Em 1918[43], Bertrand Russell definiu o anarquismo assim:

"O Anarquismo moderno, no contexto de nosso interesse,
vincula-se à crença na propriedade comunal da terra e do capital
e tem, nesse importante aspecto, semelhanças com o Socialismo.

---

[43]   B. Russell, Proposed Roads to Freedom: Socialism, Anarchism and Syndicalism, Cornwall Press, Cornwall, 1918

Essa doutrina é adequadamente chamada de Comunismo Anarquista, mas, como abrange quase todo o Anarquismo contemporâneo, podemos desconsiderar o Anarquismo individualista e focar na forma comunitária. Tanto o Socialismo quanto o Comunismo Anarquista surgiram da percepção de que o capital privado é fonte de tirania de certos indivíduos sobre outros. O Socialismo ortodoxo acredita que o indivíduo se tornará livre se o Estado se tornar o único capitalista. Em contrapartida, o Anarquismo teme que, nesse caso, o Estado possa simplesmente herdar as tendências tirânicas do capitalista privado. Por isso, ele busca um meio de conciliar a propriedade comunal com a maior diminuição possível do poder do Estado e, de fato, com a abolição completa do Estado. Esse pensamento surgiu principalmente dentro do movimento Socialista como sua ala mais à esquerda."

O anarquismo hoje

Um século se passou — século de propostas, reflexões, vivências e combate —, e hoje nos perguntamos: o anarquismo está em declínio? Está desaparecendo esta grandiosa empreitada intelectual e política da humanidade e dos seus povos? A perspectiva de Laura Portwood-Stacer[44] se ancora no agora e avança rumo ao porvir:

"A essência do anarquismo é que o bem-estar humano floresce em uma sociedade descentralizada, não hierárquica e vivamente democrática. Anarquistas almejam uma transformação revolucionária para alcançar uma sociedade mais equitativa. Embora frequentemente interpretada erroneamente como caos ou violência, a anarquia representa simplesmente a ausência de hierarquia. Anarquistas não são contrários à organização, mas sim a estruturas que operam sob relações de poder desiguais ou que se sustentam pela coação. Unindo-se a feministas, antirracistas, socialistas, ambientalistas e outros movimentos que repudiam a hierarquia, os anarquistas atacam principalmente o capitalismo e o estado, vistos como concentradores de autoridade inacessível. Também são críticos de sistemas opressores, como patriarcado e colonialismo, e buscam combater o autoritarismo em

---

[44] L. Portwood-Stacer, *Lifestyle Politics and Radical Activism*, op. cit.

diversas esferas culturais, além do mercado e do governo. Na prática, o anarquismo incentiva a criação de estruturas sociais baseadas na igualdade, associação voluntária e liberdade expressiva para todos, posicionando-se como um ideal utópico, mas aplicável no cotidiano."

Outras visões atuais são as do jornalista Rafael Cid:[45]

"Atualmente, o anarquismo mantém-se vivo, despojado de rótulos, estereótipos ou carteirinhas de membro, atuando como alternativa essencial à contradição da "democracia capitalista". No coletivo e no individual, o ativismo libertário firmou-se na realidade, entrelaçando redes de suporte recíproco, ação direta e autogestão, que "se expandem incessantemente" na construção de um imaginário social em escala humana. Mesmo sujeito à crítica do presentismo, constata-se que essa força vital inspirou outras correntes culturais, aparentemente diversas e distantes, a exemplo das "primaveras árabes". Um rebelde egípcio da Praça Tahrir expressava sua experiência em um blog: "Percebemos que, na verdade, a organização estatal era a desorganização máxima, porque se baseava na negação da capacidade humana de se organizar."

Ou do teórico e historiador anarquista Miquel Amorós:[46]

"Anarquismo, para mim, representa a busca por uma existência rica, fraterna e comunitária, isenta de instituições fora do alcance comunal, onde as relações humanas sejam diretas e igualitárias, livres de intermediações materiais. Enquanto as lutas sociais se direcionarem a esse fim e empregarem métodos compatíveis, o anarquismo terá futuro."

É notório que, atualmente, no século XXI, o anarquismo não figura como sistema de regulamentação social dominante em larga escala em nenhum lugar do mundo. Essa realidade e a premissa de que é necessário um desejo contínuo e unânime de cooperação desinteressada e uso justo dos recursos — algo complexo em nossas

---

[45] R. Cid, "80 años de la revolución española. VIVIR la utopía", Rojo y Negro Digital, 2016.
46 Entrevista de Jaime Gonzalo a Miquel Amorós para *Ruta 66*, julho 2016.

sociedades atuais — levam muitos a ver o anarquismo como utópico no curto prazo, inclusive os mais revolucionários. Contudo, se, em vez de pensar na organização de uma sociedade inteira, aplicarmos esses mesmos elementos à estrutura de nossos relacionamentos, à rede de afetos e pessoas importantes em nossa vida, será que isso nos parece tão utópico? Para mim, não muito.

2.2 Feminismo e anarcofeminismo

Discuti a concepção histórica do conglomerado Igreja-Estado como detentor do domínio exclusivo de almas, corpos e territórios, e da ordem hierárquica das instituições e indivíduos. Desde seu surgimento, percebemos a ligação desses valores autoritários com a perspectiva patriarcal do mundo. Em *Antígona*, emblemática dissecção das dinâmicas de poder escrita há mais de dois milênios, Sófocles dá a Creonte as seguintes palavras:

> "Não existe mal maior que a anarquia, que derruba cidades, destrói lares, desfaz formações e gera desordem e fuga. Afinal, é a obediência que resguarda a maioria e, portanto, a ordem estabelecida deve ser mantida. Não se pode aceitar que uma mulher triunfe. Melhor ser vencido por qualquer tipo de homem do que ser considerado inferior a uma mulher."

Primeiras autoras feministas

Divergindo das ideias anarquistas dos séculos XIX e início do XX, que viam o patriarcado como um produto do Estado, da Igreja e das divisões de classe, as primeiras correntes feministas anarquistas defendiam um enfrentamento direto do patriarcado. Foi nesse ambiente anarquista que se associou pela primeira vez o pessoal ao político, discutiu-se o amor livre e a libertação sexual feminina frente à longeva subordinação atrelada à moralidade religiosa, ao domínio clerical, ao matrimônio e à dependência econômica e jurídica que isso implicava.

Naquela época, por outro lado, certas questões permaneceram inalteradas. O ímpeto de mudança e o anseio por justiça e inclusão fizeram o anarquismo confrontar instituições como a família, vista como uma cilada amorosa, a ocultação das mulheres na história, o menosprezo pela sexualidade feminina e a anulação de seu prazer. Contudo, isso não abalou baluartes morais como a aversão à homossexualidade, a idolatria da maternidade, e a reprovação ao uso de contraceptivos, à masturbação e ao aborto.

De fato, as concepções anarquistas sobre relações em uma sociedade livre[47] variavam desde a aceitação de uniões monogâmicas equitativas e facilmente dissolúveis pela vontade de uma das partes até o apoio a relações poliamorosas com envolvimentos sexuais e emocionais simultâneos. Contudo, a possibilidade de tais vínculos serem homossexuais nunca foi aventada, mantendo-se a homossexualidade como um tabu intransponível.

Relativamente à maternidade, o anarquismo por vezes exaltava a imagem da mãe combativa, destemida e persistente. Essa idealização implicava que gestos de insurgência ou independência que questionassem o papel elevado da mulher como mãe e perpetuadora da espécie, a exemplo do aborto ou uso de métodos contraceptivos, eram encarados como perversões detestáveis.

Na virada do século XIX, a prostituta é outra personagem estereotipada na narrativa anarquista como uma vítima fatal do sistema. Homens anarquistas são exortados a rejeitar essas práticas burguesas e a não serem cúmplices na exploração dos corpos femininos. Publicações raramente incentivavam as mulheres a buscar direitos ou voz ativa na revolução; quando falavam, era para expressarem arrependimento ou lamentarem sua desgraça. Além dessa ortodoxia moral, as militantes eram vistas como aliadas na luta e reconhecia-se a opressão — política, econômica, sexual — que sofriam, inclusive pelos próprios anarquistas, que se reconheciam como opressores e oprimidos. Alguns homens escreviam sob pseudônimos femininos para dar destaque a essa perspectiva (talvez quando não havia autoras dispostas a fazê-lo), e mulheres usavam nomes masculinos com diferentes intenções. Porém, para que as

---

[47] L. Fernández Cordero, *Amor y anarquismo*, Siglo XXI, Buenos Aires, 2017.

mulheres alcançassem esse co-protagonismo no anarquismo, foi necessário vencer grandes obstáculos. Iniciando com Pierre-Joseph Proudhon, o "pai fundador" do anarquismo, um notável misógino (mesmo para a sua época) e arqui-inimigo da emancipação feminina[48] (e de qualquer progresso nas expressões amorosas e sexuais), e passando por pensadores influentes como Bakunin e Engels (que mostravam-se mais progressistas), as mulheres, no fim, tiveram que enfrentar o estigma da vítima passiva destinada a ser redimida pela luta anarquista masculina. Em resposta, elas exortaram os anarquistas a abandonar papéis de opressores ou redentores e se juntarem a elas como verdadeiros iguais: camaradas na revolução.

Grafite em uma parede na Espanha.

A corrente histórica que foi chamada de feminismo burguês ganhou forma na Revolução Francesa com Marie Gouze, conhecida como Olympe de Gouges, e sua *Declaração dos Direitos da Mulher e da*

---

[48] Proudhon argumentou que as mulheres deveriam contribuir para a sociedade a partir do espaço privado e que a revolução feminina teria de ocorrer através da contribuição através do trabalho doméstico.

Cidadã, de 1791, em resposta à *Declaração dos Direitos do Homem e do Cidadão* de dois anos antes. O resultado foi imediato. Em 3 de novembro de 1793, ela foi guilhotinada pelos jacobinos.

Nesses mesmos anos, na Inglaterra, Mary Wollstonecraft lutava pelo direito das mulheres à educação com obras como *Reivindicação dos Direitos da Mulher*, de 1792. No século seguinte, grande parte dos esforços e reivindicações feministas se concentrou no direito ao voto. As sufragistas tiveram que esperar até o final do século XIX e início do século XX para que os diferentes Estados democráticos começassem a incluir o pleno sufrágio feminino em suas legislações.

Portanto, não foi exclusivamente o pensamento anarquista que abordou, naquela etapa histórica, o que hoje chamamos de opressão patriarcal. O feminismo burguês, o marxismo, o socialismo e o liberalismo incorporaram a questão em seus ideários. Mas a efervescência e radicalidade do movimento anarquista, tratando todas as lutas como urgentes e inadiáveis, o posicionou na vanguarda desta primeira fase emancipatória.

Em 1889, na Espanha, surge a primeira organização feminista criada por e para mulheres: a Sociedade Autônoma de Mulheres de Barcelona. Já em 1902, é editado em Valência o *Humanidade Livre*, periódico quinzenal anarcofeminista que servia de voz à sociedade feminina local. A primeira edição contou com a contribuição de Teresa Claramunt, Soledad Gustavo, María Caro, Rosa Lidón, entre outras autoras (e autores, embora em segundo plano). A única iniciativa editorial anterior a nível mundial é *A Voz da Mulher*, revista pioneira criada em 1896 em Buenos Aires.

La Revista Blanca[49], outra publicação notável, teve a direção de uma mulher, Soledad Gustavo, pseudônimo de Teresa Mañé Miravent, educadora secular e anarquista[50] que escreveu inúmeros artigos sobre a emancipação feminina em diversas esferas, incluindo

---

[49] A. Prado, Matrimonio, familia y estado: escritoras anarco-feministas en La Revista Blanca (1898-1936), Fundación Anselmo Lorenzo, Madrid, 2011.
[50] E mãe de Federica Montseny Mañé, a primeira mulher a ocupar o cargo de ministra no governo espanhol e uma das primeiras na Europa Ocidental.

a das relações pessoais. Ela afirmou, por exemplo, que "o homem vê com bons olhos a difusão da liberdade da mulher, mas não o bastante a ponto de praticá-la. Ao fim e ao cabo, poderá cobiçar a mulher do próximo, mas tentará confinar a sua".[51]

Capa da primeira edição da "Humanidad Libre"

Contudo, a denominação "feminismo" — anteriormente aceita e empregada em círculos libertários no fim do século XIX — foi aos poucos se apartando do vocabulário anarquista, sendo rotulada como uma corrente burguesa. Isso ocorreu porque demandava o envolvimento feminino nas estruturas estatais (participação política

---

[51] Teresa Mañé, "Hablemos de la mujer", La Revista Blanca, 1923, cit. en G. Puente Pérez, "Al margen del feminismo: las vindicaciones de las anarquistas italianas y españolas por la liberación de las mujeres (1868-1939)", Chronica Mundi, 2017 .

partidária, direito a votar e ser votada, etc.), contribuindo, assim, à perpetuação do sistema estabelecido.

Alternativas ao feminismo burguês

O discurso que atualmente chamaríamos de anarcofeminista, além de abarcar a luta anarquista ampla, debatia a opressão atrelada ao casamento, ponderando entre sua abolição ou reforma; criticava o amor como uma armadilha que obscurece a razão e leva à subjugação feminina; e denunciava a Igreja como aliada do sistema que oprime as mulheres, usando proselitismo e o temor a infernos e purgatórios.

Algumas questões muito presentes no feminismo atual já aparecem em textos anarquistas do século XIX como estes de *A Voz da Mulher* (1896) recolhidos por Laura Fernández Cordero em *Amor y Anarquismo*:[52]

> "Com passos lentos e mecânicos, eu caminhava sem saber por qual rua em direção a um lugar que não me lembro, pensativa e cabisbaixa, quase colada à parede, com o único objetivo de evitar encontros e gracejos, o que não conseguia, pois parece que os senhores do sexo barbudo não se veem como tal se ao passarem por uma mulher não soltam algumas dessas frases tolas que compõem o batido repertório (...) de galanteios de rua. (...)
>
> Esse desdém é refletido até na linguagem. Para significar todos os seres da nossa espécie, dizemos: o homem, os homens, a humanidade. A mulher também está inclusa, mas em um patamar inferior, e por isso nem se a menciona."

No alvorecer do século XX, em outros continentes, emergem pensadoras como He Zhen (anarquista chinesa que atuou também no Japão), abordando temas que nos são atuais. Ela argumentava que mulheres influentes na política, na economia e na sociedade, apesar de uma primeira impressão de equidade, poderiam fomentar e normalizar uma nova estrutura de opressão. Uma perspectiva

---

[52] Laura Fernández Cordero, *Amor y anarquismo*, Siglo XXI, Buenos Aires, 2017.

notoriamente precoce que, um século mais tarde, nos faz pensar em personalidades como Margaret Thatcher, Marine Le Pen, Sarah Palin ou Esperanza Aguirre. He Zhen já discutia isso em 1907:[53]

> "A maioria das mulheres já é oprimida tanto pelo governo quanto pelos homens. O sistema eleitoral simplesmente aumenta sua opressão ao introduzir um terceiro grupo dominante: mulheres da elite."

Nos Estados Unidos da América, Helena Born, Marie Ganz, Mollie Steimer, Voltairine de Cleyre e Emma Goldman estão entre as autoras mais conhecidas na história do anarquismo. Esta última surge na maioria das monografias como uma das pessoas que mais contribuíram para a disseminação e entendimento deste movimento. Sua definição de anarquismo sugere uma perspectiva mais interseccional, em linha com o fato de que as mulheres estiveram — e continuam estando — submetidas aos efeitos de mais vetores de opressão do que os homens:

> "O anarquismo, portanto, realmente representa a libertação da mente humana do domínio da religião; a libertação do corpo humano do domínio da propriedade; libertação das algemas e restrições do governo."[54]

Na sua obra *Marriage and Love*[55], ela define a união matrimonial como uma estrutura de controle, um engano, uma transação na qual o homem compra, por toda a vida, o nome, a intimidade, a agência e a própria existência da mulher. No texto, Goldman apresenta estatísticas que, mesmo com um século de história, ainda pareceriam comuns aos olhos modernos — caso ignorássemos datas e números — numa leitura casual de uma revista ou num encarte dominical de um periódico:

---

[53] He Zhen, "Women liberation", em Robert Graham, *Anarchism: a documentary history of libertarian ideas,* v. 1, Black Rose Books, Montreal, 2005.

[54] E. Goldman, "Anarchism: what it really stands for", en *Anarchism and Other Essays,* Dover Publications, New York, 1910.

[55] E. Goldman, "Marriage and Love", em Anarchism and Other Essays, op. cit.

> "(...) primeiro, a cada doze casamentos, um termina em divórcio; segundo, desde 1870, os divórcios aumentaram de 28 para 73 a cada cem mil habitantes; terceiro, desde 1867, o adultério, como motivo para divórcio, aumentou 270,8%; quarto, que a deserção aumentou 369,8%."

Emma Goldman uniu a criação intelectual ao ativismo persistente, espalhando seu entusiasmo por vida, liberdade e revolta contra a autoridade e opressões, sendo conhecida como "a mulher mais perigosa da América".[56] Na Espanha dos anos 30, em meio a avanços sociais e forte ímpeto transformador (e a reação fascista correspondente),nasceu *Mujeres Libres*, organização anarquista que lutava simultaneamente pela emancipação feminina e pela revolução social. Reuniu 30.000 membros, estabelecendo redes de mulheres anarquistas e lançando diversas iniciativas, como centros de formação e obstetrícia, coletivos rurais, campanhas contra o machismo e em defesa do feminismo, artigos de imprensa, revistas e programas de rádio. *Mujeres Libres* encarnou princípios anarquistas fundamentais: emancipação coletiva, apoio mútuo, organização e ação horizontal e direta, confrontando a ideia de que a libertação feminina viria "automaticamente" após a vitória revolucionária. No século XX, pensadoras como Margaret Mead, Simone de Beauvoir, Kate Millet ou Marcela Lagarde avançaram na compreensão do poder estrutural associado aos casais e aos vínculos amorosos. Diz M. Luz Esteban ressalta em sua *Crítica del pensamiento amoroso*[57] que estas análises:

> "(...) apresentam uma crítica firme e categórica a esse amor que só reconhece as mulheres como dignas quando amam de maneira abnegada e acrítica. Com a perspectiva feminista, surge pela primeira vez na história da humanidade o amor como algo que não é irremediável, nem funciona como uma avalanche que te arrasta e arruína a vida. Pela primeira vez, o amor se apresenta

---

[56] C. Bríd Nicholson, Emma Goldman: still dangerous, Black Rose Books, Montreal, 2010.

[57] M.L. Esteban, *Crítica del pensamiento amoroso*, Bellaterra, Barcelona, 2011.

> como uma experiência na qual se pode intervir, decidir, escolher, optar, características todas relacionadas à liberdade."

Anarcofeminismo contemporâneo

No final do século passado já aparece explicitamente o termo "anarquista-feminista", que evoluiu para "anarcofeminista" e "anarcafeminista". Julia Tanenbaum[58] aponta uma das primeiras menções no editorial do jornal *It Ain't Me Babe*, de agosto de 1970, publicação que exemplifica o "anarquismo intuitivo" do movimento feminista radical estadunidense no momento em que se iniciava uma tendência importante de visibilizar e se opor a todo tipo de subjugação e abuso As teorias iniciais do anarcofeminismo, já com o conceito mais estabelecido, emergiram na revista *Siren* e nas edições da *Come! Unity Press*. O manifesto *Who We Are: The Anarcho-Feminist Manifesto*, publicado na *Siren* por Arlene Wilson, destacava a singularidade do anarcofeminismo, realçando a luta feminista contra a opressão da religião, da família e do Estado. Até o seu encerramento em 1973, a *Siren* divulgou trabalhos sobre política prefigurativa,[59] feminismo lésbico, identidade e expressão de gênero, o binarismo de gênero como autoritarismo e a inclusão de pessoas trans no movimento.

Em resumo, o elo entre a teoria feminista radical e o anarquismo está na semelhança entre o autoritarismo patriarcal e a família nuclear, que trata mulheres e filhos como propriedade e condiciona a obediência à autoridade em todas as esferas da vida, seguindo padrões de pensamento hierárquico e patriarcal ligados ao controle e à subordinação. Em contraste com a hierarquia, propõe-se uma irmandade entre mulheres, conhecida atualmente como

---

[58] Julia Tanenbaum "To Destroy Domination in All Its Forms: Anarcha-Feminist Theory, Organization and Action 1970-1978", em *Perspectives On Anarchist Theory*, Institute For Anarchist Studies, AK Press, Edinburgo, 2018.

[59] Segundo Carl Boggs, que propôs o termo, é o desejo de incorporar nas práticas políticas de um movimento as formas de relações sociais, tomada de decisão, cultura e experiências humanas que representam o objetivo de longo prazo. En C. Boggs, "Marxism, Prefigurative Communism, and the Problem of Workers' Control", *Radical America,* 1977.

sororidade,[60] fundamentada na autonomia, igualdade, confiança e amizade, forjando laços mais profundos que as conexões masculinas baseadas na competição. A pertinência deste discurso, proposto há quase meio século, ressoa vigorosamente com a moderna narrativa da anarquia relacional.

Um número da revista anarco-feminista *Siren* e duas publicações da *Come! Unity Press*. Fonte: anarchiststudies.org

Julia Tanenbaum[61] aponta que as feministas versadas em anarquismo percebiam com clareza as conexões entre teoria e prática do feminismo radical e o ativismo anarquista. O feminismo anarquista surgiu como um avanço na autocrítica teórica, com anarcofeministas acreditando que uma análise anarquista detalhada e o conhecimento da história do anarquismo, ao abordarem obstáculos estruturais semelhantes, facilitariam às mulheres o enfrentamento à coerção das elites e a formação de grupos de trabalho inclusivos e não hierárquicos. Construíram um movimento independente de mulheres com uma crítica feminista ao

---

[60] Segundo Marcela Lagarde, *La política de las mujeres*, Cátedra, Madrid, 1997, A *sororidade* é "uma experiência que leva à busca de relações positivas entre mulheres e à aliança existencial e política, visando contribuir com ações específicas para a eliminação social de todas as formas de opressão e apoio mútuo para alcançar o poder coletivo de todas e o empoderamento vital de cada mulher". Um termo complementar é o "affidamento", que incorpora a essa aliança a confiança e o afeto dentro do coletivo, como forma de gerenciar a discrepância e o conflito.
[61] Ibíd.

anarquismo e anarquista ao feminismo. Para elas, o movimento radical feminino emergia como uma oportunidade de revolução, de desafiar as dominações pessoais e políticas. Ao contrário das anarquistas dos séculos XIX e XX, as feministas radicais do final do século XX priorizavam o feminismo antes do anarquismo.

2.3 A anarquia relacional e o anarquismo

Já mencionei que os conceitos de anarquismo e anarquia aparecem no universo semântico majoritário (hegemônico) com um significado profundamente enviesado.

Um exemplo desta visão distorcida é fornecido por Carlos Taibo,[62] referindo-se a Jorge Fernández Díaz, Ministro do Interior de Espanha, no governo Rajoy entre 2011 e 2016:

> "(...) algumas palavras desta estimulante figura intelectual que é o ministro do interior espanhol, que afirmou há alguns meses ter sido desativado um grupo anarquista surpreendentemente bem organizado. Este bom senhor deveria ler um manual básico de teoria política: os anarquistas não são contra a organização, são contra as formas coercitivas ou coercivas de organização, o que é algo "um pouco diferente"."

Puxando este fio simbólico, poderíamos dizer que uma visão anarquista das relações não se posicionaria contra os laços pessoais (nem contra o afeto, o amor, o compromisso, as emoções ou as paixões), mas sim contra as formas coercitivas ou coercivas de se relacionar.

O contrato social e o contrato conjugal

O anarquismo político vê o Estado como a fonte primordial de autoridade e coerção. O contrato social (um contrato de adesão, que não é negociado por cada contratante de maneira individual) concede a exclusividade ao Estado para criar e aplicar leis. Se um grupo opta por códigos de conduta alternativos que colidem com as

---

[62] Várias intervenções e conferências, por exemplo "Decrescimento/anticapitalismo", em arrezafe.blogspot.com.

leis estatais, o Estado tem o direito e a capacidade de reprimir essas condutas baseado na autoridade conferida pelo contrato social, caracterizando uma organização com normatividade centralizada. Quando me referir à normatividade, estarei aludindo a este conceito. Por outro lado, quando as regras de convivência são estabelecidas coletivamente, com a participação e a opção de aceitá-las ou discuti-las por parte de cada pessoa individualmente, irei me referir à autogestão.

A anarquia relacional adota a maioria dos princípios do anarquismo político, porém desloca a atenção das leis e do Estado (característicos do anarquismo) para os padrões de interação e a normatização cultural dominante dos laços (na anarquia relacional). Isto é, a crítica não recai sobre a sujeição a um contrato social e os direitos provenientes dele, mas sim sobre a adesão a condições morais e culturais que se manifestam nas várias formas de relações normativas.

Esses relacionamentos possuem nomenclaturas específicas, com fronteiras delineadas, que delimitam regimes de comportamento bastante definidos. Se nossa relação é de casal, assumimos obrigações e direitos (ou expectativas de direitos) inerentes a essa classificação — obrigações e direitos que não formulamos individualmente, tornando a relação normativa. Se é uma amizade, adotamos as expectativas correspondentes a esse tipo de vínculo, também não acordadas explicitamente. Portanto, mais uma vez, o relacionamento é normativo. O mesmo se aplica a todas as formas de relação culturalmente estereotipadas.

A anarquia relacional defende a substituição da normatividade pela autogestão das relações, não sob uma ótica individualista (pois o prefixo "auto", neste contexto, abrange um coletivo, uma rede relacional), mas através de princípios básicos que já foram mencionados várias vezes e merecem ênfase: ajuda mútua, autonomia consciente, horizontalidade, rejeição a poderes ocultos e soberania individual de associação ou dissociação. Também preconiza a não representatividade de umas pessoas por outras e a ausência de intromissão na esfera alheia, salvo para assegurar o cumprimento de compromissos estabelecidos.

É crucial ressaltar que somente com um olhar vigilante e resoluto é possível detectar e prevenir que os parâmetros da autogestão abriguem condutas e estruturas de poder e autoridade. As dinâmicas de posse, controle e subjugação atuam subconscientemente como ditames culturais, moldadas por fatores como gênero, classe socioeconômica, capital relacional e erótico, idade, entre outros. Discutirei mais profundamente essa temática em capítulos futuros focados em práticas relacionais e eixos de opressão.

Ascendendo do íntimo para uma análise mais abrangente das repercussões dessas premissas nas formas de organização social, a anarquia relacional propõe uma visão crítica sobre as estruturas de vinculação normativas e seu papel na formação, manutenção e progresso do sistema. Tais estruturas agem como forças orientadoras e estabilizadoras do *status quo*, refletido, por exemplo, na tendência de os vínculos serem nucleares em vez de em redes ou coletivos, no desenvolvimento segundo um modelo homogêneo e previsível, na atribuição individual da responsabilidade pelo bem-estar alheio, e na clara definição da natureza e organização da entidade que detém os bens essenciais, como habitação, apoio material para o sustento, entre outros.

Este esquema relacional estruturado e disciplinado também serve como molde normativo e educativo para a nova geração, que tende a replicar o modelo com poucas alterações. Centralizar cuidados, afetividade e, sobretudo, autoridade e tutela na infância em duas figuras claramente identificadas promove, desde o início da formação da identidade e da personalidade, a adaptação a uma lógica de posse ou subordinação, em detrimento das práticas de cooperação, aliança, harmonização, administração e tomadas de decisão coletivas.

Na definição de práticas específicas oriundas da visão anarquista relacional, não é simples formular uma descrição abrangente.

Rejeitar a normatividade não significa que os modelos de relacionamento, tanto teóricos quanto práticos, sigam um padrão simples. Por exemplo, não há um limite para o número de pessoas com as quais se mantém interações intensas durante uma fase da vida — pode ser apenas uma pessoa, nenhuma ou várias. Conforme mencionei anteriormente, a quantidade de conexões não determina a prática da anarquia relacional, mas uma rede vasta tende a oferecer mais sustentação, constância e carinho.

A natureza dos projetos desenvolvidos com outras pessoas também não é algo estático. Podemos dividir moradia, recursos, finanças em diversos níveis, sonhos, produções intelectuais ou artísticas, viagens, atividades esportivas, paixão, aventuras, sexo, procriação, educação de filhos, cultura, lazer, etc. Isso pode se dar a curto ou longo prazo, ou por um tempo indefinido, com relatos mais místicas ou mais pragmáticos, românticas (desde que não envolvam controle e autoridade), platônicas,[63] poéticas ou prosaicas, com regularidade ou ocasionalmente, e com comunicação constante ou intermitente.

Os únicos elementos distintivos de uma organização relacional não normativa e autogerida (análogos informais aos "direitos fundamentais nas relações") incluem a articulação das conexões através de compromissos voluntários feitos por cada indivíduo e limites que se restringem ao próprio corpo, espaço e emoções. É necessário honrar esses compromissos, que, em caso de mudanças, devem ser ajustados mediante reflexão consciente e diálogo. A aderência estrita aos limites dos outros deve ser profundamente enraizada em uma cultura do consentimento. Esse arranjo de limites e compromissos deve conduzir a redes relacionais onde consideração, respeito pessoal e um patamar básico de cuidado, apoio e solidariedade sejam assegurados.

---

[63] O significado de "amor platônico" varia entre as culturas. Em geral, nos países que não falam o espanhol, mantém o significado original da obra de Platão como "amor sem atração romântica ou atração sexual". Em espanhol costuma ser entendido como "amor idealizado, não correspondido e inatingível".

Acordos, direitos e autoridade

Acordos, direitos e autoridade influenciam princípios anarquistas centrais. A anarquia relacional — como proposta radicalmente não normativa — sugere forjar vínculos em função de suas especificidades, rejeitando normas pré-definidas. Envolve expressar meus desejos, atender os seus e buscar um trajeto confortável, apaixonado e estimulante para ambos.

Mas será possível limitar os desejos, os acordos sobre eles e as suas implicações? Será que estes desejos não afetariam terceiros? Isso depende, obviamente, do esquema moral no qual se empreende a análise. Dentro do âmbito moral de religiões predominantes e ideologias seculares, agora mais suaves e humanizadas, tais anseios não devem ameaçar a exclusividade (como os casais) de vínculos íntimos, especialmente para mulheres, ainda frequentemente vistas sob uma ótica de subordinação e moralidade estrita.

Em esquemas mais abertos ou não monogâmicos, a intimidade e até o carinho com diferentes parceiros podem ocorrer, observando-se diversas restrições. Essas limitações são influenciadas por convicções pessoais ou normas sociais assimiladas, por vulnerabilidades emocionais, inseguranças, desejos de manutenção de controle, reminiscências de posse ou ainda por requisitos particulares de atenção. Cada situação é única e pode resultar de um processo de reflexão consciente, fundamentado na comunicação e consideração mútua, ou pode ser o efeito de atitudes mais dogmáticas e inflexíveis.

O anarquismo sustenta-se em princípios como a soberania individual - cada pessoa é autônoma e não deve impor força sobre outra, defendendo-se quando necessário. Defende-se o consenso sem pressões de poder, liberdade para associar-se ou dissociar-se e formar novas alianças baseadas na unicidade. Sobre essa ótica, defende-se a horizontalidade - ninguém tem autoridade sobre o outro - e a ajuda mútua, ancorada no dever ético da solidariedade. Além disso, ressalta-se a autonomia responsável, com não interferência em questões pessoais ou coletivas, mas com a observância dos acordos estabelecidos, e solução de conflitos por meios que respeitem a estrutura libertária: sem coerção, voluntários e em pé de igualdade.

Quando se trata de anarquismo, emerge a questão sobre a existência de um esquema moral anarquista. Embora uma análise profunda exija extensa literatura, é possível traçar um panorama geral. O anarquismo sustenta-se em valores como a soberania individual (ninguém tem o direito de impor-se a outrem e a autodefesa contra a coerção é vista como justa); em consensos estabelecidos sem a influência de hierarquias de poder; no direito de livre associação ou dissociação e a formação de novos coletivos; na unicidade (todo ente segue sua própria norma); na equidade (cada pessoa é sua própria representante, descartando assim a subordinação uns aos outros); na cooperação mútua, impulsionada pelo imperativo moral da solidariedade; na autonomia responsiva (respeitando a autogestão individual ou coletiva, com a condição do cumprimento dos acordos); e na resolução de conflitos por meios que respeitem a organização libertária (sem coerção, voluntários e baseados na igualdade de participação).

Falei do conceito de contrato social no ponto anterior. Um princípio central da filosofia anarquista de Bakunin sustenta que essa noção—originada por Hobbes, Locke e Rousseau—não passa de um ardil dialético destinado a ocultar a falta de legitimidade que caracteriza o estabelecimento de autoridade, em detrimento do surgimento espontâneo de uma soberania popular. Reorientando os compromissos e acordos na esfera dos vínculos para outro esquema valorativo, encontramos, como pedras angulares, a denúncia da coerção (imposição dos desejos de alguns sobre outros) e da autoridade (exercício de direitos de uns em detrimento dos de outros). Tais fundamentos, dada a sua força argumentativa e abrangência, descartam de imediato qualquer noção de posse e domínio.

Retorno então às questões iniciais sobre desejos e acordos e suas consequências: Estão definidos? Podem impactar terceiros? Na ética anarquista, os limites residem na autoridade e na coerção exercidas sobre os envolvidos. Somente compromissos genuinamente voluntários são válidos, aqueles oriundos da livre vontade sem imposição de autoridade. Pactos que impliquem renúncia de direitos fictícios sobre outros ("permito que faças isso..." ou "consinto que faças tal com fulano") são, neste contexto, trocas ilusórias, dado que não se pode aceitar posições autoritárias. Ninguém possui o direito de autorizar ou restringir o que foge ao seu domínio. A soberania pessoal e a autonomia responsável conferem-nos o poder de escolher, concordar ou recusar, em relação ao uso de nosso corpo ou direitos por outrem. Portanto, os limites e o consentimento são essenciais, e é perfeitamente razoável estabelecer restrições do tipo "autorizo que faças isso COMIGO, mas não aquilo".

Uma analogia que esclarece esta questão se dá ao imaginar que alguém, no meio de uma conversa, me peça para decidir em conjunto onde devo ir nas minhas férias, apesar de não participar da viagem. Torna-se absurdo o uso do termo consensualizar (ou firmar acordo). Essa pessoa pode recomendar ou insistir que eu visite um destino pelo qual tenha grande apreço, mas não existe um acordo real a ser feito, já que seu direito sobre minha escolha não é reconhecido. No entanto, eu posso voluntariamente prometer-lhe trazer uma lembrança. Intrigantemente, nas relações interpessoais — e, invariavelmente, nas normativas — o conceito de autoridade derivado do pensamento dominante faz com que não seja incomum alguém tentar negociar e estipular o que outro indivíduo pode ou não fazer em sua vida íntima.

Por outro lado, é preciso admitir que o destino da minha viagem pode afetar outras pessoas, direta ou indiretamente, e por isso, faz sentido que expressem reservas, ponderando sobre os efeitos e implicações. Mas isso deve ser feito respeitando os princípios anarquistas, sem coerção nem manipulação, e livre de chantagem.

E o que acontece se formos várias pessoas na viagem? Reconhecemos intuitivamente a autoridade ou o direito daqueles que viajam para decidir o destino? Neste caso, não parece imprudente pensar num acordo, em consensualizar o local onde queremos passar as férias. Em resumo, um consenso que diz respeito à realidade compartilhada de fato parece ajustar-se ao quadro de valores anarquistas, diferentemente de um acordo que busque dar a outra pessoa a permissão para fazer algo com sua privacidade individual. Compreendendo, em qualquer situação, que o íntimo depende fundamentalmente de uma avaliação subjetiva e específica para cada contexto.

No capítulo sobre práticas relacionais abordarei o conflito comum entre essa análise e a realidade vivencial. Se dividimos vivências intensas, responsabilidades e desafios, é complicado mensurar o impacto no meu bem-estar de ações que fazem parte de sua intimidade. No entanto, argumentarei que muitos dos acordos que fazemos refletem a moral do apoio mútuo, um conceito clássico no anarquismo que se manifesta em vários contextos culturais, religiosos, políticos e ativistas na forma de solidariedade, cuidado, fraternidade, entre outros. A perspectiva anarquista restringiria os consensos ao que é coletivo e trocaria permissão e troca por comprometimento voluntário e delimitação responsável, sempre mediados por respeito, consentimento, comunicação e reflexão cooperativa.

O foco no coletivo

Um aspecto fundamental do anarquismo social é a valorização do coletivo, tanto como agente ativo na organização quanto elemento a ser protegido e cuidado (e que também provê proteção e cuidado). A anarquia relacional desafia o esquema de valores dominante focado no casal reprodutivo, propondo uma abordagem alternativa centrada na comunidade. Em vez de impor uma nova norma que direcione as emoções, a intimidade e os projetos, ele desconstrói um sistema que privilegia a relação de casal sobre as demais. Tais relações desprivilegiadas, essenciais para construir uma teia de afeto, cuidado e solidariedade, são muitas vezes relegadas em função das necessidades do casal, manifestadas por acordos e consensos coercivos. Isso resulta em uma sociedade fragmentada, mais suscetível a influências externas centradas em publicidade, comparações sociais e estímulos ao consumo competitivo. A alternativa, portanto, é promover uma organização relacional focada no bem coletivo, priorizando a conexão social em detrimento de um modelo que coloca indivíduos ou casais em pedestais. Em substituição à coerção, a comunicação é elevada como a ferramenta essencial para a sustentação de um modelo consciente, específico e flexível. Enquanto práticas normativas recorrem ao controle, práticas alternativas demandam uma comunicação constante para estabelecer e refinar os detalhes de um sistema autogerido.

Atividade privada ou política?

A anarquia relacional, assim como o anarquismo tradicional, é hoje uma abordagem dissidente radical, exigindo que nos afastemos das perspectivas assimiladas durante a vida, libertando-nos de crenças inconscientes formadas pela observação do entorno familiar e social, das manifestações culturais, festivas, lúdicas, dos jogos, das leituras e de mil normalidades diárias. O anarquismo sempre incentivou a ação direta para efetivar mudanças sociais e construir um futuro melhor. Já a anarquia relacional é parte da chamada *Radical Lifestyle Politics*[64] (política radical de estilo de vida), que defende que a forma mais eficaz de provocar mudanças sociais é por meio do ajuste de seus comportamentos e escolhas diárias aos ideais almejados.

Conforme exposto na introdução, a viabilidade de uma revolução autêntica diminui a cada dia, e até iniciativas associativas em larga escala e movimentos políticos libertários tendem a ser cooptados e anulados pelo sistema de maneira rápida, sobretudo ao ingressarem na esfera institucional. Assim, sem desprezar as grandes batalhas coletivas, a política de estilo de vida surge como uma alternativa complementar que, longe de ser inédita, se mostra mais pertinente do que nunca. Mais uma vez, reafirma-se que o pessoal é político.

---

[64] L. Portwood-Stacer, Lifestyle Politics and Radical Activism, op. cit.

2.4 Amor livre, poliamor, não-monogamias éticas e redes afetivas

Os chamados anarquistas do século XIX, junto a influências de outras tradições do pensamento,[65] desencadearam nos anos 60 um impulso emancipador das condutas afetivo-sexuais, políticas e sociais, que, somado ao anarcofeminismo discutido previamente e que ganharia destaque nas décadas de 70 e 80, transformou significativamente as mentalidades e os valores morais das gerações seguintes. Novas formas de linguagem, propostas e relações começaram a surgir, influenciando enormemente as percepções sociais.

Da revolução sexual ao amor livre

Naquela época, o inovador estudo de Masters e Johnson sobre a resposta sexual humana,[66] inicialmente acadêmico, tornou-se um *best-seller* mundial. A educação sexual começou a encontrar seu lugar nas escolas, o acesso a métodos anticoncepcionais se generalizou e os tabus rígidos em torno do sexo começaram a se romper. O sexo passou, gradualmente, a ser visto como fonte de alegria e liberdade, independente das restrições morais e da hipocrisia das normas sociais de outros tempos. Diferente do que muitos estereótipos sugerem, a "revolução sexual" não divorciou o sexo do amor, mas do casamento, da exclusividade e de outros comportamentos normativos da sociedade.

Curiosamente, na mesma década, a obra de Charles Fourier foi publicada. Fourier, um socialista utópico do começo do século XIX, ofereceu propostas imaginativas (às vezes ingênuas e fantasiosas, mas inseridas em uma obra longe de ser trivial ou dispensável). Perturbadores para a época, seus textos sobre a emancipação feminina e uma visão liberal sobre o sexo foram suprimidos por seus

---

[65] Dadaístas, surrealistas, construtivistas, liberais, primeiras correntes contraculturais...

[66] W.H. Masters, V.E. Johnson, *Human sexual response*. Little, Brown and Co., Boston, 1966.

contemporâneos, permanecendo inéditos até sua obra completa ser editada na França de 1967. O texto *Le Nouveau monde amoureux*,[67] incluído nesta edição e emergindo durante o fervor de Maio de 68, sugeriu um novo sistema amoroso baseado na abolição do casamento, na criação coletiva de filhos, no trabalho comunitário e numa "renda básica garantida de atenção sexual" como direito universal.[68]

Poucos meses depois, eclodiu a revolução de Maio de 68, que tomou a figura de Fourier como um dos seus referentes culturais, bem como Theodor Adorno, Herbert Marcuse, Wilhelm Reich, Sigmund Freud e os escritos da SexPol, a *Associação Alemã para uma Política Sexual Proletária,* ativa antes da Segunda Guerra Mundial.

A contribuição de Fourier ao movimento de Maio de 68 foi provavelmente mais no sentido de articular um discurso provocativo e de estética boêmia do que em um sentido literal ou prático. Segundo o filósofo Ramón Alcoberro:[69]

> "Devemos a Fourier a primeira análise profunda das consequências devastadoras do capitalismo no emocional e na subjetividade humana. Sem ele não se entenderia o papel da sexualidade na transformação da sociedade e o significado de conceitos como 'apoio mútuo' ou solidariedade, os quais ele desenvolveu além de seu sentido econômico. No entanto, sua obra alcançou pouca influência prática; como em todos os utopistas, há nela um ponto de profecia e de loucura (em sua tentativa obsessiva de classificar todos os fenômenos sociais) e muito de perspicácia profunda na sua compreensão das sociedades como um espaço de conflito que vai muito além das contradições econômicas e políticas."

---

[67] C. Fourier (1816), *Le Nouveau monde amoureux*, Prodinnova, París, 2019.

[68] Segundo Fourier, o desaparecimento da necessidade desesperada de sexo nos indivíduos permitiria que os relacionamentos se tornassem verdadeiramente livres. Seria necessário um serviço público que demonstrasse uma "nobreza amorosa" que tivesse que exercer sua função sabendo "subordinar o amor aos ditames da honra".

[69] R. Alcoberro, *Charles Fourier; el amor y las utopías*, en R. Alcoberro y J. Torres. *Filosofía i pensament* (disp. en alcoberro.info).

Mas essa revolução estética e retórica teve uma influência significativa. Embora o termo "amor livre" já tivesse sido utilizado em diversas abordagens e experiências desde o século XIX, e até antes, foi apenas com esse movimento massivo que tal ideia ganhou reconhecimento e difusão global. O desafio à normatividade nas relações sexuais e afetivas se uniu a uma filosofia reivindicatória contracultural que, novamente, como no anarquismo de um século antes, buscava desestabilizar as bases estáticas do sistema por meio da rebeldia contra o estabelecido. chegando ao ponto de popularizar slogans que afirmavam que relacionar-se sexoafetivamente com uma única pessoa era contribuir para a manutenção do status quo ou que um desejo sexual que não fosse contínuo, intenso e abrangente só poderia vir de uma repressão social castradora e puritana que deveria ser superada. Slogans sugeriam que ter um único parceiro sexoafetivo contribuía para a manutenção do *status quo* ou que um desejo sexual que não fosse contínuo, intenso e abrangente só poderia vir de uma repressão social castradora e puritana que deveria ser superada.

Esses princípios que, agora, após cinquenta anos, identificamos como uma cisão essencial, também transmitem uma impressão de extremismo e insensibilidade em relação aos sentimentos alheios. São apenas o começo de um modelo ideológico e ético bastante simplista, cujos defeitos foram ficando claros à medida que se observavam e estudavam suas implicações.

Consequências dos movimentos de libertação sexual

Sem dúvida, existiram exceções que guiaram comunidades e indivíduos associados ao movimento do amor livre em direção a práticas valiosas e igualitárias. Contudo, as críticas mais recorrentes apontam que essa onda revolucionária foi muitas vezes capitalizada pelos mais afortunados: homens brancos com certo status cultural e econômico. Uma crítica marcante a essa dinâmica veio do ativista Stokely Carmichael, que disse: "A única posição para a mulher no movimento é [decúbito] dorsal", referindo-se às tensões raciais e sexuais e, consequentemente, ao papel limitado que se permitia às mulheres e minorias.[70]

De fato, a liberação sexual desses anos não resultou em avanços para as mulheres no Ocidente. Entretanto, essa negligência às questões de gênero pode ter impulsionado o nascimento do *Women's Liberation Movement* e do Feminismo Radical, que vê no patriarcado a origem das desigualdades, opressão e violência contra mulheres. Consequentemente, essa negligência também ajudou a moldar o anarcofeminismo reconhecido como tal.

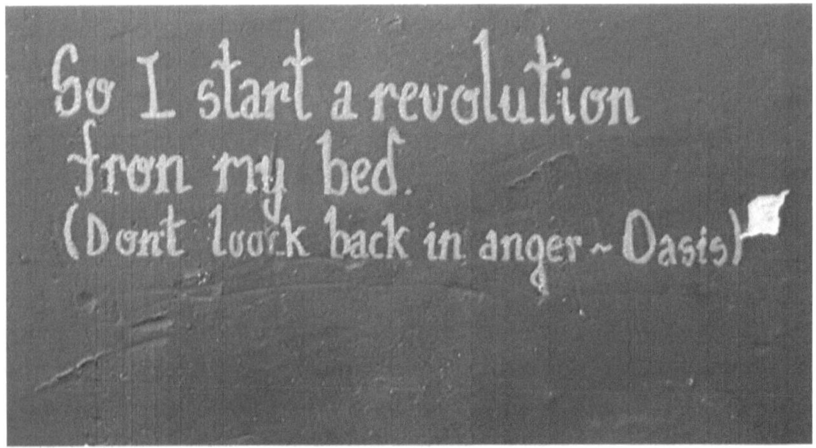

Graffiti numa parede de um bar de cocktails.
Fonte: Juan-Carlos Pérez-Cortés

O movimento tinha seus alicerces na cultura hippie e na *New Left*, predominantemente masculinas, onde a condição feminina continuava "não menos injusta, repressiva ou emancipatória do que antes", conforme o artigo *Woman Is a Sometime Thing* do coletivo feminista de Chicago em 1967.[71] Muitas mulheres sentiram a

---

[70] Neste caso, no *Student Nonviolent Coordinating Committee* e anteriormente na *Lowndes County Freedom Organization*, grupos ativos nos movimentos de libertação dos anos 60 - Carmichael, Stokely e Ekwueme Michael Thelwell, *Ready for Revolution: The Life and Struggles of Stokely Carmichael*, Scribner , Nova York, 2003.
[71] Brian Alexander, "Free love: Was there a price to pay?", columna Sexploration, en MSNBC.com, 2013.

transformação como algo criado por homens cis heterossexuais para atender seus próprios desejos. O reconhecimento do prazer e sexualidade feminina avançou, mas foi cooptado para justificar um discurso sobre amor, partilha e liberdade sexual voltado para os interesses masculinos e negligenciando as diferenças de desejos, expectativas e vulnerabilidade entre os gêneros. O movimento advogou por um ideal de liberdade sem responsabilidade, desconsiderando as desigualdades de poder e o trabalho de desconstrução das dinâmicas de relação prévias. Nesse sentido — na leitura de textos daquele momento histórico e nas análises subsequentes — constata-se que, como reação a uma concepção moral historicamente rígida, hipócrita e dominada por tabus e proibições, surgiu uma nova normatividade onde a liberação e a rebeldia eram imperativas e tinham valor próprio, especialmente para uma mulher que, ao renegá-las, corria o risco de ser considerada careta e ultrapassada. O que realmente importavam — desejos, receios, dificuldades em conciliar a educação e os referentes assimilados na infância e adolescência com uma nova realidade — ficava em segundo plano.

De qualquer forma, como já mencionei antes, o movimento hippie e a revolução contracultural dos anos 60 criaram e popularizaram muitas atitudes e concepções que hoje nos parecem comuns, familiares e obviamente aceitáveis, mas que até então não eram. Desde a naturalidade com que se fala sobre sexo, pacifismo, anticapitalismo, ecologia, retorno ao natural, espiritualidade fora das religiões dominantes no Ocidente, até preocupações culturalmente consolidadas como a crítica ao imperialismo, à globalização e à acumulação de riqueza e poder mundial nas mãos de pequenas elites, ou à falta de controle dos avanços tecnológicos em termos éticos e de sustentabilidade.

A vadia ética

No final do século XX, em uma era cultural menos agitada mas ainda com a ressaca dos movimentos revolucionários de duas décadas atrás, emergiam a terceira onda do feminismo e a difusão das tecnologias digitais de criação, edição e comunicação. Neste cenário surge o poliamor. Curiosamente, a primeira menção conhecida do termo data de 1990, em um artigo intitulado "A bouquet of lovers" na revista *Green Egg*, publicação de uma seita neopagã californiana chamada Igreja de Todos os Mundos (*The Church of All Worlds*). A autora, Diana Moore, também conhecida como Morning Glory Zell-Ravenheart, intitulada "Alta Sacerdotisa", liderava uma instituição com missões extravagantes, como a criação de unicórnios através da implantação de chifres em cabritos e a busca por sereias na Papua Nova Guiné, alegando ter alcançado sucesso em ambos.[72]

Em 1992, a psicóloga e estudante de espiritualidade tântrica Debora Anapol publica *Love Without Limits - The Quest for Sustainable Intimate Relationships: Responsible Nonmonogamy*,[73] onde recupera o termo e explana as bases de um relacionamento responsável alternativo à monogamia. Em 1997, aparece uma edição revisada deste trabalho, intitulada *Polyamory: The New Love Without Limits: Secrets of Sustainable Intimate Relationships*.[74]

No mesmo ano é publicado *The Ethical Slut*[75] (A vadia ética) de Dossie Easton e Catherine Liszt (pseudônimo de Janet W. Hardy na primeira edição), que embora aborde o assunto, inicialmente, de forma mais sexualizada, propõe — em termos experienciais e práticos, em primeira pessoa do plural e com uma prosa próxima e direta — os princípios de uma revolução ética e experiencial contra a hipocrisia das relações em nossa sociedade. O livro alcançou um público vasto, disseminando ao longo dos anos 2000 uma visão irreverente, libertadora e feminista sobre amor e sexualidade. Meu primeiro contato com estas referências acontece nos debates *Sexo*

---

[72] R. Guiley, The encyclopedia of witches, witchcraft and wicca, Facts On File, Nueva York, 2008.

[73] D. Anapol, Love Without Limits: The Quest for Sustainable Intimate Relationships: Responsible Nonmonogamy, Intinet Resource Center, San Rafael, 1992.

[74] D. Anapol, Polyamory: The New Love Without Limits: Secrets of Sustainable Intimate Relationships, Intinet Resource Center, San Rafael, 1997.

[75] D. Easton, C. Liszt, The Ethical Slut, Greenery Press, San Francisco, 1997.

Oral que Miguel Vagalume promoveu em 2010, em Malasaña, Madrid, no pub Consentido.[76] Miguel comentou sobre a obra: "Um dia um livro explodiu em minhas mãos (...) E descobri que ocorreu o mesmo com muitas pessoas ao redor do mundo...".[77]

Completando o percurso histórico das influências e contribuições que alimentam a ideologia e a retórica do poliamor, e concluindo quais são seus elementos constituintes, encontramos contribuições por parte dos movimentos de libertação sexual, de diversas subculturas *queer* ou LGBTIQ+, BDSM, *kink, sex positive*, e, sobretudo, dos feminismos com discursos mais radicais e emancipatórios.

Consentido. Um espaço múltiplo em Madri que reunia bar, biblioteca, butique e galeria de arte, onde foram realizados os colóquios "Sexo Oral".

A bibliografia que desempenha um papel mais relevante na construção da identidade poliamorosa utiliza uma expressividade empoderadora e subversiva, mas seu esquema expositivo lembra, às vezes, mais o formato de manual de autoajuda do que de reflexão política, social e de análise de opressões e estruturas de poder.

O estilo instrutivo, utilizando exemplos como modelos de sucesso ou fracasso, e uma abordagem mais reformista do que radical quanto

---

[76] Consentido foi um lugar único durante os anos finais da primeira década do século. Multi-espaço dedicado ao erotismo que reuniu bar, boutique e galeria de arte no mesmo local, onde parte da arrecadação era destinada a projetos sociais voltados ao combate à exploração sexual. Encerrou suas atividades em 2012. É possível consultar sua micro-história em "O Prazer do Consentido", no elmundo.es.

[77] Blog Eros de El País, 6/10/2013.

aos objetivos e ao propósito do trajeto, faz com que a transição pareça muitas vezes a substituição de uma normatividade por outra. Pode-se argumentar que qualquer análise que proponha alternativas reais acabará conduzindo a tais dilemas, mas nota-se a ausência de um reconhecimento crítico desse risco e de um aviso sobre ele.

Por outro lado, a dialética do desenvolvimento pessoal tende a psicologizar e individualizar as dinâmicas sociais,[78] priorizando a liberdade e autonomia individual sobre os fatores estruturais (ainda que o estilo narrativo adotado seja crítico e desafiador ao *status quo* cultural). Termos frequentes incluem: comunicação, autocuidado, autoconhecimento, respeito, responsabilidade, crescimento pessoal, desconstrução, drama, ciúmes versus "compersão", empatia e assertividade. Contudo, a predominância é dada à gestão: negociação, acordos, consenso... e mais gestão. Estes conceitos são apresentados como ferramentas para superar as dificuldades (muitas vezes subjacentes a um vitimismo e a uma semântica da dor e do sofrimento inevitável) na transição da monogamia para o poliamor, num processo que muitas vezes parece mais um rito de iniciação ou jornada espiritual do que uma contestação social ativa.

É certo que há obras e atividades que abordam a política, opressão identitária, poder, rejeição ao etnocentrismo e ao elitismo, considerando as amplas discrepâncias em gênero, condições materiais, culturais, sociais e geográficas.[79] Contudo, o engajamento nestes espaços e o acesso ao conhecimento têm sido, até recentemente, um privilégio de quem teve disponibilidade de tempo e energia para se dedicar inteiramente a grupos ativistas.

O material comumente disponível foca na multiplicação quase aritmética as relações sexuais e afetivas, promovendo mais comunicação, autocuidado, autoconhecimento, e um trabalho

---

[78] Véase J. Haritaworn, Chin-ju Lin, C. Klesse, "Poly/logue: A Critical Introduction to Polyamory", *Sexualities*, SAGE Publ., 2006.

[79] Por exemplo, na Espanha, os trabalhos de Brigitte Vasallo, Miguel Vagalume, Mari Luz Esteban, Giazu Enciso, os encontros com vários eixos temáticos bem definidos como Eixams e, em medida mais variável, na Europa os Opencon e nos EUA as "RAD unconferences". Falo sobre esses encontros no último capítulo.

intenso sobre inseguranças, ciúmes e medos, mas ainda preservando a lógica normativa e o esquema de direitos e obrigações do modelo relacional dominante, apenas ajustado a um contexto de negociação ampliado. O resultado, muitas vezes, assemelha-se ao das relações tradicionais, mas ampliado pela complexidade de atender a diversas expectativas e compromissos simultâneos.

Deixando de lado a anarquia relacional, que não se enquadra na linha histórica abordada aqui, as perspectivas mais interessante e atuais ultrapassam a terminologia de "poli..." ou "não-mono...", abandonando a ênfase na quantidade de relações e voltando-se para a ideia de redes afetivas, de rizomas.80 Tais propostas investigam as dinâmicas de poder, violências simbólicas e materiais, e criticam o colonialismo cultural que subjaz o falso universalismo de preceitos new age, herdados de uma pós-modernidade mais paradoxal, que descontextualiza e intelectualiza elementos espiritualistas orientais, atribuindo a eles o pretensioso alcance de uma cosmovisão.

2.5 Perspectiva biológica e antropológica

A tentação mais frequente e funcional na hora de analisar e justificar uma posição moral, princípios, formas de proceder, diretrizes identitárias ou uma estrutura de normas é recorrer ao natural ou a valores universais absolutos. Em ambos casos, o peso e a consistência de elementos fixos e preexistentes sobrepõe-se à influência do contexto cultural e ao consenso social, que são maleáveis. O natural e o sagrado oferecem pontos de referência estáveis e fáceis de compreender; podem ser mais ou menos atrativos, mas sua constância não é ilusória. Abandonar essas âncoras implica o perigo de encontrar à deriva. Aceitar que meus valores pessoais e sociais estão sujeitos, ao longo do tempo, a crítica, ajuste, aprovação ou revogação é mais complicado do que parece. Daí

---

80 B. Vasallo, Amores: Redes Afectivas y revoluciones, Pensaré Cartoneras, Valência, 2015, y B. Vasallo, Pensamiento *monógamo, terror poliamoroso*, La Oveja Roja, Madrid, 2018.

a tendência de apelar para a natureza ou aos dogmas como defensores de minhas posturas éticas e práticas cotidianas.

O oposto — reconhecer que valores, princípios e comportamentos são moldados por ideologias e crenças vigentes, que o meu "senso comum" é relativo à cultura e época — requer esforço intelectual e determinação. Não significa aceitar tudo indiscriminadamente, que no fim qualquer coisa poderia ser aceita sob certas condições de contexto e que todas as atitudes são igualmente comparáveis e válidas. Não. Desenvolver valores é parte essencial da minha missão de vida, do compromisso com aqueles ao meu redor e da minha responsabilidade humana. Aceitar que a direção dos meus atos é o natural, o sagrado, aquilo para o qual vim a este mundo ou aquilo que o destino reserva para mim, o que está escrito em textos antigos ou nas estrelas ou o que ocorreu em vidas passadas e deve ser restaurado por um espírito universal de justiça e equilíbrio... Tudo isso significa abdicar dessa responsabilidade, comprometimento e missão.

Com efeito, o poder e a autoridade enraízam-se nas sociedades naturalizando ou sacralizando ideias e comportamentos que favorecem sua perpetuação. As estruturas mais importantes para sustentar a ordem social e seus mecanismos de dominação e controle são apresentadas como verdades *a priori* que exigem o conhecimento e respeito de todos, porque são universais e obedecê-las é inevitável.

Na naturalização, as verdades impõem-se como leis físicas irrefutáveis, tal como a gravidade ou a termodinâmica, que não admitem contestação, sob o risco de se cair no vazio ou se queimar. A sacralização segue a mesma lógica, mas invoca crenças ou valores absolutos, tais como os mandamentos divinos ou símbolos como pátrias, bandeiras ou princípios nacionais.

Um exemplo palpável é a função tradicionalmente designada às mulheres. Em sociedades patriarcais de diferentes épocas, os atributos femininos considerados naturais coincidiram convenientemente com as necessidades do sistema social dominante. Os comportamentos exigidos pelos diferentes deuses em seus mandamentos morais também se mostraram, consistentemente, adequados para preservar estruturas de poder patriarcal estáveis.

Foi justamente quando surgiu a dúvida sobre a naturalidade dos traços de grupos oprimidos ou quando a fé nos comandos de divindades enfraqueceu que as estruturas de poder vacilaram e os grandes progressos sociais aconteceram. Mudanças substanciais no senso comum de cada tempo foram as verdadeiras alavancas para o sucesso de revoluções e avanços intelectuais.

Especificamente em normas de convivência ligadas a relações interpessoais, há uma imensa gama de estudos, hipóteses e interpretações sobre a natureza humana e suas predisposições inatas. Além disso, os mandamentos morais de diversas religiões, filosofias e ideologias — referentes a vínculos pessoais, sexuais e de convívio — são parte substancial de seus sistemas normativos e repressivos, abarcando um extenso catálogo de ameaças, sanções e penalidades para quem infringir seus preceitos.

Interpretações sobre as formas naturais de relacionamento

A primeira questão a ser examinada é nossa definição de natural. Curiosamente, uma afirmação irônica, mas reveladora, é dizer que consideramos natural aquilo cuja memória de como e quando foi imposto se perdeu. Além da reflexão e crítica histórica, podemos dizer, praticamente, que o natural para cada ser (humano ou não) é aquilo que ele experimenta desde que vem ao mundo até se desenvolver integralmente, tal como cada organismo deve adaptar-se, conforme puderem, ao seu ecossistema para sobreviver, aprender e crescer.

Um ser humano que nasce em um contexto urbano moderno do século XXI se depara com um ambiente característico de concreto, asfalto, aço, vidro, tecidos, papel e dispositivos com telas sensíveis ao toque, cercado por informação constante, mobilidade mecanizada e uma socialização que mistura experiências físicas e virtuais desde cedo. Apesar de muitos destes elementos serem altamente tecnológicos e considerados artificiais,[81] eles compõem o cenário em que esse indivíduo deve crescer e se adaptar para sobreviver — ou morrer, caso fracasse.

Se a análise das supostas formas naturais de comportamento persistir, é necessário chegar a um consenso. O critério mais prático seria admitir que ferramentas primitivas de madeira e pedra, assim como uma forma básica de linguagem, seriam minimamente invasivas para perpetuar esta estereotipada condição de "natural". Logo, as comunidades de caçadores-coletores pré-neolíticos (bem como grupos contemporâneos de tecnologia equivalente) serviriam como um modelo aproximadamente adequado.

Assim, delimitando a questão em análise, vamos revisitar o entendimento atual sobre as interações sociais em grupos humanos pré-históricos e avaliar a confiabilidade dessas informações, mantendo a perspectiva de que, independentemente da clareza e indiscutibilidade dos fatos, posso atribuir um impacto mínimo ou nulo a esses dados no que concerne às premissas e direção da minha conduta.

Em "Sex at Dawn",[82] Christopher Ryan e Cacilda Jethá oferecem uma análise crítica e acessível da "narrativa padrão" aceita na paleoantropologia e antropologia/psicologia evolutiva, numa leitura apaixonante e esclarecedora. Essa narrativa, cujas ideias são amplamente aceitas e citadas até nas últimas décadas, sustenta que homens e mulheres têm interesses inatos alinhados a um padrão monogâmico heterossexual: eles valorizam sinais de juventude, fertilidade e inexperiência sexual para garantir que seu "investimento parental" resulte na prole própria, e não na de outros homens; elas, por outro lado, priorizam o status social do parceiro e

---

[81] Da mesma forma que uma pessoa caçadora-coletora contemporânea da Amazônia consideraria completamente artificiais as condições de uma habitação romana do século I, com tecnologia cerâmica para o pavimento, para armazenar água em recipientes, tecnologia têxtil e de curtimento para ter roupas e calçados, ferramentas de corte e de outros usos baseadas em tecnologia metalúrgica, etc.

[82] C. Ryan i C. Jethá, Sex at Dawn: How We Mate, Why We Stray, and What It Means for Modern Relationships, op. cit.

a promessa de fidelidade, suporte e proteção ao longo da gestação, amamentação e crescimento dos filhos.

Ambos tendem a estabelecer uma união duradoura e exclusiva (ainda que reconheçam imperfeições na exclusividade) — algo visto como traço essencial da espécie. Nesse contexto, elas visam instintivamente manter seus parceiros longe de outras para assegurar apoio na criação dos filhos e ocasionalmente buscam breves encontros com homens de genética destacada. Eles, instintivamente, protegem suas parceiras de outros homens para evitar alocar recursos na prole alheia, e manifestam o desejo contínuo de disseminar sua genética sorrateiramente, buscando perpetuar seus genes com o mínimo esforço.

Já que o registro fóssil não revela diretamente os padrões comportamentais neste nível de especificidade, as provas empíricas que embasam esse relato persuasivo (com um questionável ar de "roteiro anacrônico", adaptado a partir das relações atuais) derivam de estudos do comportamento humano e interpretações ancoradas nos princípios da seleção natural. Contudo, a metodologia destes estudos e, mais criticamente, suas interpretações, apresentam um nítido viés alinhado aos valores morais e sociais da época e cultura dos pesquisadores.

Felizmente, o preconceito etnocêntrico torna-se menos óbvio à medida que as décadas avançam. Em 1967, Desmond Morris escreveu em sua influente obra *The Naked Ape* (O Macaco Nu):[83]

> "É interessante que, embora ainda ocorra hoje em um número de culturas menores, todas as principais sociedades (que abarcam a vasta maioria da população mundial de nossa espécie) são monogâmicas. Mesmo naquelas que permitem a poligamia, ela geralmente não é praticada por mais do que uma pequena minoria dos machos envolvidos. É intrigante especular se esta omissão de quase todas as culturas maiores tem, de fato, sido um fator importante na conquista de seu atual status exitoso. Podemos, de

---

[83] Traduzido para 23 idiomas e mais de 20 milhões de exemplares vendidos. Em castelhano: D. Morris, *El mono desnudo,* Plaza & Janés, Barcelona, 1976.

> qualquer forma, resumir dizendo que, independentemente do que unidades tribais obscuras e atrasadas estão fazendo hoje, a corrente principal de nossa espécie expressa seu caráter de formação de pares no seu formato mais extremo, ou seja, acasalamentos monogâmicos de longo prazo."

Um texto que, como *O Macaco Nu* em seu tempo, tornou-se um *best-seller* cinquenta anos depois, é a obra de Yuval Noah Harari, *Sapiens*.[84] Parece que a passagem deste último meio século deu lugar a uma mudança de visão esperançosa, de um etnocentrismo constrangedor para uma abordagem que mostra algo da humildade intelectual minimamente exigível:

> "O mundo sociopolítico dos coletores é outra área sobre a qual sabemos quase nada. Como explicado acima, estudiosos nem sequer conseguem concordar com os fundamentos, tais como a existência de propriedade privada, famílias nucleares e relações monogâmicas. É provável que diferentes grupos tivessem diferentes estruturas. Alguns podem ter sido tão hierárquicos, tensos e violentos como o mais feroz grupo de chimpanzés, enquanto outros eram tão relaxados, pacíficos e lascivos quanto um bando de bonobos."

Apesar de os adjetivos escolhidos por Harari ainda sugerirem um certo grau do que Lawrence W. Levine chamou de "Flintstonização" do passado[85], sua abordagem é comparativamente refrescante e respeitosa. Por outro lado, o paralelismo que ele oferece nesta citação é notável, pois os chimpanzés apresentam um comportamento provavelmente mais hierárquico e tenso, sim, mas não menos "lascivo" e distante da "família nuclear" que o dos bonobos.

---

[84] Com 20 milhões de cópias vendidas em todo o mundo. Y.N. Harari, *Sapiens, de animales a dioses: una breve historia de la humanidad*, Debate, Barcelona, 2016.
[85] Essa representação através de conceitos familiares dificulta a visão da história como um processo que leva ao presente. L.W. Levine, The opening of the American mind: canons, culture, and history, p. xv, 1996, por los dibujos animados The Flintstones.

Em obras recentemente reconhecidas tanto no âmbito científico quanto profissional, como *Attached*, de Amir Levine e Rachel Heller,[86] destaca-se uma abordagem que não apenas despatologiza, mas também critica o individualismo. Essa perspectiva, sem dúvida valiosa e útil no contexto social atual, interpreta observações empíricas e concentra sua análise no axioma inquestionável da união monógama essencial à nossa espécie. Nesse contexto, destacam-se conclusões notáveis, tais como, apresentadas sob o título *A Verdade Biológica*: "Vários estudos mostram que, uma vez que nos apegamos a alguém, ambos formam uma unidade fisiológica. Nossos parceiros regulam nossa pressão sanguínea, o ritmo de nosso batimento cardíacos, nossa respiração e os níveis de hormônios em nosso sangue. Não somos mais entidades separadas", e "uma das principais mensagens desta teoria é a de que, em situações românticas, estamos programados para agir de um modo pré-determinado".

Do ponto de vista contrário, a obra de Ryan e Jethá que mencionei reúne uma extensa quantidade de evidências sobre sociedades atuais de caçadores-coletores, desde a Polinésia até a Amazônia. Esta análise, aliada a detalhes de comportamento comparado com as outras quatro espécies de grandes símios (como a ausência de ciclos de cio, os orgasmos e as vocalizações copulatórias) e à anatomia reprodutiva (incluindo aspectos como os seios, o tamanho e localização dos testículos, a forma do pênis e a química do sêmen), conduz à conclusão de que ao longo da maior parte da evolução humana, a unidade sexual básica deve ter abrangido o conjunto ou um subconjunto indeterminado do grupo nômade de caça e coleta. Nesse contexto, a cooperação seria predominante, envolvendo não apenas o aspecto sexual, mas também o apego, cuidado mútuo e cuidado da prole.

Portanto, ao abordar o comportamento dos seres humanos em tempos pré-históricos, temos à disposição o relato convencional,

---

[86] A. Levine, R. Heller, Attached: Are you Anxious, Avoidant or Secure? How the science of adult attachment can help, Books4pocket, 2016.

complementado por trabalhos que o enriquecem e matizam, cuja revisão completa não se faz necessária neste contexto. Além disso, existem alternativas que oferecem uma visão completamente distinta, sugerindo que as grandes culturas disseminadas pelo planeta refletem comportamentos adaptados às estruturas sociais e às dinâmicas de poder que surgiram com a sedentarização, em contraposição ao ambiente ao qual a espécie se adaptou ao longo de 95% de sua trajetória evolutiva.

Por outro lado, em relação à segunda questão que coloquei - qual parte do comportamento humano básico é inata e qual parte é resultado do ambiente -, surgiram controvérsias clássicas que marcaram a psicologia do desenvolvimento e do comportamento no século XX, com participação de figuras como Jean Piaget, Lev S. Vygotsky, Noam Chomsky, B.F. Skinner, John B. Watson, Ivan Pavlov, Steven Pinker, Stephen Jay Gould, entre outros. As teorias do desenvolvimento, do sujeito epistêmico, em que o comportamento é fundamentalmente influenciado pela biologia; o behaviorismo, que enfatiza o papel do ambiente; bem como os inúmeros matizes, argumentos, contribuições empíricas e interpretações subsequentes, proporcionam um mosaico fascinante, porém ainda pouco esclarecedor.

Inicialmente, é crucial considerar que as noções de inato, instintivo ou genético estão entrelaçadas, embora seus significados não sejam idênticos. De forma intuitiva, estamos discutindo qual parte de nossa essência é independente de onde e como nos desenvolvemos, mas essa definição por si só não é suficiente para caracterizar um traço específico de nosso comportamento. Formalmente, um traço é considerado inato quando, ao surgir, já apresenta uma estrutura organizada, combinando várias ações coordenadas sem necessidade de treinamento prévio. Por exemplo, ao ouvir um ruído, a maioria dos vertebrados tem a predisposição de virar o olhar na direção do som, manifestando assim um comportamento inato. Os conceitos genético ou hereditário estão relacionados à maneira como esses comportamentos são transmitidos de uma geração para outra. Já o termo instintivo refere-se à capacidade específica que é própria de um tipo ou família de organismos, sempre sendo manifestada de maneira consistente.

Sob uma perspectiva biológica, os traços e comportamentos inatos, para serem considerados como tal, devem ser codificados nas moléculas de DNA de maneira a, por meio de uma série de processos, resultarem em uma estrutura anatômica e bioquímica que os expresse. A partir do DNA, nas células de um organismo vivo, são sintetizadas proteínas e estabelecidas as condições para que cada célula desempenhe sua função, reproduza-se gerando outras células e o conjunto delas se organize conforme um design global delineado no programa de desenvolvimento e manutenção do organismo, que é o código genético.

O crescimento conduz à formação de tecidos, órgãos, sistemas, conexões, enzimas, hormônios, neurotransmissores e, em última instância, a uma organização funcional de todos esses elementos. Essa organização é fortemente dependente de diversas condições, que variam ao longo do tempo. Os comportamentos complexos, tanto conscientes quanto instintivos, que são de meu interesse aqui, são predominantemente regulados pelo sistema nervoso central, sendo o cérebro a área mais relevante, e sofrem notável influência de certos parâmetros bioquímicos, hormonais e metabólicos.

Uma parte da estrutura geral do cérebro, assim como a de outros órgãos, está diretamente codificada no DNA: áreas com tipos específicos de neurônios, conexões entre eles, circuitos de estímulo, inibição, disparo, transmissão de informações e aquisição de percepções dos órgãos sensoriais. Outro nível de design, mais detalhado, desenvolve-se por meio de mecanismos epigenéticos que complementam o processo de desenvolvimento, interagindo com o código genético através de substâncias reguladoras que modificam a expressão final e constroem estruturas diversas a partir da mesma sequência de genes. Ademais, esses níveis - o genético clássico e o epigenético - entrelaçam-se sem um contorno definido entre eles. É semelhante ao que obtemos diariamente na cozinha: um prato ligeiramente diferente a partir da mesma receita, dependendo se o fogo está mais forte ou mais fraco, se adicionamos mais ou menos água, ou quais ingredientes adicionais encontramos na despensa ou que estão prestes a vencer.

Neste momento, ao virarmos as mãos e observarmos as impressões digitais e palmares, podemos notar um exemplo bastante claro. Esses padrões de linhas, aparentemente resultado de um design inspirado e caprichoso, não são codificados como desenhos específicos em nosso código genético. O exato padrão das cristas papilares não possui relevância funcional significativa, tornando-se uma informação aparentemente inútil do ponto de vista da economia do genoma. O guia armazenado instrui as células a se diferenciarem formando cristas e vales, permitindo-nos agarrar em galhos, rochas ou segurar objetos entre os dedos, mas não determina precisamente o início, o fim e a curvatura de cada linha. Esses detalhes são moldados por fatores físicos e químicos que afetam o crescimento celular durante o desenvolvimento embrionário. Assim, mesmo entre duas pessoas gêmeas idênticas, univitelinas, que compartilham informações genéticas, as impressões digitais diferem, embora possuam um design geral semelhante (mais similar do que o de duas pessoas sem parentesco genético).

A estrutura detalhada do nosso cérebro, composta pelas conexões entre neurônios individuais, não é codificada antecipadamente, assim como as linhas nas mãos e dedos que se formam durante o crescimento do embrião. Além disso, destaca-se a considerável plasticidade dos circuitos estabelecidos posteriormente, nos quais as conexões entre neurônios atuam como segmentos do caminho. Essa plasticidade implica que tais circuitos se desenvolverão, fortalecerão ou inibirão em resposta a estímulos sensoriais, bioquímicos e proprioceptivos ao longo do desenvolvimento, aprendizado e vida. Esses circuitos, junto com as vias de ativação das células do sistema nervoso central, mediadas por neurotransmissores, hormônios e outras substâncias, constituem nossa atividade cerebral. Portanto, representam, como um todo, nossa consciência e uma parte significativa de nosso comportamento inconsciente.

Este é o caso exemplar de nossa notável capacidade de lembrar rostos. Somos habilidosos em identificar um rosto familiar entre milhares, mesmo que tenha passado por mudanças significativas desde a última vez que o vimos, ou esteja parcialmente oculto, de perfil, ou exibindo diferentes expressões faciais. Essa habilidade é atribuída a uma região altamente especializada no córtex infratemporal do cérebro. A evidência dessa especialização é clara quando essa área é danificada, resultando em um distúrbio cognitivo conhecido como prosopagnosia, que compromete a capacidade de reconhecer faces. Além disso, a estimulação específica dessa região afeta diretamente a capacidade de reconhecimento facial. Contudo, experimentos recentes[87] sugerem que a especialização inata codificada nesta área do cérebro é estritamente necessária para detectar e armazenar eficientemente imagens relevantes, não se limitando apenas a rostos. Macacos, que também possuem essa área cerebral, quando criados com todos os estímulos necessários para seu desenvolvimento, incluindo contato físico, abraços e brincadeiras, mas sem exposição a imagens de rostos, direcionam essa região cerebral ao reconhecimento de outros estímulos visuais importantes, como as mãos.

Outro fenômeno curioso que ilustra esse princípio é a impressão filial, observada em aves, mamíferos, peixes, insetos e outros organismos. Essa característica instintiva leva os animais recém-nascidos a reconhecer e seguir o que percebem em movimento, no caso da impressão visual. Além disso, impressões auditivas, olfativas, táteis ou mesmo térmicas, relacionadas ao calor corporal, exercem uma influência decisiva no comportamento ecológico de muitas espécies. Esses estímulos levam os organismos a retornar a locais específicos ou a reproduzir comportamentos cujas

---

[87] M.J. Arcaro, P.F. Schade, J.L. Vincent, C.R. Ponce, M.S. Livingstone, "Seeing faces is necessary for face-domain formation", *Nature Neuroscience*, 2017.

características foram percebidas em fases críticas de seu desenvolvimento.

Também há o exemplo da impressão sexual, que em algumas espécies revela aspectos pitorescos. George Archibald, um dedicado conservacionista que investiu significativo tempo de sua vida para preservar o grou-americano da extinção, obteve sucesso ao induzir uma fêmea criada em cativeiro e inseminada artificialmente a realizar uma postura crucial para a reprodução. Esse feito foi alcançado por meio de uma elaborada dança ritual de acasalamento, que incluía a imitação de gritos e movimentos correspondentes.[88] Infelizmente, a grua chamada Tex veio a falecer posteriormente devido à invasão de um guaxinim nas instalações. No entanto, seus descendentes diretos continuam a prosperar, evidenciando que a longevidade média dos grous ultrapassa os 20 anos. Apesar dos esforços contínuos para proteger essa espécie ameaçada, que incluem a estimulação de migrações, os grous são orientados a seguir uma aeronave ultraleve como parte de um processo induzido de impressão visual.

George Archibald executando uma dança ritual de acasalamento com o grou Tex. Fonte: International Crane Foundation

---

[88] G. Archibald, *My Life with Cranes,* International Crane Foundation, 2016.

É provável que o instinto do apego ao que é percebido em uma fase crítica do desenvolvimento represente uma maneira eficaz de armazenar um padrão de comportamento em um espaço de código limitado, semelhante ao que ocorre no DNA. Assim como o padrão das impressões digitais ou de muitas outras características anatômicas não é um plano detalhado, mas sim um esquema primordial, essa estrutura se desdobra posteriormente para formar um membro ou um órgão. Essa dinâmica pode ser comparada à forma como uma interpretação de jazz transforma um padrão rítmico e harmônico básico em uma empolgante improvisação artística.

Portanto, é altamente improvável que comportamentos humanos conscientes e complexos estejam armazenados de maneira completa e determinista no código genético. Isso se deve ao limite na quantidade de informação que pode ser armazenada e ao fato de que a construção e progresso temporal do nosso sistema nervoso são condicionados por variáveis, influências internas e externas, percepções e experiências. Certamente, podem existir tendências psicológicas básicas predefinidas, como medo, raiva, empatia, entre outras, assim como fatores de susceptibilidade característicos e predisposição para desenvolver certos traços gerais, como habilidades universais (capacidade de andar, sorrir, rir, chorar, falar, etc.), embora sempre com nuances diferenciadas após uma análise minuciosa. No entanto, padrões racionais sofisticados ou detalhados parecem improváveis. Acredito ser pouco provável que a articulação consciente e detalhada de como nos relacionamos intimamente, sexualmente e afetivamente ao longo da vida esteja condicionada de maneira inata, e muito menos que esse condicionamento seja universal. Da mesma forma, não acredito que o mesmo se aplique aos comportamentos de alto nível cognitivo (além de questões reflexas e hormonais relacionadas à anatomia reprodutiva) associados à feminilidade, masculinidade, construção do desejo, potencial transformador e subversivo, tendências vocacionais e objetivos de vida em geral.

Em última análise, determinar o ambiente natural para a espécie humana, como discutido anteriormente, é complexo e, em última instância, de utilidade limitada. Ao fixarmos a referência cronológica no paleolítico, as evidências sobre o comportamento relacional e social daquela época são indiretas e controversas. Ao tentarmos distinguir entre características inatas e culturais, como abordado nos parágrafos anteriores, nos deparamos com resultados ainda mais especulativos. Mesmo no caso hipotético de alcançarmos um conhecimento preciso e absolutamente confiável sobre essas questões, a pergunta que se segue é: qual seria a aplicação prática desse conhecimento?

Suponhamos (uma suposição ousada) que os avanços na antropologia evolutiva nos conduzam à convicção de que, há 30.000 anos, os seres humanos vivessem em grupos de aproximadamente 150 indivíduos, estabelecendo vínculos de alguma forma entre machos, fêmeas e sua descendência. Imaginemos, além disso, que os machos mais robustos controlassem o tamanho da comunidade, recorrendo ao infanticídio canibal em períodos de escassez de alimentos, eliminando crias vinculadas a outros machos. Mesmo em situações de prolongada carência nutricional, esses grupos se alimentavam dessas crias. Vamos considerar que, adicionalmente, descobrimos que esse comportamento complexo é inato à nossa espécie - somos, por natureza, infanticidas canibais. A questão que se coloca, entretanto, é se essa revelação deveria servir como fonte de inspiração, apoio ou argumento para fundamentar uma mudança em nossos princípios e políticas relacionados à proteção da infância. A resposta, evidentemente, é negativa.

Sem dúvida, o conhecimento é um valor intrínseco, e a busca por aprimorá-lo é uma atividade nobre e indispensável. Tenho o desejo de compreender cientificamente o que sou, minha origem e como cheguei até aqui, reconhecendo que esse entendimento pode influenciar minhas emoções. Contudo, desejo exercer minha autonomia política na definição do que serei, quem serei, para onde vou e como posso chegar onde quero. Essa decisão, para mim, deve ser tomada ao longo de uma jornada vital e coletiva, na qual a realidade e as emoções daqueles que me acompanham sejam consideradas. Refiro-me a como queremos nos relacionar em nosso mundo, no contexto específico de nosso ecossistema formado por concreto, metal e silício, e não ao que ocorreu há milhares ou centenas de milhares de anos.

Esquemas morais e dogmáticos de regulação dos vínculos

Atualmente, em nossas sociedades ocidentais, especialmente na Europa, observamos uma diminuição significativa no número de pessoas que adotam convicções religiosas doutrinárias. Cada vez menos indivíduos afirmam acreditar na existência de um ser sobrenatural claramente definido, eterno, dotado de percepção, cognição, inteligência e vontade em relação à realidade. Mesmo aqueles que possuem uma inclinação mais espiritual encontram dificuldades em aceitar a ideia de um ente, corpóreo ou incorpóreo, que esteja constantemente ciente de nossos comportamentos, de um ser capaz de processar e avaliar informações, tirar conclusões e definir ações com base nessas informações, tudo isso dentro de um conjunto de valores morais. Por fim, a ideia de que esse ser tem a vontade de executar essas decisões para efetuar mudanças no mundo real em uma direção específica também é cada vez menos adotada.

Assumir essa hipótese de maneira literal está se tornando cada vez mais difícil num ambiente tão complexo como o atual, com uma exposição constante, desde a infância, a estímulos de naturezas muito diversas, contato com pessoas de outras culturas e credos, viagens ao redor do mundo, descrições empíricas baseadas na observação, análise e tomada de decisão racional, tecnologias que surpreendem pela precisão, ordens de magnitude superiores à capacidade humana, informações e experiências interessantes, motivadoras, dramáticas e terríveis, cujas causas naturais geralmente estão claras, mesmo compreendendo que ainda há muito a ser conhecido.

O resultado é que a espiritualidade predominante não se baseia em uma reflexão clara sobre a existência de divindades oniscientes, onipotentes, onipresentes e onibenevolentes (ou infinitamente justas e corretas). Em vez disso, ela se fundamenta em uma cosmovisão difusa que responde às questões sobre crenças com um impreciso "eu acredito que há algo"[89] ou referências vagas a conceitos emprestados da terminologia científica, como "forças", "energias" e "universo".

Prevalece uma postura agnóstica mistificada, mais próxima da ontologia e da metafísica, que implicam questionar quais coisas existem e de que é composta a realidade além do perceptível, do que da religião, que envolve emoções e atitudes alinhadas com dogmas básicos, doutrina sagrada, expressa em culto diário e produto de uma e uma fé de origem espiritual. A exceção seria nas celebrações ritualísticas que realmente envolvem processos de exaltação, mas que estão mais relacionadas à adesão a uma tradição vivida desde a infância e à identificação com um ambiente sociocultural do que a uma fé religiosa consciente.

Em consonância com tudo isso, os mandamentos morais associados às afiliações religiosas e seus princípios dogmáticos são cada vez menos seguidos por aqueles que se declaram crentes. Isso é evidenciado em países como a Espanha pelas altas taxas de divórcio, a disseminação do uso de contraceptivos, os baixos números de participação em eventos religiosos ordinários, e diversos outros indicadores que refletem a normalização social de comportamentos

---

[89] Perguntas que costumam ser levantadas em pesquisas de opinião nos principais meios de comunicação mainstream de uma maneira marcadamente pouco inquisitiva, pelo menos no sul da Europa. Sob a desculpa da simplicidade, muitas vezes evita-se aprofundar no nível de religiosidade da população usando perguntas como "Você se considera crente?" em vez de "Você acredita que existe um ser sobrenatural que recompensa ou castiga o comportamento das pessoas nesta realidade e também em outra vida, após a morte?". Certamente, neste segundo caso, onde doutrinas teológicas são questionadas, as estatísticas seriam motivo de preocupação para as hierarquias religiosas.

discordantes em relação à moral observada e às crenças auto-atribuídas. Essa dissonância está tão integrada à sociedade que nem mesmo é objeto de debate ou controvérsia. Apenas aquilo que é percebido como um ataque frontal aos rituais sociais coletivos, seja formalmente religiosos ou de natureza atávica, como a ritualização de lutas contra animais ou entre animais, peregrinações e procissões mais ou menos solenes, é considerado polêmico.

Portanto, a realidade atual em nossas culturas pode ser resumida como uma espiritualidade geralmente reconhecida e auto-atribuída, porém difusa. Observa-se uma aceitação das normas morais predominantes de maneira eclética, flexível e com uma evolução relativamente rápida. Além disso, há uma rejeição veemente do que é percebido como um ataque ou uma ameaça.

Esta análise, aplicada ao padrão predominante de relações hegemônicas, corresponde de maneira bastante fiel ao cenário que percebemos atualmente. A aceitação de diferentes formas de relacionamento tem se expandido progressivamente, evoluindo da estrutura familiar nuclear tradicional, rígida, patriarcal e altamente opressiva do passado para a ampla diversidade de arranjos familiares que vemos hoje. Contudo, surge uma problemática na transição de uma tolerância tácita de práticas como as relações homossexuais ou arranjos afetivos não convencionais — frequentemente minimizados como meras travessuras ou caprichos — para uma aceitação social plena e formalizada de instituições como o casamento entre pessoas do mesmo sexo ou de relações abertas, livres e poliamorosas.

Provavelmente, aceitar que cada pessoa se relaciona com quem quiser e da maneira que preferir, mesmo quando seu comportamento não está alinhado com os princípios morais que reconheço como meus parece-me mais simples do que modificar esses princípios éticos. Reconhecer a fragilidade do meu esquema ético representa uma ameaça, pois trata-se de uma estrutura que não construí, mas que me foi dada; portanto, alterá-la parece arriscado e perturbador.

Uma história frequentemente utilizada para ilustrar a facilidade com que as respostas culturalmente induzidas são adquiridas é a dos "cinco macacos". Embora a narrativa não se alinhe precisamente a nenhum experimento específico, ela se baseia na pesquisa realizada na década de 1960 por Gordon R. Stephenson, chegando a conclusões semelhantes.[90]

Trata-se de um grupo de cinco macacos e uma banana pendurada no teto, fora do alcance deles, mas acessível por meio de uma escada. O macaco mais ativo reconhece a situação e inicia a subida. Nesse momento, todos recebem um desagradável jato de água fria. Aquele que começou a subir desce imediatamente, e os cinco ficam molhados e assustados. A tentação da comida leva outro macaco a tentar alcançar as bananas, e o estímulo desagradável se repete até que os macacos desenvolvem o comportamento de não subir pela escada. Então, um macaco é retirado da gaiola e outro é introduzido. Ao ver as bananas, o novo macaco se prepara para subir, mas o grupo o dissuade violentamente. A substituição de um macaco após o outro é repetida até que não reste nenhum que tenha recebido os jatos de água. Apesar de não associarem mais diretamente a subida da escada a algo negativo, todos aprenderam a impedir e dissuadir qualquer tentativa, deixando o grupo incapaz de desfrutar das bananas. A água fria deixa de ser necessária para manter o tabu indefinidamente.

Como eu estava dizendo, quando desconhecemos a origem de nossos padrões de comportamento, talvez seja ainda mais assustador desafiá-los. Não temos pistas para saber se representam um risco em si mesmos, se estão associados a outros fenômenos ou em que condições podem surgir vantagens ou prejuízos perigosos.

---

[90] G.R. Stephenson, "Cultural Acquisition of a Specific Learned Response Among Rhesus Monkeys", comp por D. Starek, R. Schneider y H.J. Kuhn, en Progress in Primatology, Fischer, 1967., pp. 279-288. Um experimento relacionado, com simulação em laboratório envolvendo grupos humanos, é o de Robert Jacobs e Donald Campbell. (1961), "The perpetuation of an arbitrary tradition through several generations of a laboratory microculture", J. of Abnormal and Social Psychology, 62(3), 649-658, 1961.

Em última análise, pode-se concluir que as novas propostas de conexão e formas de vida alternativas, apesar de desafiarem as normas morais dominantes, não representam uma ameaça nem geram alertas enquanto permanecerem como alternativas. O despertar das sensibilidades mais vinculadas à segurança proporcionada pelas tradições ocorre quando essas propostas tentam se tornar visíveis e normalizadas. O mesmo padrão se aplica às ofensas aos sentimentos religiosos, símbolos do Estado como a Coroa ou a bandeira, patriarcado, casamento, família, tradições festivas, rituais e tudo o que é considerado sagrado. Em um ambiente descontraído, como um bar, provocações blasfemas e irreverentes a muitos desses símbolos podem resultar em risos e até cumplicidades. No entanto, em uma manifestação pública, especialmente se for coletiva e tiver projeção, todos os alarmes são ativados.

Acredito que, por essa razão, as ações de visibilização e normalização desempenham um papel fundamental. Historicamente, testemunhamos isso nas lutas pelos direitos de diversos coletivos e minorias, especialmente nas últimas décadas com o movimento LGTBIQ+ e, atualmente, no movimento feminista. É exatamente ao ampliar o alcance dessas revoluções que surgem os movimentos de reação. O momento de perseverar e insistir é precisamente aquele em que conseguimos romper a dura couraça e a resiliência epiderme do sistema, provocando estremecimentos e bramidos.

Capítulo 3. Eu me relaciono de outra maneira: rótulos, modelos e práticas

"O conformismo obriga-nos a minimizar as nossas diferenças em prol de um bem maior. Tememos que, se não nos conformarmos, sejamos abandonados, mas não há solidão maior do que ter pessoas que só nos vêem depois de nos termos apagado."

— Alok Vaid-Menon

Nos dois capítulos anteriores, tentei, em muitas páginas, enquadrar a proposta da anarquia relacional em diferentes esquemas éticos, tradições culturais e políticas, e interpretações específicas levantadas por coletivos e sensibilidades diversas. Neste terceiro capítulo, quero propor uma primeira abordagem às experiências daqueles que a desenvolveram e daqueles que construíram pequenas realidades sob este pensamento geral, além de discutir as diferentes etiquetas associadas a essas ideias e práticas.

3.1 Etiquetas e modelos

Etiquetas descritivas e prescritivas

Quando começamos a agir de forma diferente do habitual em nosso ambiente, enfrentamos um dos primeiros obstáculos: saber como responder quando questionados sobre isso. Não estou me referindo a perguntas retóricas ou críticas disfarçadas, mas sim a questionamentos sinceros de pessoas que nos apreciam e desejam nos entender. Em situações apropriadas, a melhor abordagem é explicar desde o início, fornecendo contexto e antecedentes necessários para uma compreensão completa. Isso não apenas satisfaz a curiosidade e esclarece dúvidas, mas também nos permite refletir sobre nós mesmos e aprender com as reações e opiniões daqueles que nos ouvem.

No entanto, nem sempre temos essas condições favoráveis. Geralmente, o tempo é limitado, as conversas fluem dinamicamente entre vários tópicos e a expectativa de que as pessoas ouçam com paciência e façam esforço para entender é frustrada. Nesses momentos, os rótulos se tornam incrivelmente úteis. É importante reconhecer, no entanto, que as palavras comuns nem sempre captam adequadamente o que estamos fazendo, então podemos recorrer a neologismos e conceitos menos conhecidos. Falarei sobre isso em breve, mas há uma terceira opção: simplesmente deixar claro o que *não* estamos fazendo. Isso pode não parecer muito positivo, esclarecedor ou útil, mas ao menos evita que certos equívocos sejam perpetuados. Em uma ocasião mais propícia, podemos então retomar o assunto com mais calma e discutir os detalhes.

Daí o título deste capítulo. Entre todas as respostas breves e simples que conheço para perguntas estereotipadas como "Vocês são um casal?", "Há quanto tempo estão juntos?", "Ela é apenas uma amiga ou algo mais?", "Você tem um parceiro?", "Você está procurando um parceiro?", "Há quanto tempo você está solteiro?", "Quando você pretende se estabilizar?", "Você planeja reconstruir sua vida?", "Vocês ainda estão juntos?", "Vocês terminaram?" e inúmeras outras semelhantes, a que mais me convence é a humilde e franca "Eu me relaciono de outra maneira".[91]

O simples ato de poder expressar livremente como você vê e vive sua vida, e como se sente a respeito dela reflete um privilégio importante. No entanto, ao agir de maneira diferente, especialmente quando este agir não é facilmente categorizável ou não é reconhecido pela sociedade, é necessário renunciar a esse privilégio. Isso ocorre porque o sistema hegemônico, além de tornar as opressões e preconceitos invisíveis, também tende a digerir e assimilar nuances, tornando-as menos evidentes.

É comum ouvir ou ler que a anarquia relacional envolve a rejeição de rótulos. Embora essa afirmação possa ser utilizada como

---

[91] Eu devo esta fórmula a Sonia Pina.

título ou introdução simplificada para despertar interesse ou curiosidade, não reflete integralmente o cerne da questão. Primeiramente, o próprio termo "anarquia relacional" é um rótulo. Além disso, embora a abstenção de rótulos possa apresentar riscos significativos em alguns contextos, não é, em minha visão, o aspecto central ou essencial da proposta. Assim como a rejeição da exclusividade sexual e afetiva, ou seja, da norma monogâmica, pode surgir como parte do desenvolvimento pessoal dentro do contexto da anarquia relacional, a eliminação de rótulos é apenas uma consequência secundária. No entanto, nenhuma dessas questões constitui o elemento nuclear da proposta.

Para compreender a importância desse elo, é útil distinguir entre dois tipos de rótulos ou identificações: os descritivos e os prescritivos. Os primeiros frequentemente servem como ferramentas úteis para comunicação e reflexão, especialmente quando auto-atribuídos. No entanto, é importante reconhecer que um rótulo descritivo também pode ser utilizado de maneira manipulativa quando aplicado a outra pessoa. Os desafios mencionados no início deste trecho destacam a necessidade desses rótulos descritivos auto-atribuídos para expressar nossas experiências e emoções de forma precisa. Por outro lado, os rótulos prescritivos surgem quando uma definição se torna normativa, transformando-se em uma espécie de gaiola mental ou emocional. Nesse ponto, o que foi descrito passa a limitar, impondo restrições e criando um espaço coercitivo do qual é difícil ou desconfortável escapar.[92]

A anarquia relacional, em primeiro lugar, como uma abordagem que contesta qualquer forma de autoridade de umas pessoas sobre outras, deve incluir em sua proposta uma menção clara e promover um alerta continuamente ativo sobre os esquemas de dominação

---

[92] Neste contexto, como em tantos outros, existem nuances. Os rótulos descritivos, inicialmente inofensivos, podem se transformar em muletas que nos conferem confiança, transformando-se em apoios que acabam valorizando certos comportamentos em detrimento de outros e, eventualmente, evoluindo para fetiches com um apelo quase tão poderoso quanto os rótulos prescritivos.

presentes em espaços coercitivos. Por exemplo, quando expressões como "você é meu amor" transmutam de uma descrição para uma imposição que subjuga, ou quando a afirmativa de "somos abertos" não reflete nossos verdadeiros desejos, nos constrange ao confrontarmos nossa educação, nossos medos e inseguranças. É essencial, em segundo lugar, promover a criação de redes horizontais de solidariedade pessoal, afetiva e de autogestão coletiva responsável, rejeitando rótulos identitários que excluem e fortalecem estruturas hegemônicas como a família nuclear e o egoísmo de clã.

Em síntese, a anarquia relacional, com seus princípios anti-autoritários e autogeridos, tende a desafiar não apenas os rótulos prescritivos, mas sobretudo os normativos, ou seja, aquelas ligadas aos preceitos culturalmente arraigados e dominantes. Questiona-se, assim, a suposta universalidade dos caminhos predefinidos que se iniciam nas práticas normativas, seguem pela adoção de rótulos convencionais e resultam em identidades repletas de expectativas, idealizações e obrigações estereotipadas.

Por exemplo, originário das comunidades de pessoas arromânticas nos Estados Unidos, mas com uma abrangência atualmente mais ampla, o conceito de relações *queer*-platônicas surge quando se deseja descrever um vínculo profundo que foge do tradicional conceito de casal. Nessas relações, a outra pessoa é coloquialmente chamada de "minha abobrinha" (*my zucchini*), ou às vezes qualquer outra verdura como a berinjela (sim, não é piada), para enfatizar a singularidade de cada conexão. A proposta é escapar dos rótulos convencionais a fim de evitar as conotações associadas a eles.[93]

Porém, uma análise crítica que se baseie apenas no "bom senso" — considerando que fomos criados sob a hegemonia dos vínculos normativos, sem sermos expostos a outras possibilidades — naturalmente levanta questões: O que há de errado em usar termos

---

[93] "Queerplatonic Zucchinis: A Short Primer", en rottenzucchinisfiles.files.wordpress.com.

precisos? Por que não podemos dizer "é meu parceiro" ao nos referirmos a alguém que nos inspira amor, paixão e confiança, com quem gostamos de passar tempo ou até mesmo viver junto? Por que não podemos transitar de amigos para namorados, amantes, parceiros, ou reconhecer que estamos em uma relação se nos apaixonarmos? Por que negar o fim de um relacionamento quando não funciona mais? Não podemos passar de casal para amigos caso percamos a paixão de um pelo outro?

Claro que podemos. A anarquia relacional não impõe restrições, isso seria excessivo. Nem tampouco censura, desaprova ou reprova tais abordagens. Apenas alerta para o fato de que, se desejamos explorar um esquema relacional fundamentado nos princípios do anarquismo, conforme mencionei e reiterei ao longo destas páginas, é imprescindível estar ciente de como esses rótulos podem nos influenciar. Eles trazem consigo uma bagagem. Se não estivermos atentos, corremos o risco de internalizar comportamentos autoritários, reivindicar direitos automáticos sobre outras pessoas e esperar que elas se comportem comigo "do jeito que deve ser", "do jeito que todo mundo sabe" que alguém se comporta ao seguir a receita de um prato pré-assado de direitos e obrigações.

Não há nada de errado em usar uma palavra com consciência e responsabilidade. O desafio surge quando deixamos que essa palavra determine nosso comportamento automaticamente, sem mais reflexão, compartilhamento ou deliberação sobre como desejamos viver. Quando a palavra, a etiqueta, o rótulo que nos é atribuído passa a nos definir por completo.

Além disso, o rótulo que atribuímos à nossa jornada acaba por ditar expectativas e nos oferece a segurança de uma identidade compartilhada, como se fosse uma caixa preciosa selada e carimbada. Isso faz com que, de repente, esse rótulo adquira um valor imenso. Torna-se algo tão valioso, quase um luxo, que não pode ser tratado com leviandade. Mas precisamos assegurar se estamos ou não em posse dele. É necessário estabelecer limites temporais. Celebrar e anunciar ao mundo quando começa (e a celebração pode ser maravilhosa quando não há mal-entendidos, dúvidas, diferenças de percepção, idealizações...), mas também delimitar e encerrar quando chega ao fim. Esse processo não é fácil, nem mesmo nas melhores circunstâncias. Pode levar meses ou anos de angústia. Pode anteceder meses ou anos de incertezas, luto, novas tentativas... E o pior é que parte desse desconforto e incerteza é desnecessária, gerada apenas pela necessidade de rotular, definir e delimitar.

É compreensível sentir-se triste quando a pessoa que amamos não tem vontade de compartilhar certas experiências conosco, não compartilha mais as emoções que costumávamos compartilhar, ou não concorda com aspectos fundamentais de nossas vidas neste momento. No entanto, frequentemente, a discussão não se concentra nessas questões, mas sim no rótulo, na designação que define nosso relacionamento. Uma "parceria" com um selo de qualidade e uma denominação de origem, que não permite ambiguidades. Exige tudo ou nada. Estamos juntos ou não estamos. Somos algo ou não somos. Quem somos nós, afinal?

É exatamente por isso que aprecio a ideia do "eu me relaciono de outra maneira". Sem rodeios, sem depender de termos da moda que podem dominar as manchetes de revistas e blogs, essa abordagem liberta do padrão normativo dominante e abre espaço para evitar, tanto quanto possível, a adoção de outras normatividades.

Em outras palavras, sugiro evitar rotular-nos com a marca "Anarquista Relacional" como uma identidade fixa, da mesma forma que o contexto ao qual essas palavras se referem busca escapar dos rótulos convencionais como "Parceiros", "Namorados", "Namoradas", "Amigos", "Amigas", "Companheiros", "Companheiras", "Amantes", "Meu Garoto", "Minha Garota"... Propõe-se um entendimento mútuo sem imposições, um cuidado sem receitas predefinidas, e que abordagens como a anarquia relacional não ditam como as coisas devem ser, mas sim como poderiam ser. Como poderiam ser se optássemos por viver de acordo com princípios próximos ao utópico, que, se nos agradam, estão ali para nos seduzir. E nos atrairão apenas se permitirmos, somente até o ponto em que nos deixarmos ser atraídos e apenas até quando optarmos por não mais nos deixar seduzir.

Modelos e autogestão

Se os rótulos já são complexos e carregados de perigos, a gestão dos modelos me parece ser ainda mais desafiadora e arriscada. O termo "modelo" engloba uma vasta gama de conceitos, indo desde um exemplo a ser seguido até uma representação abstrata ou numérica de um fenômeno. Pode significar um molde, uma orientação, uma inspiração, algo que desejamos emular, ou mesmo alguém que empresta sua forma para ser apreciada. Pode ser uma maquete em escala, um diagrama ou um plano. Curiosamente, também serve como adjetivo para descrever muitas prisões na Espanha e na América Latina, o que adiciona outra camada de complexidade irônica quando aplicado ao contexto dos relacionamentos e vínculos. No entanto, irei me concentrar em um significado relativamente simples: um conjunto de pensamentos, normas e diretrizes que estabelecem um padrão de comportamento.

Explorando o espectro que vai do pessoal ao coletivo, inicialmente nos deparamos com os esquemas individuais que cada pessoa adota: meus próprios padrões de comportamento, aqueles que aspirava a seguir, os que de fato sigo (segundo a visão intersubjetiva dos que me rodeiam), e os que presumo seguir com base na minha percepção do meu próprio comportamento. Além disso, existem modelos mais amplos, compartilhados em diferentes esferas sociais, seja no âmbito das relações próximas, no ambiente profissional, de ativismo, lazer ou mesmo na estrutura de classe. Do outro lado desse espectro, encontram-se as normas culturais fundamentais: em primeiro lugar, as explícitas, como as regras relacionadas ao nível de contato físico aceitável ao cumprimentar um desconhecido, ou se é apropriado ou não arrotar após uma refeição. E por fim, no extremo, estão as normas hegemônicas, tão internalizadas que passam despercebidas, mas que, no entanto, influenciam profundamente minha conduta.

Por outro lado, o nível de conformidade a esses modelos, sejam eles individuais, compartilhados ou culturalmente normativos, pode variar consideravelmente. Em certas situações, meu comportamento se alinha inteiramente a um modelo específico, enquanto em outras ocasiões, adoto uma abordagem mais flexível, me orientando apenas por diretrizes gerais. Essa variação depende das circunstâncias, do processo de aprendizagem e do nível de autonomia alcançado ao longo da vida.

O certo é que, ao prestar atenção adequada, percebo em minhas atividades cotidianas uma variedade de modelos de pensamento e comportamento, cada um com graus distintos de influência e conformidade. Especialmente nas minhas interações com outras pessoas, observo como o modelo predominante se mescla com características pessoais e grupais, formando uma estrutura que molda nossas interações.

Uma vantagem dos modelos de comportamento relacional, que têm essa base compartilhada e cultural, é que facilitam a criação de conexões de forma relativamente direta. Sabendo como esperam que eu me comporte e o que é esperado das outras pessoas, as interações se tornam mais simples. No entanto, podem surgir conflitos quando há divergências na interpretação dessas diretrizes gerais, uma vez que não houve discussão ou validação explícita das mesmas. As questões relacionadas a suposições, expectativas e comunicação são importantes e serão abordadas posteriormente.

A questão que mais me intriga em relação aos modelos relacionais é a transição de um esquema normativo para uma dinâmica de autogestão coletiva, canalizada por meio de uma rede de conexões. Às vezes, parece que estou deixando para trás um ambiente onde as regras são claras, mesmo que elas não estejam funcionando bem ou que não tenham sido formuladas e exploradas pessoalmente, para entrar em um espaço incerto onde o desconhecido predomina. Em outras ocasiões, percebo que troquei um modelo por outro que parece mais moderno e libertador, mas que, na verdade, ainda é pré-definido. Uma terceira perspectiva desses processos é a vontade de instigar mudanças no próprio ambiente em que me encontro: iniciar uma espécie de revolução interna. Nesse caso, devo estar ciente de que desmontar a estrutura existente exigirá cuidado meticuloso para evitar quedas no vazio.

A primeira opção, que envolve sair da normatividade em direção ao desconhecido, apresenta uma série de desafios e pode eventualmente resultar na transição para outra forma de normatividade. As principais dificuldades podem surgir das minhas próprias limitações ao abandonar padrões estabelecidos e privilégios, além de superar inseguranças e dúvidas. Além disso, a sincronização da minha capacidade de mudança com a da rede de conexões com as quais desejo interagir também é um fator importante. Esses problemas serão abordados mais detalhadamente no quinto capítulo.

Os mesmos desafios que me impedem de sair da normatividade para construir algo novo podem eventualmente me conduzir a outros modelos nos quais encontro mais espaço, experimento um sentimento de liberdade e desfruto de outras vantagens sem enfrentar o desconhecido por completo. É possível, também, que eu prefira preservar parte da minha sensação de segurança, optando diretamente por uma alternativa com regras claras, que pareça menos arriscada do que a autogestão relacional pura. Um aspecto importante a ser considerado ao analisar esse cenário é a tendência de avaliar os aspectos coercitivos e de controle desses novos modelos com menos criticidade do que aplico ao avaliar o modelo do qual estou familiarizado. No último ponto deste capítulo, revisarei uma gama de paradigmas alternativos ao hegemônico, buscando alertar e destacar esse viés.

Por fim, a opção de desconstruir ou desmontar a estrutura cultural que influencia minha gestão dos vínculos também demanda uma sincronização precisa com os esforços de desconstrução realizados pelos outros membros da minha rede de relações. As diferentes trajetórias individuais ao longo do tempo podem resultar em sofrimento pessoal e desequilíbrios nesse modelo em processo de desconstrução e transformação. Isso geralmente culmina em uma evolução dolorosa, repleta de contratempos e marcada por uma progressão lenta, podendo eventualmente levar ao abandono. É importante lembrar que é possível discordar do sistema, mas, desde o início e possivelmente por um longo período, é difícil escapar de sua influência. Não devo me culpar por começar de onde fui deixado, nem por ter sido deixado sem um mapa ou bússola para orientar meu caminho.

Talvez, o mais importante não seja o destino alcançado, mas sim ter tido a coragem de desafiar a tirania de uma ordem que percebo como imposta. Uma coisa é tentar reconstruir algo diferente sobre a estrutura hegemônica e encontrar obstáculos insuperáveis ou que representem um esforço excessivamente doloroso ou exaustivo; outra é pensar que o modelo dominante é o único possível, aquele que reflete a essência da forma como nos relacionamos como seres humanos. O simples fato de ter percebido isso e de quão profundamente enraizadas estão essas ideias, o quão difícil é desviá-las, já é uma conquista.

3.2 A escada dos relacionamentos.

Nos seus espetáculos, a atriz, diretora de teatro e dramaturga feminista Patricia Sornosa apresenta um gag em forma de anedota pessoal que ilustra de maneira muito vívida não apenas a naturalidade com que vivemos o patriarcado no dia a dia, mas também o caráter incremental e progressivo dos processos que o sustentam, e sua relação com o sistema econômico. A piada é inserida em uma "romântica história de amor" familiar na qual Sornosa relata que seus pais se conheceram porque ela ia limpar a casa dele. "Eles se apaixonaram, foram morar juntos e... ela parou de cobrar pelas horas".

O "progresso" que a mulher experimenta nesta história representa uma evolução naturalizada em qualquer relação normativa. Os casais se encontram, se apaixonam, se conhecem melhor, decidem unir seus projetos de vida e passam a compartilhar cada vez mais. Essa progressão considerada obrigatória, sem a qual o relato normativo rotularia um vínculo como deficiente, imaturo, insubstancial e de baixa qualidade, foi refletida em uma analogia muito bem-sucedida pela jornalista americana Amy Gahran, sob o pseudônimo de Aggie Sez, em um artigo do blog solopoly.net em novembro de 2012, intitulado *Riding the Relationship Escalator, or Not?* (Subir a Escada dos Relacionamentos ou Não?). O interesse gerado por essa analogia, que é citada em muitos outros artigos e usada em oficinas e palestras, levou Gahran a publicar o livro *Stepping Off the Relationship Escalator: Uncommon Love and Life*[94] (Descendo da Escada dos Relacionamentos: Amor e Vida Incomuns) em fevereiro de 2017.

Os degraus e seu avanço imparável

Segundo Gahran, a escada romântica dos relacionamentos é, em nossa cultura (com pequenas variações a depender da época e de grupos sociais), concebida para apenas duas pessoas, sem espaço para mais, e segue estes passos:

Primeiros contatos: Acontecem em um espaço social compartilhado ou em um encontro casual. A partir daí, as pessoas se conhecem melhor e, eventualmente, podem acontecer encontros íntimos.

Iniciação: Instaura-se uma linguagem e rituais românticos sob o discurso do enamoramento e envolvimento emocional. Neste ponto, encontros sexuais se estabelecem como norma geral, com exceções no caso de setores muito tradicionais ou religiosos.

Declaração: Reconhece-se publicamente o relacionamento romântico, decidindo-se apresentar ambos como um casal e adotar os rótulos correspondentes, como "meu namorado ou minha namorada", "minha companheira ou meu companheiro", entre outros.

Estabelecimento: Os estilos de vida são continuamente ajustados para se alinharem permanentemente com a outra pessoa. Há um esforço mútuo para passar tempo juntos, adotando

---

[94] A. Gahram, *Stepping Off the Relationship Escalator: Uncommon Love and Life*, Off the escalator enterprises LLC, Boulder, 2017.

comportamentos normativos que fortalecem o vínculo, como compartilhar refeições, manter relações sexuais, dormir na mesma cama, falar e trocar mensagens todos os dias.

Compromisso: A família da outra pessoa é conhecida e planos para um futuro em comum são feitos. Isso traz consigo o desejo de compartilhar tudo sobre si, acompanhado da obrigação implícita de informar, a cada momento, onde se vai e o que se faz.

União: Decide-se compartilhar residência, seja através de aluguel, compra ou hipoteca, assim como os bens básicos como móveis, veículos, etc. Em alguns casos, prepara-se para uma união civil ou religiosa.

Conclusão: São conduzidos um ritual de união, de qualquer natureza, ou os procedimentos essenciais para legitimar o vínculo. Agora, alcançado o ápice da relação, o desejo é que perdure até a morte de uma das partes (ou de ambas, em caso de falecimento simultâneo).

E é isso que se espera ocorrer, guiando as ações e estabelecendo direitos e deveres em cada etapa para aqueles que embarcaram nessa jornada. A adesão meticulosa a essa sequência é o indicador de êxito de todo o processo. Como canta Carlos Vives:[95]

> *"Conheci-a numa manhã,*
> *numa festa de janeiro,*
> *noivamos em março,*
> *o compromisso era sério,*
> *o casamento foi em maio,*
> *com cerimônia e festejo.*
> *E os anos não passaram,*
> *como se fossem o primeiro."*

Alguns elementos suplementares podem contribuir para fortalecer e validar a união, como atender ao padrão heteronormativo, formar uma família, prosperar economicamente e irradiar uma sensação de

---

[95] Letra de canção: "Ella es mi fiesta".

felicidade ao longo da vida. A ausência de algum desses aspectos não invalida o resultado, mas o torna menos categórico e completo.

As falhas e defeitos do mecanismo

Por outro lado, existe uma aceitação social clara de que algo neste percurso pode falhar e a jornada pode ser interrompida a qualquer momento. De fato, nas últimas décadas, a ideia de que muitos relacionamentos têm uma duração limitada tornou-se bastante comum. Nesses casos, é comum passar por um processo de luto que pode variar em duração, seguido por uma fase exploratória na qual os contatos com outras pessoas podem ser mais superficiais, limitando-se aos estágios iniciais.

Essa fase, entretanto, é "passageira". Assumir o oposto seria assumir que outras formas de relacionamento, com diferentes níveis de satisfação e sem uma data de validade fixa, são possíveis. Expressões como "preciso reconstruir minha vida" ou "preciso me estabilizar" carregam consigo uma carga normativa e de controle evidentes. A jornada pode ter momentos de ruptura, pausa e recomeço. Pode encontrar falhas temporárias, mas não devemos permitir que permaneça parada indefinidamente.

Por outro lado, um segundo fator de imperfeição, cuja existência e prevalência social são amplamente reconhecidas e aceitas, é a infidelidade. Segundo uma pesquisa realizada no final de 2018,[96] 31% das pessoas adultas na Espanha admitiram ter sido infiéis, enquanto 27% têm certeza de que foram vítimas de infidelidade e 13% suspeitam disso. Estudos mais antigos revelam valores semelhantes e, por vezes, superiores em outros países ocidentais. Nos EUA, de acordo com investigadores privados de Los Angeles,[97] entre 30% e 60% de todos os indivíduos casados serão infiéis em algum momento durante o casamento, enquanto 74% dos homens e 68% das mulheres afirmam que teriam um caso se soubessem que nunca seriam descobertos.

---

[96] Muestra de 1003 adultos tomada en España del 23 al 25 de octubre de 2018; "Radiografía de los cuernos en España", en huffingtonpost.es.

[97] laintelligence.com.

É difícil classificar, considerando um suposto eixo de desaprovação social, se a infidelidade é vista mais como uma brincadeira inocente, uma pequena transgressão compreensível, um comportamento socialmente inaceitável, uma preocupante falha moral, ou uma intolerável depravação. No entanto, acredito firmemente que encontraríamos resultados contrastantes se investigássemos em que medida a infidelidade se aproxima mais de uma travessura ou de uma depravação (os extremos do eixo proposto), e onde um estilo de vida não convencional, sem a obrigação e o controle explícitos de elementos como exclusividade afetiva-sexual e renúncia ao direito à privacidade pessoal, se encaixaria. Tenho poucas dúvidas de que a infidelidade seria percebida com menos severidade do que a diversidade relacional.

Na verdade, em nossas sociedades, muitas vezes é mais tolerada a mentira ao quebrar um compromisso significativo com alguém com quem compartilhamos amor e objetivos pessoais do que adotar uma forma alternativa de relacionamento. Naturalmente, ambas as avaliações são influenciadas pelo gênero e por outros fatores de opressão, sendo mais severas e punitivas quando direcionadas a pessoas que não se encaixam no padrão de homens cis heterossexuais, a pessoas racializadas, de baixo status socioeconômico, com diversidade funcional, idosas e, de modo geral, com menos capital erótico e relacional.

Acredito que as razões subjacentes a esse cenário paradoxal, que parece contradizer os próprios princípios morais da sociedade, estão mais ligadas à sensação de ameaça do que ao julgamento moral. A notícia de uma infidelidade, ou mesmo um aumento estatístico em sua ocorrência, é muitas vezes vista como uma anedota, não como um sinal de perigo iminente ou desconforto. É tratada como uma história desagradável e desinteressante, não como um desafio que poderia instigar uma reflexão desconfortável ou fazer com que as pessoas próximas reconsiderem, por exemplo, sua abordagem nos relacionamentos. Com base em minha experiência pessoal e em diversos relatos compartilhados, posso afirmar que esse não é um medo infundado. Lidar com as próprias incertezas ou com os desejos imprevisíveis de mudança da outra pessoa com quem compartilhamos a vida não é tarefa fácil. Considerar uma forma alternativa de relacionamento, ou mesmo apenas ponderar sobre ela, não é de modo algum uma decisão simples.

A escada romântica é o modelo de sucesso que internalizei ao longo da vida. Assim, quando considero uma abordagem diferente para me relacionar com outras pessoas, a primeira dificuldade que enfrento é a constante sensação de que não estou fazendo direito. Mesmo quando tenho clareza sobre meus desejos e intenções, ainda experimento a sensação de estar estagnado. Os momentos de sucesso ou plenitude parecem fugazes, enquanto os erros, desencontros, momentos de dor ou solidão são interpretados pelo meu "eu íntimo" como confirmações de que estou falhando. Abandonar o paradigma hegemônico significa perder a principal muleta emocional, renunciar à desculpa mais eficaz, a justificativa perfeita para as adversidades, o resignado "é o que é, fazer o quê".

As dissidências acarretam custos

No entanto, para além desses momentos desafiadores - como a separação e a infidelidade, percebidas como falhas que demandam recomeços com novas pessoas - surgem alternativas ou dissidências que começam a ser parcialmente aceitas por setores sociais e culturais mais progressistas. Uma dessas alternativas, embora menos radical, é a renúncia consciente e reflexiva à procriação. Apesar de ser uma opção reconhecida, frequentemente gera questionamentos, estranheza e até condescendência ao longo do tempo. É uma decisão que implica questionamentos dirigidos principalmente às mulheres em relacionamentos heterossexuais potencialmente reprodutivos, colocando novamente o gênero como um fator adicional ao fator principal: a normatividade do componente reprodutivo como um indicador de êxito na escada romântica dos relacionamentos.

A heterodoxia, em termos de aceitação cultural, é aquela que desafia o sexto degrau: a coabitação. Quando, mesmo sendo possível, alguém opta por não dar esse passo — não para esperar um momento mais oportuno, mas como uma escolha consciente a longo prazo —, pode-se levantar suspeitas de que o relacionamento não está funcionando tão bem. Com o efeito de diminuir o seu valor social, o relacionamento nunca será tão estimado e autêntico quanto um relacionamento em que se compartilham a vida e os recursos financeiros, ou em que se luta contra o sistema para que isso seja possível. Curiosamente, se essa coabitação e partilha econômica forem propostas entre mais de duas pessoas adultas não relacionadas (uma comunidade de convivência, de qualquer tipo), o valor e a aprovação social voltarão a despencar. A norma estabelece estritamente um número: o dois. A terceira irregularidade, adentrando no território da rejeição ética frontal e da sensação de ameaça generalizada em ambientes tradicionais, é a adoção de acordos que abram o relacionamento para a possibilidade de relações sexuais e vínculos afetivos externos, em qualquer estágio da escada romântica. Essa abertura pode variar em suas formas, sendo as mais comuns a "tolerância" a aventuras eróticas fora do relacionamento e a possibilidade de participar de jogos sexuais com outras pessoas, casais ou grupos. A primeira opção geralmente é chamada de relacionamento aberto e a segunda de casal *swinger* ou liberal. Quando a abertura inclui explicitamente vínculos sexuais e afetivos externos, entendidos como relações não apenas sexuais, mas também emocionais, geralmente se fala em poliamor hierárquico.

Uma dissidência mais extrema, ainda sem abandonar o paradigma da escada romântica das relações, propõe ampliar o número de pessoas que sobem nessa escada comigo. Este conceito é conhecido como poliamor não hierárquico. No entanto, simplesmente substituir o número dois por um número maior não transforma fundamentalmente o processo. Se revisarmos os degraus mencionados anteriormente, observamos que a única diferença, no sentido de acrescer a dificuldade, ocorre no terceiro degrau: "Declaração". A previsível resistência do meio social e familiar muitas vezes impõe a necessidade de evitar ou postergar a comunicação de um novo relacionamento quando já existe um em vigor. Isso é análogo ao desafio clássico de tornar pública a orientação sexual, conhecido como "sair do armário".

Os demais degraus da escada continuam, com variações sutis, porém mantendo os elementos fundamentais de normatividade e expectativas de progresso, que definem a necessidade de avanço em direção a um envolvimento cada vez maior. Uma peculiaridade adicional é que nos encontramos na mesma trajetória com várias pessoas, cada uma ascendendo em degraus diferentes ao mesmo tempo. Como a experiência frequentemente demonstra, esse cenário é geralmente mais complexo e delicado devido à falta de referências claras, o surgimento de inseguranças, ciúmes, comparações e dúvidas. O poliamor surge como uma resposta ética e coerente ao desafio de ter que escolher entre uma pessoa e outra, mas permanece enraizado no contexto da escalada das relações. É uma solução que, como todas as outras, sem exceção — incluindo a anarquia relacional, que está fora desse paradigma — enfrenta numerosos desafios. Tantos são os desafios que pode não fazer sentido vê-los como soluções, mas sim como aventuras apaixonantes, embora permeadas de incertezas.

3.3 A teoria queer

A anarquia relacional oferece uma interessante abordagem à luz da teoria queer, extrapolando a contestação dos binarismos sexuais, de gênero, identidade, orientação e expressão, entre outros possíveis, para as relações entre pessoas, particularmente à dicotomia "relação íntima/não íntima". Os argumentos se apoiam em bases semelhantes: a recusa ao essencialismo, que se baseia na condição reprodutiva da união íntima heterossexual e se estende ao restante dos vínculos considerados íntimos, e à normatividade que dita como devemos nos comportar em função da atribuição dada a uma relação (atribuição ou rótulo, tanto interna quanto externa, nem sempre coincidentes). Dada a relevância dessas afinidades e conexões, me parece relevante explorar brevemente os aspectos-chave da teoria queer.

Antecedentes

A palavra *queer* denotava originalmente, em inglês, o que é diferente, estranho ou peculiar. Porém, ao longo do tempo, adquiriu uma conotação ofensiva, sendo usada de forma pejorativa para se referir a homens afeminados e pessoas homossexuais. Nas décadas de 80 e 90 do século passado, o coletivo LGBTQ+ adotou uma estratégia de ressignificação, elevando esse termo proscrito a uma interpretação positiva que hoje em dia é amplamente aceita, muitas vezes sendo intercambiável com o próprio acrônimo do coletivo. Embora *queer* possa ter suas desvantagens, é sem dúvida um termo mais intuitivo do que a sequência de iniciais, que é difícil de se lembrar e pronunciar e que nunca abarca completamente todas as sensibilidades.

A partir dessa ressignificação, surge o conceito de ativismos *queer*, que, por suas vezes, numa fecundação cruzada com o campo acadêmico, transcende as diversas manifestações da teoria *queer*. Embora essas perspectivas e interpretações, que formam o que hoje é conhecido como teoria *queer*, sejam naturalmente diversas, críticas e constantemente dissidentes, vou me concentrar nos elementos fundamentais nos quais geralmente todas convergem.

Mas antes, revisarei as origens do pensamento contemporâneo que levaram ao que mais tarde se tornaria a teoria *queer*, conforme o excelente e acessível livro de Meg-John Barker e Julia Scheele *Queer: A Graphic History*.[98]

A corrente existencialista, que teve origem no final do século XIX e se desenvolveu na primeira metade do século XX, prioriza a existência em relação à essência. Na Espanha, Ortega y Unamuno representam essa corrente em seus estágios iniciais, porém são as ideias desenvolvidas por Sartre e Simone de Beauvoir que exerceram, posteriormente, maior influência no contexto que nos

---

[98]   M.J. Barker, J. Scheele, *Queer: A Graphic History*, Icon Books, London, 2016.

interessa. Eles introduziram conceitos como a má-fé, que nos faz refletir sobre a conformidade com o que a sociedade espera de nós, e a liberdade como um espaço limitado e restringido pelos referenciais que nos foram dados.

Outra corrente de pensamento igualmente relevante nesse contexto não é filosófica, mas científica. A partir da biologia, pesquisadores como o pioneiro Alfred Kinsey, e aqueles que seguiram seus passos, descrevem o comportamento sexual humano em termos muito mais objetivos e abertos do que o padrão até então estabelecido. Eles descobriram que as atrações e práticas homossexuais, bem como a masturbação e outros comportamentos, são muito mais comuns do que se supunha anteriormente. Além disso, essas atrações não estão confinadas a estereótipos, mas variam e se distribuem em um espectro de experiências e sentimentos, escapando de categorias fixas e inalteráveis.

Feminismos e direitos homossexuais

Na década de 1970, os movimentos feministas assumiram o protagonismo, destacando-se especialmente as feministas negras nos Estados Unidos, que desenvolveram as primeiras análises políticas "de rua", explorando as interseções entre várias formas de opressão, como raça, classe social, gênero e sexualidade. A interseccionalidade, conceito posteriormente proposto por Kimberlé Crenshaw, teve suas raízes nessas análises. O reconhecimento da existência dessas identidades entrelaçadas, que resultam em exclusão de grupos e perpetuação de privilégios, submissão e exploração, deu apoio e fundamentou as ideias que logo se cristalizaram no ativismo e na teoria *queer*.

Além disso, desde os distúrbios de Stonewall na Nova York de 1969, as reivindicações das pessoas homossexuais mudaram de maneira significativa. Adotou-se mais firmemente a estratégia de superar os estigmas e sentimentos de culpa, reivindicando o orgulho de ser homossexual. Isso fortaleceu a identidade, a busca pelo reconhecimento como minoria com direitos equiparáveis aos da maioria e a sua assimilação no sistema. As críticas radicais a esse processo se encontram com os postulados da teoria *queer*, redirecionando o foco do essencialismo, de "ser homossexual" como identidade para "ter práticas homossexuais" como normalidade. Destaca-se que as identidades oprimidas são diversas e estão oprimidas em função de raça, origens, gênero, crenças, nível socioeconômico, etc., sendo o *queer* um guarda-chuva que abriga todas essas realidades.

Nesse momento, também surgem formas alternativas de ativismo *queer*, como o *queeruption*, uma corrente *queercore* (uma subcultura punk com ênfase especial na perspectiva LGBTQ+) que contribui para o desenvolvimento do movimento anarca-*queer* ou anarquismo *queer*, que se define, entre outras coisas, como antiassimilacionista, anticapitalista, antiautoritário, radicalmente queer e transidentificado.[99]

Pós-estruturalismo, sexualidade e subversão da identidade

O precedente filosófico mais recente e direto da teoria *queer* encontra-se no pós-estruturalismo representado por figuras como Derrida, Lacan, Foucault, Deleuze, Butler, Habermas ou De Lauretis. Isso implica uma crítica ou reavaliação do estruturalismo e do reducionismo subjacente, assim como das dicotomias que moldam suas estruturas conceituais. Situa o conhecimento no âmbito das construções culturais e dos eixos de poder presentes nas sociedades, evitando conferir aos saberes um estatuto de naturalidade e valor absoluto. As narrativas que elaboramos a partir da realidade, incluindo nossa identidade e os modelos mentais com os quais representamos pessoas e fenômenos ao nosso redor, são subjetivas, diversas, variáveis e moldadas pela elaboração social e cultural do pensamento e da personalidade. Em outras palavras, nossas identidades são influenciadas por nossas circunstâncias internas e externas. Os trabalhos concretos que mais influenciaram a formação da teoria *queer* foram os de Michel Foucault e Judith Butler, notavelmente *História da Sexualidade* de Foucault e

---

[99] Vide queerfist.blogspot.com.

Problemas de Gênero: Feminismo e a Subversão da Identidade de Butler, que definiram os aspectos básicos da hipótese *queer*. O termo "teoria *queer*" como tal é atribuído às estudiosas Gloria Anzaldúa e Teresa de Lauretis. Esta última contribuiu para a disseminação do termo ao ministrar uma palestra que rejeitava as análises, até então aceitas, que consideravam a heterossexualidade padrão como a sexualidade normal e definiam todas as outras opções em relação a ela. Ela também enfatizou a importância da subjetividade sexual e suas interações com todos os outros fatores sociais, como raça e gênero.

A teoria queer em cinco pontos

Como mencionei, os códigos que atualmente articulam esta teoria são expressos por diferentes perspectivas que mantêm um alto nível de diversidade e dissidência, embora alguns aspectos básicos sejam coincidentes e amplamente aceitos:

1. A concepção de poder não se restringe mais à tradicional dinâmica entre governantes e governados, em que a autoridade emanava de reis, palácios e líderes, imposta mediante a força das armas sobre uma plebe subjugada. Agora, vivemos em uma realidade mais complexa, em que múltiplos eixos de poder atuam por meio de diversos domínios de hegemonia: social, funcional, racial, sexual, econômica, religiosa, cultural, entre outros. Este cenário não se resume mais a uma simples projeção de autoridade unidirecional, mas sim a uma rede complexa de interações entre inúmeros pontos, tecendo tramas de privilégio e submissão, supremacia e dependência, em uma sociedade em que a vigilância mútua é constante.

   As forças de segurança agora são reservadas para ocasiões especiais, por vezes usadas de maneira irresponsável, acarretando graves consequências que não devemos esquecer. No entanto, as armas de controle cotidiano, aproveitando a necessidade generalizada de aceitação, tornaram-se a hegemonia cultural, difundindo-se como senso comum instilado pelas elites através de mensagens muitas vezes insidiosas e com objetivos bem definidos. O binarismo "normal/anormal" ou "dentro/fora" é o que predomina nas sociedades contemporâneas. Temos o dever de moldar nossa vida e nosso pensamento de acordo com o padrão "normal" sob o risco de sofrer marginalização e exclusão.

Nas Filipinas, há uma expressão popular atribuída à escritora feminista Ninotchka Rosca que ilustra esses conceitos de maneira vívida: "ter uma mentalidade de caranguejo em um balde". Essa frase refere-se ao comportamento dos caranguejos em um recipiente aberto nos mercados. Embora os caranguejos possam facilmente escalar para fora, quando um deles tenta escapar, os outros o puxam para baixo, impedindo sua fuga. Esses crustáceos se vigiam mutuamente e impedem uns aos outros de alcançar a liberdade.

2. A ideia de normalidade aplicada a corpos, práticas e comportamentos é uma estratégia de controle que visa moldar identidades dóceis e inseguras, dependentes do reconhecimento e validação conforme padrões supostamente universais. Esses esquemas hegemônicos são estabelecidos, difundidos e mantidos de maneira centralizada por minorias influentes com interesses específicos. Isso resulta em uma dinâmica social de submissão e dependência, contrastando com a interdependência horizontal que envolve aprovação, solidariedade, apoio e consideração mútua entre iguais, em redes que não devem se submeter aos modelos dominantes e, menos ainda, aceitá-los como padrões inquestionáveis.

3. É reconhecida a performatividade do gênero e sua influência na formação da identidade, nos gostos, nas atrações, nos desejos e nos comportamentos. Contrariando a perspectiva essencialista, conforme delineado por Butler, o gênero não é

uma característica intrínseca, mas sim uma prática, uma ação. Nessa perspectiva, o gênero pode ser desafiado, permitindo resistir à pressão de se conformar a estereótipos. Ao rejeitar o binarismo que busca categorizar rigidamente as pessoas como homens ou mulheres, emerge o conceito de gênero não binário ou *genderqueer*.

4. Quanto às reivindicações e formas de protesto, reconhece-se a necessidade de não delimitar as lutas por afinidades nem exacerbar diferenças que binarizam e rotulam identidades específicas, como trabalhadores, homossexuais, mulheres, entre outros. Na realidade, essa abordagem acaba por invisibilizar nuances importantes, como os diferentes contextos dos trabalhadores, a diversidade de situações entre homossexuais e a variedade de experiências das mulheres em termos de raça, classe e outras características. Em certos casos, defende-se, como uma exceção tática, a ideia de um essencialismo estratégico. Essa abordagem, entendida como uma ferramenta dialética e de ativismo, permite focalizar a atenção e a reivindicação em um objetivo específico em momentos e circunstâncias determinados.

5. A partir de uma interpretação literal da ideia de Judith Butler de que o gênero é uma construção social, emergem perspectivas feministas radicais transexclusivistas que culpam pessoas transgênero por buscarem escolher sua identidade de gênero. Butler contesta essa interpretação argumentando que o fato de algo ser uma construção não implica sua inexistência ou ausência de influência na vida das pessoas. Essa noção é importante não apenas neste contexto, mas em vários outros relacionados aos aspectos abordados neste livro.

Outras tensões entre certas manifestações do feminismo e o ativismo *queer* surgem em relação à cultura *kink*, ao trabalho sexual e até mesmo à base da contestação de gênero, que pode, de certa forma, minar a identidade coletiva vista como fundamental para uma luta eficaz (esse é o ponto que o essencialismo estratégico visa abordar). No entanto, o número significativo de ativistas e pesquisadoras que se identificam simultaneamente como feministas e *queer* faz com que essas tensões sejam consideradas como aspectos secundários em comparação com os elementos compartilhados.

Cinco paralelos com o anarquismo relacional

Inevitavelmente, uma proposta anarquista do século XXI, centrada nas relações e defendida por pessoas que se identificam como de gênero não binário (como é o caso de Andie Nordgren, conforme mencionado anteriormente), deve refletir diversas influências da teoria *queer*. Qualquer perspectiva *queer* sobre a realidade parte do confronto com ideias essencialistas, que consideram as identidades sexuais e de gênero como inatas e determinadas desde o nascimento. Como observado, também questiona a noção de que certos desejos ou práticas sexuais e afetivas sejam "normais" enquanto outros não o são. Essas abordagens críticas levam à contestação da categorização das pessoas e dos binarismos de identidade e orientação, assim como no anarquismo relacional se questiona a categorização dos relacionamentos e os binarismos de amatonormatividade e alosexismo (relacionamentos com ou sem amor romântico e relacionamentos com ou sem sexo). De maneira similar, há uma forte correspondência na análise, por parte de ambos os sistemas, dos conflitos e das dinâmicas de poder que surgem entre identidades em comparação com aquelas que são desencadeadas pelas categorias relacionais. Em termos concretos e específicos, os aspectos fundamentais previamente mencionados podem ser traduzidos ao passar do foco nas pessoas e em sua categorização para se referir aos relacionamentos:

1. Os vértices de poder que passaram a operar dentro do tecido social, entre as pessoas, e a ideia de vigilância mútua resultando em ameaças de exclusão e rejeição não se

limitam apenas às interações individuais. Um componente fundamental desse mecanismo é a família nuclear, que se destaca como um nodo central desses vetores de controle. As "bolhas" formadas pelos casais heteronormativos reprodutores são especialmente ativas nesse processo de vigilância e homogeneização.

Se essas "bolhas" fossem substituídas por redes mais abrangentes, idealmente por uma única rede composta por conexões entre diversos tipos de relacionamentos que não competissem entre si, se recusassem a se anular mutuamente, como ocorre no esquema amatonormativo, esse modelo de polícia moral normalizadora perderia um de seus pilares fundamentais. Seria como fazer uma transição simples, passando de uma trama social composta por aglomerados de egoísmo familiar normativo para uma rede em forma de rizoma, na qual os vínculos operam de maneira horizontal e solidária.

2. Um modelo de reconhecimento e validação nas relações que não se baseasse em uma normalidade culturalmente prescrita seria fundamental para o desenvolvimento de identidades menos dóceis e submissas às ordens sociais. Esta contribuição seria de extrema importância ao proporcionar uma ampla rede de apoio e fortalecimento, construída sobre a diversidade e uma interdependência compreendida de maneira adequada, apenas limitada pelos princípios do consentimento pessoal e da autonomia responsável.

3. A disputa de gênero encontraria sua equivalência na proposta de relacionamentos em rede como uma alternativa ao modelo normativo do casal heterossexual. Assim como o gênero, os relacionamentos não seriam definidos pelo que são intrinsecamente, mas sim pelo que é praticado dentro deles. Os conceitos de gênero, orientação, identidade, entre outros, seriam comparáveis às categorias estereotipadas de

vínculo. A anarquia relacional representaria uma transposição das pessoas para os relacionamentos, refletindo essa ideia central da teoria *queer*.

4. A abordagem que considera as resistências sem separar as lutas dos diversos eixos de opressão corresponde a um dos aspectos importantes da anarquia relacional. Isso envolve a integração da diversidade em redes afetivas que conectam pessoas de diferentes perfis e orientações, as quais dificilmente poderiam estar diretamente ligadas em uma estrutura de vínculos tradicional.

5. Por fim, na anarquia relacional é enfatizado - e é importante reiterar e compreender - que desafiar as categorias dos vínculos não implica que essas categorias não estejam presentes em todos os aspectos da sociedade e em nossos sentimentos, uma vez que crescemos imersos nessas construções emocionais. Portanto, é fundamental conciliar ambas as perspectivas e preocupar-se com os problemas reais das pessoas sem abrir mão da utopia.

Recentemente, Roma de las Heras propôs uma perspectiva que enquadra a anarquia relacional sob a ótica feminista-*queer*[100] como uma filosofia política que redefine o trabalho relacionado aos cuidados e às relações familiares, em consonância com as ideias de Judith Butler e Kath Weston.[101] Essa abordagem enfatiza o valor emocional, pessoal e social que as relações de amizade têm para as pessoas *queer*, conforme destacado por Saha Roseneil.[102] De acordo com Roma, essa perspectiva política configura um instrumento capaz de construir alternativas a uma estrutura hegemônica

---

[100] R. De las Heras, "Thinking Relationship Anarchy from a Queer Feminist Approach", op. cit.
[101] J. Butler, "Is kinship always already heterosexual?" in Butler, J., *Undoing Gender*. Routledge, Londres, 2004. K. Weston, *Families We Choose: Lesbians, Gays, Kinship*. Columbia University Press. New York, 1997.
[102] S. Roseneil, "Why we should care about friends: An argument for queering the care imaginary in social policy", *Social Policy and Society*, 2004.

centrada na família nuclear e que se apoia na monogamia compulsória e na heterossexualidade como normas comportamentais do sistema sexo-gênero.

3.4 Eixos de um espaço relacional multidimensional

A anarquia relacional não é a única abordagem que propõe esquemas alternativos à forma dominante de estabelecer relações em nossa cultura. A maioria delas é fortemente etnocêntrica e, inevitavelmente, apresenta características mais ou menos explicitamente amatonormativas, capacitistas, autoritárias, capitalistas, binaristas, homofóbicas, machistas, alosexistas, ageístas, xenofóbicas e racistas.[103] Mesmo ao abordar a anarquia relacional a partir de nossa construção cultural, inevitavelmente incorremos em tudo isso em alguma medida. Um dos objetivos que considero imprescindível é suavizar essas arestas pouco a pouco à medida que as identificamos, enquanto também evitamos introduzir outras novas. A socialização nos impregnou com esses vetores de dominação e privilégio em nosso pensamento e comportamento inconsciente. Constantemente nos deparamos com o machismo, mesmo sendo mulheres e nos considerando conscientes da problemática de gênero; com o racismo, mesmo que nosso ambiente nos veja como pessoas racializadas; com a xenofobia, mesmo que venhamos de outras terras; com a aporofobia e a cumplicidade com o capitalismo, mesmo sendo pobres... e mesmo aos 100 anos, podemos perpetuar atitudes ageístas.

Mantendo esse reconhecimento como uma precaução constante, pretendo delinear os esquemas relacionais que considero mais significativos por sua atual difusão ou possível alcance futuro. Farei isso considerando diversos critérios e, logicamente, a partir da perspectiva da anarquia relacional como ponto de partida. O

---

[103] No glossário, constam as definições desses termos, entre outros. Alguns deles também são desenvolvidos em outras partes do livro.

primeiro desses eixos, que configuram um espaço multidimensional, é precisamente o objeto de um ponto anterior: a escada romântica dos relacionamentos, que representa dinamicamente o padrão básico da normatividade relacional.

O eixo do avanço normativo ou da escada romântica

Na análise das diferentes vertentes das relações interpessoais, foram mencionadas algumas dinâmicas como casais *swingers* ou liberais, casais abertos, poliamor hierárquico e poliamor não hierárquico. Embora aparentemente distintas, essas formas de interação compartilham nuances que as conectam. Nos primeiros três casos, surgem esquemas de abertura que variam desde o envolvimento exclusivamente sexual até a possibilidade de desenvolver conexões emocionais com outras pessoas. Contudo, o trajeto original permanece essencialmente inalterado, com acesso apenas parcial concedido àqueles que desejam explorar essas alternativas. Os indivíduos que estão em posições mais elevadas muitas vezes se sentem no direito de estabelecer limites para aqueles que estão em estágios inferiores, ou que chegaram posteriormente. O princípio de consenso, pacto ou acordo explícito, que supostamente guia esses paradigmas, funciona de maneira unidirecional, estabelecendo limitações dos níveis superiores para os inferiores.

No poliamor não hierárquico, em contraste com o modelo convencional, muda o número de pessoas que sobem ao mesmo tempo na escada. Enquanto as pessoas envolvidas podem não estar todas no mesmo degrau, não existem limites predeterminados, e os acordos são estabelecidos de maneira equitativa, embora ainda possam seguir com o formato de transação mercantil. O movimento da escada permanece constante, os degraus são semelhantes, e as consequências em todas as áreas são ampliadas pela multiplicidade de conexões.

A anarquia relacional confronta diretamente a estrutura normativa representada pela metáfora da escada romântica, que representa uma hierarquia imposta e internalizada. Assim como instituições como a Igreja, religião ou Estado impõem sua autoridade através de contratos de adesão que requerem "assinatura" e conformidade sob ameaça de punições, seja em termos espirituais ou terrenos, o modelo cultural que dita as normas nas relações interpessoais também opera como um código normativo. Portanto, a perspectiva da anarquia relacional propõe uma revisão crítica de todos os elementos que compõem esse modelo, questionando sua naturalização e evitando que sejam automaticamente aceitos como a única forma legítima de interação, livre de expectativas, direitos e obrigações pré-determinadas.

Os desejos, decisões e condutas individuais não são contestados. O foco não está na comparação com as normas predominantes, nem em determinar sua semelhança, coincidência ou contrariedade com estas normas, desde que não perpetuem violência ou opressão. O que se questiona é o apelo ao "senso comum", à ideia de que algo é "normal" ou ao argumento de que "todos fazem/esperam isso".

Em vez disso, o que "se faz/espera" é o que cada pessoa envolvida em um relacionamento valoriza explicitamente, considerando tanto as partes já presentes quanto as que podem chegar depois, e levando em conta seus próprios julgamentos críticos em igual medida. É importante ter em mente que isso é muito complicado porque os comportamentos automáticos, as reações inconscientes e os pensamentos involuntários sempre coincidirão com a construção cultural predominante e, portanto, levarão a dinâmicas e práticas normativas de forma não refletida. Somente com convicções firmes e motivação suficiente para permanecer vigilante, é possível evitar esse padrão.

Se as experiências vivenciadas diretamente ou indiretamente me convenceram de que tais dinâmicas e suas consequências não são satisfatórias para mim, é provável que esse alerta se integre ao meu comportamento, substituindo os automatismos culturais. Não é fácil, mas também não é impossível. Este é, em grande medida, o meu caso pessoal e o de muitas outras pessoas que habitam configurações diversas em termos de relacionamentos (sejam individuais, em casal, ou em rede), laços de convivência (incluindo comunhão de bens, hipotecas, criação de filhos, etc.), grau de envolvimento, identidades, orientações sexuais e afetivas, experiência dentro e fora das normas sociais, níveis de conforto ou desconforto, consistência de convicções e até mesmo combinações variadas de relacionamentos mais ou menos normativos dentro das mesmas redes.

Eixo da rotulagem normativa ou da segurança

Se consegui transmitir a ideia de que não é estritamente a configuração relacional, em termos quantitativos, que determina se estamos vivendo de forma mais ou menos normativa ou autogerida, será mais fácil explicar por que entendo que a anarquia relacional desafia certos rótulos usados para buscar uma sensação de proteção e segurança ilusória. A maioria dos modelos relacionais se baseia numa visão binária de "temos um vínculo x ou não temos". Se o temos, agimos de uma maneira; se não, de outra. Nos modelos como a monogamia em série, o amor livre, o poliamor, as poligamias tradicionais, os casais *swingers*, abertos, ou em várias outras configurações, existem diversas possibilidades que variam em termos de solidariedade, consideração, nuances morais, tons de cinza, graus de rebeldia, implicações éticas, obrigações, liberdades, narrativas individualistas fictícias ou utopias identitárias. No entanto, em poucos paradigmas se questiona a ideia de que as relações devem seguir estados e transições rigidamente definidos. E é exatamente nesse ponto que vejo a gestão das transições como um elemento-chave nas práticas relacionais. No entanto, antes de adentrar nesse assunto, quero reiterar a análise que já esbocei em capítulos anteriores de como se chega ao questionamento do binarismo do vínculo a partir dos princípios anarquistas de autogestão coletiva e não coerção.

Em primeiro lugar, a dicotomia "somos um casal" / "não somos um casal", ou qualquer outra, com diferentes termos, que nos força a decidir se estamos ou não sujeitos a uma categorização relacional, serve como uma poderosa ferramenta de identificação com um conjunto específico de pensamentos, práticas, expectativas e dinâmicas de desenvolvimento. Mesmo quando tento expressar isso de forma concisa, o efeito performativo persiste, colocando-me em um dos dois extremos dessa dualidade e transformando a ferramenta comunicativa em um quadro de referência, uma baliza que define limites. Assim, mesmo que tenhamos nos esforçado para definir nossos desejos sem nos prender a estereótipos, sem nos importar com as expectativas alheias em relação à nossa relação, sem ceder aos rituais sociais atribuídos a nós... ainda assim, a volumosa bagagem marcada com esse rótulo acaba pesando sobre nós, afetando-nos gradualmente.

Essa bagagem gradualmente mina nosso esforço de autogestão. Embora não chegue a dominar, uma vez que mantemos nossas convicções subversivas, ela ainda inspira, influencia e aponta o caminho quando algo não está claramente estabelecido ou acordado de antemão. A norma acaba se infiltrando, ocupando espaços e encontrando maneiras de se inserir em nossa teia de práticas de resistência. O título que damos ao nosso vínculo pode, inadvertidamente, servir como uma brecha pela qual o padrão cultural (ou um modelo alternativo) aproveita para exercer sua influência sobre nossa realidade.

Mas será que isso é realmente tão importante? Tão sério? Deveríamos evitar a todo custo? Como isso pode afetar meu cotidiano, meu bem-estar e o daqueles ao meu redor? São perguntas extremamente pertinentes. Certamente, não creio que a importância de delimitar e nomear os tipos de relacionamento derive de princípios que proíbam tal prática ou de uma atitude infantil de identidade do tipo "sou anarquista relacional e não rotulo os vínculos". Essa não é, de forma alguma, a mensagem que desejo transmitir aqui. Contudo, a relevância dessa ideia reside em sua utilidade como ferramenta e como um sinal de alerta. Se estou ciente de que os rótulos possuem essa dupla natureza, que a maioria das ferramentas exige atenção especial ao ser utilizada para evitar causar danos a mim mesmo ou a outros, então serei capaz de reconhecer esses perigos e evitá-los conforme julgar apropriado em cada momento. Talvez hoje eu opte por utilizar uma serra mecânica, porque desta vez é necessário e o risco vale a pena, mesmo ciente de que posso me ferir se não estiver atento.

No que diz respeito ao desafio da gestão das transições, como mencionado, este decorre da existência de demarcações e fronteiras entre os territórios relacionais, o que implica na necessidade de atravessá-los e acarreta uma série de consequências. Por um lado, proporciona uma sensação de segurança e controle. É comum ouvir expressões como "preciso ter clareza sobre onde estamos" ou "decida se somos ou não somos". Nomear é frequentemente associado a comprometimento. Assim como exibir um título de propriedade nos concede certos direitos, enunciar o que somos evoca uma sensação similar. Obviamente, não oferece segurança real, e a confiança vinda de uma certificação cultural não garante confiabilidade, compromisso ou cumprimento. Contudo, é assim que percebemos: como um refúgio. Da mesma forma que aqueles que podem se dar ao luxo compram produtos de marcas conhecidas, porque oferecem uma sensação de tranquilidade baseada na ideia de reputação, o prestígio dos distintivos hegemônicos nos parece persuasivo e convincente.

Por outro lado, refugiar-se em uma categoria claramente definida e embalada com um selo de legitimidade e compromisso tem um efeito que observo constantemente ao meu redor, e que é potencialmente prejudicial: o enfrentamento emocional da perda ao mudar de uma posição de maior status para uma de menor na hierarquia relacional. Essa possibilidade gera um contínuo sentimento de medo e, consequentemente, de dependência. Quando essa transição se torna realidade, pode desencadear um período de luto, frustração, tristeza e várias outras sensações dolorosas.

As mudanças são inevitáveis, mas quanto mais definidas e identitárias são as marcas dos estados pelos quais transito, mais dramáticas as consequências me parecem. Quando cada situação está rigidamente quantificada e associada a práticas específicas, muitas vezes cotidianas, tenho que decidir se estou ou não em determinado estado para determinar minhas ações. Essa necessidade de clareza, na verdade, cria desorientação, pois confunde sentimentos e práticas, apegos e condutas, afeto, solidariedade, apoio, paixão, convivência, lealdade, desejos... A obrigação de aderir a um pacote completo ou desvincular-se dele e abraçar outro é provavelmente incompatível com uma atitude serena em relação às outras pessoas e com uma análise introspectiva lúcida e libertadora. Pelo menos essa é a minha experiência e o que percebo em inúmeros relatos que ouvi, repletos de perplexidade e sentimentos de frustração por não saberem como enquadrar emoções e sensações em uma realidade rígida e inflexível. A pergunta é: e se não precisarmos enquadrar nada? E se nos concentrarmos nas pessoas em vez das categorias? Discutiremos mais sobre isso.

Eixo do número de relações ou da exclusividade

A maioria das propostas relacionais que surgem neste ponto, dedicado precisamente a comparar a anarquia relacional com outros modelos, se enquadram no que geralmente é chamado de "não-monogamias éticas". Esta é uma formulação sintática cuja primeira parte é "não", o que a torna uma noção marcada pela alteridade em relação a outro elemento: o dispositivo hegemônico, ou seja, a monogamia.

A construção de sentido hegemônico que prevalece em cada região do mundo é de fato um autêntico dispositivo social que evoluiu para se consolidar e perdurar ao longo dos séculos, adaptando-se às mudanças provocadas pelo progresso intelectual e geopolítico, bem como pelos avanços tecnológicos. É o conjunto desses sistemas de crenças e comportamentos que as chamadas "não-monogamias" pretendem confrontar, nomeando-se em oposição ao que chamam de sistema monogâmico. Isso se deve ao fato de que, na maioria das normas culturais, a proibição de manter várias relações sexuais e afetivas ao mesmo tempo é imposta de forma estrita.[104]

No entanto, o sistema hegemônico de relações é muito mais complexo e abrangente do que a palavra monogamia sugere. Portanto, reitero que limitar-se apenas a essa característica relacional é insuficiente e não conduz a uma mudança essencial nos vínculos, nem contribui para transformar nossas interações sociais e políticas.

Certamente, a imposição da exclusividade sexual e afetiva representa um vetor de coerção. Se não fosse assim, se fosse um traço natural da espécie, como já mencionei, não exigiria punições, vigilância e ameaças de castigos ou infernos, da mesma forma que não precisamos de "costumes potenciais" como não comer pedras ou não dormir pendurado pelos pés, porque simplesmente não ocorrem (embora os exemplos sejam extravagantes). E, é claro, como padrão coercitivo, entra em conflito direto com os princípios da anarquia relacional. No entanto, também entram em choque, entre outros elementos discutidos neste ponto como eixos de comparação: a rotulagem normativa, os limites afetivos e sexuais externos, as identidades como mecanismos de controle, a ausência de compromissos, responsabilidades e consideração, assim como as normatividades associadas à comunicação e transparência. Portanto, a anarquia relacional pode ser considerada tanto uma "não-monogamia ética" quanto uma "ética não-rotulante", "ética

---

[104] Existem tradições como o culto mórmon, algumas interpretações do Corão e outras culturas que não compartilham dessa proibição generalizada. Às vezes, cedemos à tentação etnocêntrica (enquadrada em eixos de opressão como o racismo e a xenofobia) de dar destaque a essas exceções para ressaltar que o nosso é diferente: *moderno, laico e contestatório*, e não como o deles: *tradicional, machista e atrasado*, quando todos os sistemas hegemônicos, incluindo "o nosso", acumulam e exibem uma grande quantidade de traços de dominação e violência. Por exemplo, o trabalho de Kim Tallbear sobre *settler sexualities*, que citei no primeiro capítulo, ilustra as violências da colonização cultural sobre as formas de relacionamento não monogâmicas dos povos nativos americanos: K. Tallbear, "Making Love and Relations Beyond Settler Sex and Family" em A.E. Clarke e D. Haraway, Making Kin Not Population, Prickly Paradigm Press, Chicago, 2018.

não-limitante", "ética não-identificante", "ética não-exonerante" ou "ética não-normativa".

Em resumo, entendo que a anarquia relacional não se enquadra na categoria das "não-monogamias" nem pode ser abrangida pelo termo guarda-chuva "poliamor". Isso porque seu foco não está apenas em questionar a exclusividade afetiva e sexual, mas sim em contestar todo o conjunto de atributos autoritários, normativos, individualistas e coercitivos da cultura dominante em relação aos relacionamentos. Ao longo desses anos de prática e ativismo, minha percepção é que a forma dessas expressões e sua referência ao número (tanto "não-mono" quanto "poli" explicitam pluralidade) não é irrelevante, pois condiciona muitas pessoas interessadas em novos formatos relacionais uma direção específica: mudar com quantas pessoas me relaciono ("sou poli"), não como me relaciono.

Eixo do amor e da afetividade

Uma das lutas das propostas alternativas ao sistema de relacionamentos é desmistificar o amor romântico. No entanto, às vezes, o próprio conceito de afetividade é apresentado como bode expiatório. Isso implica que por trás dos dogmas culturalmente estabelecidos, existem eixos de poder e privilégio, interesses em manter estruturas sociais convenientes e um status quo injusto. A culpa é frequentemente atribuída ao amor, talvez por ser mais acessível, enquanto o verdadeiro poder, muitas vezes distante e mais intimidante, é menos questionado. É importante revisar essas crenças axiomáticas que, conforme a definição de mito, representam suposições imaginárias que distorcem as verdadeiras qualidades de algo, atribuindo-lhe mais valor do que realmente têm.

De acordo com as pesquisadoras Tomasa Luengo e Carmen Rodríguez,[105] estas crenças são:

---

[105] T. Luengo Rodríguez y C. Rodríguez Sumaza, "El mito de la fusión romántica: sus efectos en el vínculo de la pareja", *Anuario de Sexología*, 2010.

1. A pessoa amada é a única escolha possível, aquela que nos é predestinada (mito da alma gêmea).
2. O relacionamento heterossexual é natural e universal, e desviar-se dessa norma será necessariamente problemático (mito do casal heterossexual).
3. É impossível amar verdadeiramente duas pessoas ao mesmo tempo (mito da exclusividade).
4. Os desejos devem ser exclusivamente satisfeitos com o próprio parceiro (mito da fidelidade).
5. O ciúme é um sinal de amor, e até mesmo um requisito indispensável para um amor verdadeiro (mito dos ciúmes).
6. Se uma pessoa deixa de estar apaixonada, é porque já não ama seu parceiro (mito da equivalência entre amor e paixão).
7. Se houver amor verdadeiro, isso é suficiente para resolver qualquer problema já que "o amor tudo pode" (mito da onipotência).
8. Os sentimentos amorosos são íntimos e não são influenciados por fatores sociais, biológicos e culturais (mito do livre-arbítrio).
9. O amor romântico-passional deve ser a base da convivência e levar à união estável do casal (mito do casamento).
10. O amor romântico-passional pode e deve perdurar após anos de convivência (mito da paixão eterna).

Outras ideias mencionadas na mesma linha incluem a crença de que o amor autêntico é caracterizado por irracionalidade e sentimentos descontrolados; a ideia de que, se nos amamos, devemos passar todo o tempo juntos; a noção de que o amor requer renúncia à intimidade e proíbe segredos; a concepção de que o amor perdoa tudo e a ausência de perdão indica ausência de amor; a associação do sofrimento como parte inevitável dos relacionamentos amorosos e apaixonados; a expectativa de que a outra pessoa mudará; a ideia de que as duas pessoas devem se fundir em uma só, perdendo suas identidades individuais; a percepção de que discussões entre casais são normais e saudáveis; a crença de que os opostos se atraem; a ilusão de que a felicidade é proporcionada exclusivamente pela outra pessoa; e a noção de que o amor é incondicional, exigindo total entrega sem esperar reciprocidade.

Isso se manifesta, de forma estereotipada, nos relacionamentos de casais heterossexuais com objetivos reprodutivos, uma construção que sustenta uma estrutura de dominação e privilégios, buscando perpetuar uma ordem social controlada e facilmente governável. Portanto, é um esquema que merece ser questionado sob a lógica libertária. No entanto, como mencionado, não é o amor, a afetividade ou o vínculo que devem ser questionados, mas sim o dispositivo de mitificação que os idealiza e os transforma em mecanismos dolorosos e servis.

Algumas abordagens direcionam suas críticas ao afeto em si e não em sua idealização, ou estabelecem a expressão do afeto como um tabu nas relações. Essas abordagens podem ser vistas como uma intelectualização, enriquecida com terminologia vanguardista, do clássico individualismo emocional ou afetivo. Esse fenômeno é analisado por diversas autoras, como Brigitte Vasallo, Renata Grossi, David West, Begonya Enguix e Jordi Roca.[106] A obra de Mari Luz Esteban,[107] previamente mencionada, focaliza o amor a partir de uma perspectiva crítica, contribuindo com um trabalho teórico e etnográfico abrangente, embasado em uma vasta gama de referências e uma sólida metodologia. Suas conclusões, na verdade, ecoam muitas das implicações dos princípios explorados pela anarquia relacional e, em minha opinião, estão em total consonância com ela:

---

[106] B. Vasallo, "Romper la monogamia como apuesta política", *Pikara Magazine*, 2013. R. Grossi, D. West, *The Radicalism of Romantic Love. Critical Perspectives*, Routledge, Londres, 2017. B. Enguix, J. Roca, *Rethinking Romantic Love: Discussions, Imaginaries and Practices*, Cambridge Scholars Publishing, Cambridge, 2015.

[107] M.L. Esteban, Crítica del pensamiento amoroso, op. cit.

"Qualquer iniciativa voltada para a melhoria das características e das condições dos diversos espaços e contextos onde estabelecemos nossas relações comunitárias (sejam elas domésticas, de vizinhança, de trabalho, de lazer...), qualquer projeto que vise garantir necessidades e direitos básicos, ou qualquer ação que busque promover o respeito, o compromisso mútuo e a autonomia terá um impacto positivo nos laços e nas trocas interpessoais. Irá reinventá-los, mesmo que esses espaços e tempos sejam limitados - ou talvez ainda melhor se o forem. As pessoas envolvidas neste estudo reforçaram em mim a convicção de que refletir e implementar limites nas relações humanas é sempre benéfico.

Nessas redes de conexões baseadas em reconhecimento, reciprocidade e redistribuição, é natural que existam sentimentos amorosos e afetos. Além disso, há compromissos variados, que podem ser mais ou menos duradouros, podendo ou não transcender a reciprocidade estrita. Situações como a criação dos filhos podem exigir mais dessas uniões do que outras, mesmo que sejam seguras, e os compromissos envolvidos, em todos os casos, devem ser vistos como temporários.

Mas os afetos, incluindo o amor, são apenas um dos elementos das relações humanas. Eles se juntam a outros componentes igualmente básicos e fundamentais, como o respeito mútuo, a justiça, a solidariedade, a autonomia e a liberdade".

Eixo da intimidade física

Socialmente, os vínculos são muitas vezes valorizados de maneira mais significativa — considerados mais profundos, sérios ou sagrados, dependendo da perspectiva — quando incluem intimidade sexual além da conexão afetiva. Esse fenômeno é conhecido como alosexismo. É comum ouvir relatos de pessoas que estão explorando diferentes formas de relacionamento, descrevendo como, após compartilharem o quanto se sentem bem com alguém, quantas experiências compartilham e o quanto apreciam a companhia dessa pessoa, frequentemente se deparam com a mesma pergunta ou curiosidade: "Mas vocês transam?" Nem sempre essa pergunta surge por malícia ou intromissão, mas sim por um genuíno desejo de compreender até que ponto o relacionamento progrediu, se tornou significativo ou se permanece "apenas" uma amizade.

A anarquia relacional, fundamentada nas diversas reflexões que venho desenvolvendo, desafiaria o alosexismo como um eixo normativo e defenderia a autogestão da sexualidade compartilhada, sem imposição de expectativas ou diretrizes prévias. Nesse contexto, uma relação que envolvesse proximidade física de qualquer tipo seria equiparada em valor àquela em que essa proximidade não estivesse presente. No entanto, não seria vista como um estágio inicial, intermediário, ou como um elemento a ser problematizado, tampouco como um prelúdio para o fim do vínculo, mas sim como uma possibilidade intrínseca, tão legítima quanto qualquer outra, em qualquer momento e com qualquer duração.

A imposição de expectativas como erotismo, sensualidade e contato corporal, seja genital ou não, contribui para uma cultura normativa violenta. Ao discutir como as pessoas assexuais interpretam a anarquia relacional, destaquei a importância de permitir que aqueles que não sentem desejo sexual, ou que experimentam uma erotização fora do padrão, possam construir vínculos tão profundos e apaixonados, com a mesma ternura, dedicação e amor que qualquer outra pessoa. Abandonar a hegemonia da alosexualidade significaria libertar nossas relações da violência inerente a essas expectativas, assim como da desvalorização social das conexões que não se encaixam nos moldes da reprodução. Enquanto as uniões homossexuais estão ganhando aceitação, elas ainda são vistas como menos valiosas do que as heterossexuais. Da mesma forma, as uniões assexuais são frequentemente reduzidas a meras amizades, refletindo a falta de reconhecimento social de sua profundidade e importância.

Em outras abordagens, como o poliamor ou as não-monogamias éticas, o foco reside especificamente na não exclusividade das relações íntimas, amorosas ou sexuais, sejam elas românticas ou de casal. Por exemplo, nos artigos da Wikipedia sobre poliamor, em diversas línguas, são mencionadas diferentes nuances: em asturiano, catalão, inglês, italiano ou português, faz-se referência à "intimidade"; em espanhol e basco, fala-se de relações "amorosas ou sexuais"; em alemão, apenas "amorosas"; em francês, "românticas"; e em galego, de relações "análogas às de casal".

A questão é centrada na "não exclusividade" pois esses são os tipos de vínculos que desafiam a demanda da ordem hegemônica por exclusividade afetivo-sexual. Especificamente, eles incluem o sexo (a intimidade) como um elemento significativo. Não é incomum na narrativa convencional expressar amor por alguém além do parceiro, pois esse sentimento pode se misturar e se espalhar no tecido social da amizade ou do parentesco familiar sem grandes problemas. No entanto, é diferente afirmar que se desfruta do sexo com alguém que não é seu cônjuge.

Portanto, há um inevitável viés alossexista na discussão da monogamia, evidenciado pelos termos "não-mono" e "poli". Este viés reflete uma autoridade normativa que deve ser contestada pela formulação teórica da anarquia relacional, em consonância com os princípios que a embasam. Vejo a aplicação da normatividade hegemônica em situações como a expectativa ou pressão por sexo (ou sua ausência), bem como a valorização ou desvalorização automática dos relacionamentos. Por outro lado, quando não há um padrão de comportamento esperado, prefiro falar em autogestão. Independentemente disso, todas as formas de gestão devem ocorrer com consideração e respeito, levando em conta todas as pessoas envolvidas.

Eixo da comunicação e da transparência

As "não-monogamias éticas" são assim denominadas devido porque rejeitam comportamentos que envolvem mentira e fingimento, sendo também conhecidas como "não-monogamias consentidas". A prevalência de comportamentos enganosos no sistema monogâmico hegemônico — que suscitam uma objeção moral tão universal — destaca a dicotomia entre hipocrisia e sinceridade como consequência lógica e parte importante do sistema. Embora a honestidade e a verdade sejam preferíveis ao engano e à mentira em nossa cultura (pelo menos a partir de uma análise da ética deontológica ou da virtude), é importante reconhecer que, em contextos marcados por desigualdades de poder, privilégio e controle, o exercício da sinceridade, assim como o da liberdade, pode nem sempre resultar em consequências justas[108] quando jogado em um campo com fortes gradientes de privilégio, poder, capacidades e controle.

O ditado popular afirma que "quem avisa não é traidor", porém, quem adverte pode agir de maneira egoísta, irresponsável, autoritária, desrespeitosa e até mesmo abusiva e cruel. Nas interações comunicativas dentro das relações interpessoais, existem diversas nuances que frequentemente resultam em comportamentos abusivos, violentos, falta de consideração e transferência de responsabilidades. Em relacionamentos em que uma das partes enfrenta uma dependência intensa ou assimetria, seja ela econômica, emocional ou de outra natureza (por exemplo, uma mulher migrante, racializada, desempregada, sem rede de apoio e afetos, e com histórico de abuso), a proposta de sinceridade e consenso pode parecer ideal em termos discursivos, mas pode ocultar uma realidade menos inocente. Uma dinâmica de poder que gradualmente favorece os interesses de uma das partes em detrimento da outra pode resultar em acordos distantes do equilíbrio e justiça desejados, deixando as pessoas menos assertivas em uma situação desconfortável e injusta.

Em última análise, uma relação fundamentada na mentira e na imposição é claramente inaceitável, porém, uma dinâmica marcada pela sinceridade e consenso (com um selo de qualidade e denominação de origem) nem sempre será benéfica para todas as

---

[108] Neste caso, aplico uma abordagem ética teleológica ou consequencialista, reconhecendo que, apesar de superar os vieses essencialistas de outras perspectivas, ainda é um modelo de análise normativa, pois estuda as condutas morais para estabelecer sua validade com base em seus resultados ou consequências.

partes envolvidas. É importante manter uma atenção constante às situações de desigualdade ou assimetria, a fim de evitar processos de coerção invisíveis e manter os laços dentro de um quadro não autoritário. Por outro lado, vale a pena examinar o raciocínio inverso também, sob a perspectiva da anarquia relacional. Refiro-me especificamente à ideia de que a sinceridade por si só não é suficiente para garantir uma relação justa; é necessário questionar se a total transparência é sempre necessária ou conveniente. Nas abordagens não monogâmicas predominantes nos círculos de ativismo, a máxima transparência é quase considerada um axioma inquestionável. No entanto, as questões subjacentes permanecem: a expectativa normativa de abrir mão da privacidade pessoal se alinha com um modelo de autogestão relacional? E essa exigência pode potencialmente gerar dinâmicas de autoridade ou poder?

A primeira pergunta é respondida de forma direta: a inclusão do imperativo de divulgação ou publicidade dos atos pessoais (ou até mesmo dos pensamentos) nos princípios básicos do anarquismo não se alinha com uma abordagem de autogestão coletiva, mas sim com uma abordagem normativa. Portanto, os limites da privacidade devem ser discutidos e estabelecidos explicitamente, uma vez que, no pensamento anarquista, a associação não é vista como uma extensão do indivíduo e não anula sua soberania. Quanto à segunda pergunta, mais uma vez, a influência do contexto, seus eixos de poder e suas assimetrias é evidente: um acordo que promove maior transparência geralmente beneficia aqueles em posição dominante, que têm maior segurança e percebem menos sensação de dependência. Para aqueles com menor segurança e confiança, comunicar exigirá mais esforço, implicará um maior grau de autocensura (optando por não realizar certas ações se forem obrigados a revelá-las) e acarretará mais medo das possíveis consequências futuras (como reprovações, retaliações, abandono, entre outras).

Portanto, ao explorar a integração de um esquema comunicativo dentro do contexto da anarquia relacional, é fundamental distinguir diferentes níveis de visibilidade e considerar as possíveis consequências do equilíbrio entre privacidade e exposição, dependendo de como ele é aplicado. No extremo mais normativo, encontramos a transparência total: uma relação (seja monogâmica ou não) só seria considerada de qualidade se houvesse uma renúncia significativa à individualidade, não como um compromisso de apoio e cuidado mútuo, mas sim como fusão de identidades. Isso implica uma transição do "dois" para o "um" (no caso de relações não monogâmicas, com cada parceiro), compartilhando até mesmo os pensamentos mais íntimos com a pessoa ou pessoas amadas.

No extremo oposto, encontramos a opacidade absoluta, que, curiosamente, também é profundamente normativa, pois implica na necessidade de aderir a todos os mandatos culturais: se não há comunicação, presume-se que estamos agindo conforme o esperado. Qualquer desvio seria interpretado como um erro.

No meio entre a normatividade do completamente explícito e a do rigorosamente tácito, é necessário encontrar um espaço onde possamos compartilhar e cuidar uns dos outros sem perder nossa autonomia ou nos anularmos em um vínculo idealizado. Organizações de defesa dos direitos civis frequentemente destacam a perda de privacidade causada pela revolução das tecnologias de informação e comunicação, propondo leis para limitar e regular o uso de dados pessoais. Elas também questionam os atores globais da cena tecnológica e alertam sobre os perigos de perder o controle de nossas informações privadas mais essenciais. No entanto, talvez caindo nas armadilhas dos mitos do amor romântico, tendemos a acreditar que a transparência nas relações nunca representará um perigo.

Por outro lado, é claro que em qualquer relação ou rede de relações, precisamos saber em que estamos nos envolvendo. Isso implica que há uma série de elementos que devemos compartilhar, especialmente — mais uma vez — se não queremos que as normas culturais dominantes sejam presumidas como garantidas. Uma dinâmica de autogestão coletiva — que, neste caso, começa e inclui o número dois, ou de alguma forma, o número um quando projetada para a potencialidade de uma rede — requer que as diretrizes sejam definidas em conjunto, ou pelo menos revisadas, e que tudo aquilo que possa ter consequências para as pessoas envolvidas ou afetadas por ela seja compartilhado. Esse é o limite mínimo. Determinar o nível ideal é muito mais desafiador. Talvez práticas equilibradas possam ser baseadas na confiança de que outras pessoas me informarão sobre o que é importante, o que realmente nos afeta profundamente, e, portanto, não há necessidade de saber qualquer outra coisa. No capítulo dedicado às chaves relacionais, explorarei propostas, ideias e sensações sobre como o desejo de compartilhar se desenvolve organicamente quando não há uma obrigação explícita. Gradualmente, contar se torna uma experiência recebida não com julgamentos, recriminações e raiva, mas sim com apoio, alegria e cumplicidade.[109]

Eixo da identidade

Em 2006, Andie Nordgren, a figura mais conhecida do coletivo anarquista sueco que deu origem ao conceito de anarquia relacional, mantinha um blog chamado Dr. Andie. Traduzo livremente (não poderia ser de outra forma) a seguir uma das primeiras postagens:

> "Há um novo movimento crescendo no país. Eles se chamam de "poli", com ou sem diferentes terminações, como "-gamos" e "-amorosos". É um pouco como uma identidade e é debatido em listas de discussão e fóruns como as pessoas escolhem viver de acordo com ela. Alguns o percebem como uma "orientação" que descobriram como alternativa à vida em casal. Outros o encaram como uma abordagem ideológica baseada em diferentes considerações sobre, por exemplo, a monogamia como estrutura de sustentação do patriarcado. Alguns são fiéis dentro de suas redes poliamorosas, outros têm relacionamentos primários e secundários onde estruturam cônjuges, namorados e namoradas.

---

[109] Na literatura sobre não-monogamia, é comum encontrar o termo *compersão*, utilizado para descrever a alegria e satisfação experimentadas ao ver alguém amado feliz devido à sua relação com outra pessoa.

Para mim, esse foco é muito centrado no número de pessoas com quem se relacionam e na forma de organizá-las.

Estou interessada em seguir essas discussões porque envolvem questionar o mesmo tipo de normas que eu quero desmantelar. A forma como vivo também poderia ser chamada de poliamorosa, mas não considero um nome adequado. Por quê? Além do motivo recorrente de que "sou mais complexa do que um rótulo", porque o conceito de "poli" não se alinha com minha maneira de me relacionar. O poliamor se concentra em ter vários amores e esse aspecto é aquele sobre o qual a identidade poliamorosa é definida. As discussões poliamorosas se concentram nessa questão específica. A definição mais comum de poliamorosa é de uma pessoa que pode amar várias outras ao mesmo tempo, o que implicitamente significa que "amor" é usado no sentido de "amor como em um relacionamento romântico", porque ninguém questiona se você pode amar múltiplos amigos, pais, filhos ao mesmo tempo. "Sou poli" é igual a "Quero ter múltiplos parceiros".

No entanto, mesmo aceitando uma distinção entre relacionamentos românticos e outros relacionamentos, parece estranho construir uma identidade com base no fato de que posso desfrutar de muitos deles. É óbvio, é claro que posso! Com a anarquia relacional, por outro lado, tenho tentado definir uma abordagem onde o objetivo de todos os meus relacionamentos é criar uma comunidade baseada no voluntariado, afeto, comunicação e ausência de obrigação. Não quero que ninguém faça algo que não queira fazer ou deixe de fazer algo que queira fazer por causa de minhas demandas explícitas ou implícitas. Quero que o relacionamento se limite à vontade que temos de interagir um com o outro. Não quero fazer nenhuma demanda, e não quero estar sujeita a demandas. Acredito que esta é a única forma de ter relacionamentos significativos com outra pessoa quando ambos são seres humanos com uma liberdade de ação semelhante (por exemplo, a relação de um pai ou uma mãe com um filho ou uma filha é uma exceção. Uma criança tem pouca liberdade de ação em relação aos seus pais e, portanto, deve poder exigir certas coisas).

A partir dessa perspectiva, não posso exigir que outra pessoa se abstenha de amor, carinho, proximidade e intimidade com outras pessoas. Isso leva a relacionamentos que podem ser chamados de poliamorosos, mas a diferença é que o ponto de partida não é o desejo de ter múltiplos parceiros, mas sim o desejo de ter relacionamentos sem demandas e com comunicação. A definição "Poli" propõe relacionamentos que desafiam as normas sociais e é uma identidade que pode ser usada para disseminar essas ideias, mas encontro uma grande diferença com o que penso, e isso justifica por que muitas vezes as normas do poli-rótulo me parecem tão inadequadas.

A anarquia relacional não se concentra na multiplicação de relacionamentos. Ela se concentra em novas formas de se relacionar e se comunicar, não na quantidade de parceiros. "Poli" é apenas um efeito colateral!"

Há 20 anos, A. Nordgren observou uma identidade emergente na sociedade sueca (e presumivelmente em outros países semelhantes): a identidade "poli". Essa identidade serviu e continua a servir como um guarda-chuva abrangente para diversas formas de desafiar o sistema normativo predominante em relação aos relacionamentos. No entanto, a anarquia relacional não se encaixava bem nesse contexto, e ainda não parece se encaixar. Apesar disso, os coletivos que organizam palestras, eventos e discutem livros geralmente incluem pessoas interessadas em qualquer forma alternativa de relacionamento, o que promove uma interação intensa entre elas. A ativista estadunidense R. Foxtale, em seu blog "Mutação Emocional"[110] em 2015, descreveu essa experiência vivida em uma reunião de um coletivo poliamoroso:

"...O cara poliamoroso mais velho estava meio que balançando a cabeça de um jeito condescendente para isso, quando eu intervi e acrescentei que 'Anarquia Relacional' é na verdade um arcabouço que foi originalmente desenvolvido por anarquistas,

---

[110] "Relationship Anarchy is Not Post-Polyamory", em unquietpirate.wordpress.com.

> não por poliamoristas, e que seu foco principal é, em última instância, não fazer acordos de relacionamento, por exemplo, não estabelecer regras e expectativas explícitas para nenhum dos relacionamentos interpessoais em sua vida. Com isso, o cara mais velho do poliamor começou a parecer realmente desconfortável, o jovem poli *queer* ficou realmente animado, o namorado do poli *queer*, até então quieto, gritou: 'Nossa, isso parece realmente assustador!' e o poli queer se virou para confortá-lo com 'Sim... sim, isso realmente não parece algo para o qual eu estaria, hum, pronto ainda.'"

De fato, parece que muitas pessoas que estão explorando o poliamor o encaram como um processo identitário e, por vezes, percebem a anarquia relacional como um avanço nesse caminho. Assim como não faz sentido que eu defina itinerários de vida aqui, tampouco me cabe vetá-los. É compreensível conceber uma jornada de vida fascinante e, ao mesmo tempo, desafiadora, como a de questionar o *status quo* em um espaço tão íntimo quanto o dos relacionamentos. Não há objeção em construir uma identidade coletiva como um espaço de acolhimento, referência e socialização. Esse desafio se apresenta como comum a muitas das propostas que estou analisando aqui. Além disso, um dos ingredientes mais eficazes para construir identidade é fazê-lo em contraposição a outra ou outras. Nesse sentido, a anarquia relacional parece confrontar de forma mais intensa e abrangente essa alteridade: a identidade dominante. Por isso, pode ser visto como um passo adicional, um objetivo mais audacioso.

Em minha opinião, essa impressão de maior radicalidade é apenas parcialmente precisa. É verdade que a anarquia relacional propõe um envolvimento político, revolucionário, de contestação e mudança social mais pronunciado. No entanto, por outro lado, ela também é caracterizada por uma certa transversalidade, mais representada do que em outras abordagens não monogâmicas, precisamente porque não confronta a monogamia como limitação ou prática, mas sim como um padrão ou ordem cultural único. Da mesma forma, o poliamor genuíno não contesta os comportamentos livremente escolhidos por cada indivíduo, mas sim tem como objetivo primordial superar a exclusividade afetivo-sexual, tornando-se assim sua característica identitária básica. Uma suposta identidade anarquista relacional teria como atributo essencial a autogestão dos vínculos e sua equiparação, em termos de privilégios, não de importância emocional, como uma alternativa à normatividade. No entanto, o número de vínculos que uma pessoa comum reconhece geralmente já é mais do que um. Quando não hierarquizamos alguns relacionamentos acima de outros, não há necessidade de permitir-nos ter vários: já os temos.

Eixo do compromisso

Em relação ao compromisso, a hipótese da anarquia relacional é que não é necessário (nem conveniente) recorrer à coerção ou pressão para sustentar os compromissos mais significativos que surgem no desenvolvimento dos relacionamentos quando estes são guiados por princípios de autogestão, solidariedade e horizontalidade. Se podemos conceber compromissos de vida em comum, criação, cuidado, afeto e responsabilidade entre pessoas que identificam seu relacionamento como amizade, essa concepção pode ser aplicada a qualquer outro relacionamento simplesmente reconfigurando a forma como estruturamos o sistema de vínculos.

É comum a tendência de dar mais valor aos compromissos adquiridos em vínculos afetivo-sexuais formais e reconhecidos, o que por vezes nos leva a considerar esses compromissos mais significativos do que aqueles obtidos em relacionamentos que não se enquadram nesse critério. Ou, às vezes, simplesmente não estabelecemos esses compromissos porque não há uma expectativa que nos direcione nesse sentido.

Segundo Andie Nordgren, a anarquia relacional não visa de forma alguma evitar o compromisso, mas sim sugere que é possível criar compromissos personalizados com as pessoas ao seu redor, levando em consideração as circunstâncias, afinidades e evolução dos acontecimentos. Por exemplo, podemos tentar construir redes de intimidade e compromisso com diversas expectativas: de intensidade, de sustentabilidade, de duração, de mudança ou até mesmo sem expectativas absolutas.

A princípio, as diversas formas de não-monogamia consensual abordam a noção de compromisso de maneira similar, embora limitadas às relações rotuladas como íntimas. A perspectiva anarquista relacional é mais ampla e horizontal, mas como resultado pode ser mais exigente nesse sentido, requerendo considerações sobre como construímos os vínculos ao assumir compromissos de longo prazo, a fim de evitar que a obrigação de cumpri-los possa impactar outras pessoas, resultando em estruturas de dominação e situações de privilégio.

Eixo do individualismo, a consideração e a responsabilidade

No documentário "A Teoria Sueca do Amor", que tem ganhado certa difusão e reconhecimento nos círculos intelectuais em toda a Europa nos últimos anos, o diretor italiano Erik Gandini critica — na minha opinião, com uma perspectiva patriarcal e normativa, disfarçada de contracultura e herdeira paradigmática do pensamento *new age* — uma suposta epidemia de solidão nas sociedades do norte da Europa. Ele se concentra especialmente na Suécia, o berço da anarquia relacional, argumentando que seu sistema de proteção social, redistribuição de riqueza e acesso universal à educação igualitária acabam por gerar solidão e infelicidade. Estabelecendo um contraponto notável, ele contrasta essa situação com a realidade da Etiópia, destacando o trabalho louvável de um cirurgião sueco que coopera nesse país, salvando vidas. Através de imagens que mostram essa atividade médica, o documentário enfatiza a fraternidade e as redes de apoio solidário que permitem a sobrevivência da população em um ambiente marcado pela violência, morte e miséria.

A conclusão, na linha do terrível argumento de que "os ricos também choram", é que "no sul estamos melhores". Parece que não se trata de uma questão de direitos, recursos para saúde, educação, dependência, precariedade, desigualdades, opressões como o machismo ou a homofobia. Não. Trata-se do fato de que lá vivem muito bem e, portanto, são — porque podem ser —- muito independentes. Curiosamente, não se critica explicitamente (pelo menos na tradução para o castelhano) o individualismo ou o egoísmo, mas sim a independência no sentido de autonomia funcional, um direito pelo qual se tem lutado décadas, algo que apenas alguns poucos estados em todo o mundo são capazes de facilitar em alguma medida para os jovens, idosos, com diversidade funcional na integração laboral, etc. Também se condena a solidão, ou melhor, a vida fora de uma família normativa (nas estatísticas citadas, não são analisadas outras formas de associação, redes de apoio, afeto ou confiança). Também é censurado que as mulheres não queiram ser mães ou queiram sê-lo independentemente de um homem, porque a família tradicional é fonte de felicidade e disso só sabemos neste maravilhoso sul onde, devo recorrer à ironia, a solidariedade igualitária e libertadora do clã familiar brilha tanto quanto o sol.

Partindo da hipótese de que a dependência é, inicialmente, uma situação a ser problematizada — pelo menos em termos de carência, não de interdependência inevitável — a lógica subjacente aos diversos modelos de não-monogamia ética é encontrar um equilíbrio entre atender às próprias necessidades, especialmente em relação à liberdade afetivo-sexual, e considerar as necessidades das outras pessoas envolvidas.

No nível mais normativo, nas relações abertas, essa consideração se traduz na manutenção dos elementos básicos do relacionamento monogâmico, com a adição da liberdade para estabelecer outras conexões que geralmente se limitam a um certo nível de compromisso — frequentemente restrito ao físico — e que devem ter o mínimo de impacto na estabilidade do relacionamento, muitas vezes seguindo a regra do "não pergunte, não conte". Nos relacionamentos poliamorosos em rede ou em grupo, essa dinâmica demanda uma comunicação intensa, ajustes constantes, gestão cuidadosa, paciência e generosidade. Tudo isso é guiado por um ou vários modelos desenvolvidos coletivamente, estabelecendo diretrizes para definir os relacionamentos e os comportamentos. Geralmente, dá-se preferência à norma dos relacionamentos amorosos, distinguindo quando um relacionamento inclui amor e quando não, priorizando os primeiros e até evitando usar a palavra "relacionamento" para descrever os últimos; essa terminologia é reservada para conexões afetivas ou mesmo apenas para aquelas de natureza afetivo-sexual (privilegiando o allosexismo).

Em "More Than Two",[111] um dos livros considerados referência no campo das não-monogamias éticas, a anarquia relacional é descrita como o extremo da autonomia pessoal em comparação com as formas de poliamor orientadas para a comunidade e a interconexão de relacionamentos. À primeira vista, pode ser surpreendente ver uma proposta como a anarquia relacional, fundamentada nos princípios da autogestão coletiva e da ajuda mútua, sendo apresentada como oposta à forma mais comunitária do guarda-chuva poliamoroso. No entanto, a categorização apresentada por Veaux e Rickert visa explicitamente analisar a agência pessoal e os processos de tomada de decisão. No caso da anarquia relacional, ao estabelecer novos relacionamentos, não se espera uma autorização explícita nem a gestão de possíveis conflitos por parte dos membros do coletivo. Da mesma forma que, tradicionalmente, ao conhecer alguém, não revisamos mentalmente como essa nova conexão de amizade afetará cada uma das pessoas com as quais já temos amizade, e muito menos nos reunimos com cada uma para gerenciá-la.

Isso não implica que a anarquia relacional restrinja a profundidade máxima das interações pessoais ao nível geralmente atribuído à amizade. Em vez disso, ela não associa a intensidade, compromisso ou entrega de uma relação a uma limitação da soberania pessoal. Também não implica que esse nível de intensidade diminua a confiança no cumprimento dos compromissos

---

[111]   F. Veaux, E Rickert, *More Than Two*, Thorntree Press, Tampa, 2018

coletivos, os quais são estabelecidos e respeitados de forma voluntária, horizontal e não autoritária. A dependência é limitada como uma cessão de agência e soberania, enquanto a solidariedade e o cuidado da interdependência voluntária entre as pessoas são mantidos a partir da própria premissa de organização coletiva.

Eixo da hierarquia e da autoridade

Alguns dos entendimentos mais difundidos da anarquia relacional a apresentam como uma resposta às hierarquias presentes no poliamor.[112] De fato, as hierarquias quase inevitavelmente existem em qualquer modelo, mas são difíceis de conciliar com uma visão ética dos relacionamentos. O fato de a anarquia relacional proceder de uma tradição de pensamento que rejeita a autoridade, a hierarquia e os privilégios, destaca esse aspecto antes de outros, como a comunicação, a transparência, o compromisso, a estabilidade, a conjunção de objetivos e interesses, ou a preservação do vínculo e seu desenvolvimento para alcançar as mais altas cotas de intensidade e união possíveis.

Não é que esses objetivos éticos entrem necessariamente em contradição; na verdade, todos provavelmente são desejáveis, mas as práticas que podem surgir muitas vezes variam dependendo do foco principal e das prioridades atribuídas inicialmente a cada um desses aspectos. Quando a aspiração fundamental é fazer com que várias relações funcionem de maneira saudável e satisfatória para todas as pessoas envolvidas, mas não há uma perspectiva crítica sobre o modelo de vínculo e sobre o fato de que ele herda muitos dos traços hierárquicos relacionais do esquema hegemônico, os esforços se concentram em definir estruturas de negociação, comunicação e empatia que permitam manter um relacionamento com abertura

---

[112] Esta postagem do blog The thinking aro ("Anarquia Relacional vs. Poliamor Não Hierárquico", em thethinkingasexual.wordpress.com) é muito citada nesse sentido, propondo a anarquia relacional como uma alternativa às primeiras críticas à normatividade do poliamor ("O problema com a polinormatividade", em sexgeek.wordpress.com, ou "Poliamor e Hierarquia" em tacit.livejournal.com).

sexual ou afetiva, ou gerenciar vários relacionamentos amorosos ao mesmo tempo.

Quando, por outro lado, a motivação se direciona para alterar minha abordagem nas relações, visando evitar coerção, objetificação, posse e hierarquias, as principais dificuldades residem em manter-me alerta diante de comportamentos controladores inadvertidos, resistir à tentação de impor limites à liberdade das outras pessoas (quando não afetam diretamente a minha) e substituir tais restrições por concessões.

Uma dificuldade adicional que ocorre tanto nos extremos deste eixo quanto em toda a escala de cinza que, como sempre, surge e é muito relevante, é conciliar esses objetivos com a gestão da rede de afetos que envolve a aspiração ao apoio mútuo e à gestão coletiva. Tanto o desejo de preservar relacionamentos sinceros e duradouros, por um lado, quanto o respeito absoluto pela horizontalidade podem complicar a tarefa de construir e manter uma rede de apoio, cuidado e bem-estar compartilhados: uma rede com vocação para continuidade, liberdade comum e consideração coletiva. Os sentimentos mais profundos são íntimos de cada indivíduo e frequentemente são frágeis. Quando muitas sensibilidades são colocadas em jogo em dinâmicas delicadas e complexas, a probabilidade de que nem todos fiquem satisfeitos e de que alguém sofra aumenta. No caso da anarquia relacional, o delicado equilíbrio entre o estabelecimento de princípios e a necessária adaptação à nossa natureza, enquanto pessoas limitadas e inseridas em um contexto cultural em que prevalecem a posse e o controle, requer consideração de uma série de critérios. Pelo menos é necessário evitar comportamentos preconceituosos que imponham restrições insustentáveis, tentativas de impor a horizontalidade sem levar em conta o investimento diferenciado (em termos de tempo ou esforço), confusão entre os níveis de importância, entusiasmo, dedicação ou idealização nas relações com hierarquias ou normatividades. Em última análise, evitar posturas inflexíveis que impeçam a adaptação dos princípios teóricos às diversas limitações e realidades individuais.

Eixo político

A anarquia relacional é uma postura política individual que influencia seu impacto coletivo por meio de redes de conexões. Embora não seja um campo de estudo incluído nos currículos das faculdades de ciências políticas, nem aborde questões de administração ou governo, tampouco proponha regimes de convivência social em larga escala ou esquemas de gestão do poder público, ainda é uma postura política. Sua origem enraizada no pensamento anarquista, no contexto em que é proposta e desenvolvida, no ativismo anarquista e em sua base ideológica que se apoia em princípios subversivos, de transcendência coletiva e transformação da realidade, não permite ser compreendida de outra forma.

O objetivo é substituir os princípios normativos centrados na estrutura de casal (um ou vários) por redes afetivas que operem com base nos princípios organizacionais da autogestão. Isso implica substituir a amatonormatividade — ou seja, a prevalência da ideia do "amor de casal" sobre outras formas de interação — por uma configuração mais horizontal dos vínculos. Nesse sentido, busca-se minimizar as práticas que envolvam autoridade e coerção em sua concepção mais ampla, visando erradicar as violências nas relações.

Os Estados, de forma geral, e os capitalistas patriarcais em particular — dado seu impacto mais direto sobre nós — constroem hegemonias culturais que tendem a promover vínculos estereotipados por diversas razões: quando se referem a grupos menores (como o casal), estes são mais suscetíveis às influências predominantes; quando são mais homogêneos (heterossexuais e normalizados), é mais fácil que se alinhem às necessidades do Estado e do mercado; quando são reprodutivos, alimentam a máquina que sustenta o sistema; e quando são amatonormativos, mantêm uma narrativa poderosa que separa o emocional do coletivo e restringe as possibilidades de auto-organização. Para um sistema que busca perpetuar-se, é altamente conveniente colocar a amizade e o companheirismo o mais distante possível das formas reconhecidas de organizar um projeto de vida, como concluiu Maialen Lizarralde em um artigo recente:[113]

> "Tudo o que o casal oferece pode ser alcançado através de muitos tipos de vínculos. É isso mesmo: não precisamos de um parceiro. O que precisamos são vínculos valiosos, seguros e recíprocos, relações de cuidado, empatia e reciprocidade. Pessoas especiais, se preferir. E essas podem ser amizades, amantes, familiares, vizinhos, colegas de trabalho, de aventuras (escute a Mari Luz Esteban).
>
> A fetichização desse "algo" que atribuímos ao casal não é nem universal, nem inata: é uma ficção cultural (bastante recente, por sinal), como tantas outras. E como qualquer instituição humana, tem sua função, suas vantagens e suas desvantagens, seus precursores e sua dissidência. É importante situá-la no profano e terreno para sermos capazes de dissecá-la e evoluir em direção a formas de organização que estamos tentando emergir.
>
> A nível social, é paradoxal o isolamento que gera algo que está pensado para unir. A sociedade é uma espécie de arquipélago de casais. Estes tendem a se isolar em sua república íntima e seus vínculos sociais se reduzem."

Obviously, one can have an interest in relating to others in a different way without political awareness, and even while rejecting that concept. But that can only have two interpretations: either the Claramente, é possível ter interesse em relacionamentos alternativos sem consciência política e até mesmo rejeitar esse conceito. No entanto, isso pode ser interpretado de duas maneiras: ou a indiferença e a oposição são apenas superficiais, resultado da apatia ou desilusão com questões públicas e coletivas, ou então está se lidando diretamente com a transição para outro modelo, aceitando e servindo ao sistema com suas injustiças e estruturas de autoritarismo e opressão, como o heteropatriarcado e a exploração

---

[113] "Soltera, no sola", em ctxt.es.

por parte daqueles com capital econômico, midiático, social, relacional, etc. Qualquer que seja o caso (e esta é uma avaliação subjetiva na qual estou firmemente convencido), tal modelo não merece ser chamado de anarquia relacional.

Um posicionamento que não adote uma postura claramente contrária ao machismo, ao privilégio econômico ou social, ao autoritarismo da família nuclear tradicional, à autoridade moral religiosa, à homofobia, à transfobia, à xenofobia, à aporofobia, ao racismo, à culpabilização da atividade sexual, apaixonada, amorosa em qualquer uma de suas formas consentidas, à soberania sobre o próprio corpo, aos direitos internacionalmente reconhecidos da pessoa e a outras formas de pensamento reacionário e imobilista, não pode, de forma alguma, ser identificado com a anarquia relacional. Como coloca The Thinking Aro de forma contundente:[114]

> "Então, não me diga que você tem o direito de rotular sua poliamoria ou seus encontros casuais como "anarquia relacional" enquanto conduz sua vida social com princípios antianarquistas e perpetua a mesma amatonormatividade que é pregada e defendida por todos os monogamistas casados. Não me diga que você é um "anarquista relacional" quando não se importa com amizade, comunidade ou resistência política, focando apenas em sexo e romance e na sua liberdade de ser não monogâmico. A anarquia de relacionamento não é uma desculpa para comportamentos irresponsáveis. E tampouco é sinônimo de poliamor não hierárquico."

Também é importante considerar o inverso da moeda: as práticas não normativas representam, especialmente em certos contextos e para indivíduos em grupos não privilegiados, um risco constante de exclusão e censura. Aqueles que enfrentam perigos com consequências sociais extremamente adversas precisam evitar conflitos e fazer o máximo possível para não serem percebidos como

---

[114] "Relationship Anarchy is Not About Sex or Polyamory", en thethinkingasexual.wordpress.com.

uma ameaça, pois já são rotulados como tal simplesmente por não se conformarem com os padrões sociais estabelecidos.

A anarquia relacional, em sua abordagem ativista que desafia o *status quo* e busca transformar a sociedade de baixo para cima, se contrapõe ao esquema heteropatriarcal e monogâmico imposto, ao casamento e à família nuclear como únicas formas aceitáveis de relacionamento, e à normatividade presente em todas as esferas culturais e sociais. Deve ser uma força ativa de contestação e análise crítica profunda. Deve ser exatamente aquilo que uma parcela do movimento poliamoroso (especialmente no contexto anglo-saxão) tem tentado afirmar há anos que não é: uma ameaça ao sistema.

Como mencionei anteriormente, tentar realizar abertamente o que socialmente é feito às escondidas não é fácil e pode levar à tentação de suavizar ao máximo as propostas, afastando-se artificialmente de qualquer conotação política ou insinuação de desvio ou sectarismo e, o que é ainda pior, muitas vezes resultando em mensagens xenófobas e racistas na tentativa de se distanciar de outras culturas, evitando que associem as propostas de práticas não normativas com tradições ou sociedades que são percebidas como moralmente atrasadas. Isso é um erro grave. Não se trata de fazer comparações entre tradições morais, mas sim de construir algo novo.

Em qualquer caso, o lema "o pessoal é político" é uma ideia inspiradora e significativa, porém é importante encontrar um equilíbrio entre aplicar meus princípios à realidade emocional do meu cotidiano e minha capacidade de controlar essas emoções. É interessante trabalhar e gerenciar meus sentimentos, inclinações, carências e desejos para alinhá-los com minhas convicções, mas subordinar tudo a esse objetivo e transformar minha rotina em uma luta contra minhas próprias emoções — resultando em contínuo sofrimento, frustração e angústia constante — certamente não parece sensato. Definir e alcançar esse equilíbrio não é tarefa fácil, mas, como quase sempre, é importante lembrar que não possuímos poderes sobre-humanos.

Para concluir este eixo, é importante reconhecer o valor de tantas pessoas e coletivos pioneiros que nunca precisaram adotar ou se identificar com uma nova categoria como a anarquia relacional, mas que aplicaram princípios anarquistas em sua vida cotidiana e em suas relações. Desde os primeiros experimentos do século XIX mencionados no primeiro capítulo até as propostas mais recentes nas últimas décadas.[115]

Eixo do binarismo monogamia/não-monogamia

J. Ferrer, em uma abordagem fortemente acadêmica,[116] apresenta uma extensa bibliografia que critica a concepção binária do sistema monogâmico/não monogâmico, considerando-a equivocada. Ele busca caracterizar esse binarismo e superá-lo através de três itinerários marcados pelas noções de fluidez, hibridação e transcendência. Tomando como exemplo o movimento transgênero, que desconstruiu e superou o binarismo de gênero, Ferrer propõe um novo termo: a *novogamia* ou transbinarismo relacional, que quebraria esse esquema dicotômico, abrindo espaço para situar e compreender, de forma mais universal e inclusiva, as formas de relacionamento observadas atualmente.

Aunque la mirada académica "dura" no puede dejar de proyectar la desagradable impresión de que estamos siendo analizados al microscopio como protozoos o infusorios que nadan en una solución de azul de metileno, moviendo espasmódicamente nuestros cilios y flagelos sin un propósito o un destino, aporta las ventajas de un análisis riguroso y disciplinado. En el caso de la anarquía relacional, la sitúa en el "camino anticategórico del itinerario de la trascendencia". Desde luego, una utilidad innegable de esta

---

[115] Por exemplo, a proposta de Mae Bee em 2004 ("A Green Anarchist Project on Freedom and Love", em theanarchistlibrary.org), as de Jamie Heckert ("Love without borders? Intimacy, identity and the state of compulsory monogamy", em M.J. Barker, D. Langdridge, Understanding Non-Monogamies, Routledge, New York, 2010), a da ReLOVEution (em reloveutionnow.wordpress.com) ou a mais "explosiva" de Clémence X. Clémentine e Associados da Infinite Venom Girl Gang ("Against the Couple-Form", em liesjournal.net).

[116] J. N. Ferrer, "Beyond the non/monogamy system: fluidity, hybridity, and transcendence in intimate relationships", *Psychology & Sexuality*, 2018.

especificación es la de presumir en cualquier reunión nocturna donde ya se hayan empezado a consumir dosis moderadas de alcohol.

Embora o olhar acadêmico "duro" possa dar a impressão desagradável de estarmos sendo analisados no microscópio como protozoários ou infusórios nadando em uma solução de azul de metileno, movendo-nos espasmodicamente com nossos cílios e flagelos sem um propósito ou destino, ele traz as vantagens de uma análise rigorosa e disciplinada. No caso da anarquia relacional, ele a insere no "caminho anti-categórico do itinerário da transcendência". Certamente, uma utilidade inegável dessa especificação é se destacar em qualquer reunião noturna onde doses moderadas de álcool já tenham sido consumidas.

Agora, falando sério, a valiosa análise oferecida por Ferrer confirma a hipótese de que a maioria das abordagens e práticas sob o guarda-chuva das não-monogamias consensuais são, de maneira ampla, extensões e variantes do mesmo esquema de pensamento. Ferrer as denomina como neo-categóricas, anti-categóricas e trans-categóricas. Cada uma dessas variantes pode ser explorada através dos itinerários mencionados: fluidez, hibridação e transcendência. Em resumo, é possível mapear as diferentes formas de relacionamento, e nenhuma está verdadeiramente desvinculada do esquema hegemônico. A anarquia relacional rejeita (transcende) a visão autoritária, objetificadora e possessiva do modelo ortodoxo de casal, além de contestar a categorização que este impõe sobre os relacionamentos.

3.5 Do pensamento amoroso às práticas não normativas

Qualquer esforço de transformação, seja no domínio intelectual e reflexivo ou no âmbito comportamental e das práticas sociais cotidianas, implica uma avaliação crítica do modelo anterior — especialmente do esquema culturalmente dominante — e um processo de transição e adaptação. Giazú Enciso *et al.*

investigaram[117] as dificuldades teóricas associadas a esse processo, enquadrando-o no conceito de liminaridade. Em seu estudo, eles examinam as implicações práticas no caso específico das relações não normativas do tipo poliamor, mas suas conclusões são possivelmente aplicáveis a outras transições, como aquelas envolvidas na anarquia relacional.

Eles conduzem uma análise minuciosa do estado liminar que surge no momento em que se considera abandonar uma posição bem estabelecida de acordo com a norma social, a legalidade, os costumes, as convenções e o conjunto de cerimônias sociais cotidianas. Esse abandono apresenta enormes desafios que dificultam uma transição suave para o esquema desejado e planejado. Não tanto porque este seja mais ou menos utópico, mas devido à persistência de elementos do contexto anterior e à incerteza sobre como se integrar e se sustentar no novo contexto. Na verdade, essa situação liminar frequentemente evoca a sensação de ter dado um salto incerto e de ficar em um ponto intermediário, em uma espécie de terra de ninguém.

É um cenário muitas vezes experimentado como um ritual de crise vital, marcado por episódios de crítica intensa do ambiente circundante. Nesse contexto, surgem discussões sobre traições e enganos nas relações "oficiais" (como matrimoniais e familiares), pois é isso que se presume ter ocorrido externamente, sem compreensão do processo. Isso leva a desestabilização emocional, sentimentos de culpa e lutas complexas tanto internas quanto externas. Essa situação de liminaridade não possui uma resolução simples, pois o ponto de destino não é claramente definido pelas normas e convenções culturais, o que pode gerar uma sensação arraigada de indefinição. Surge a impressão de nunca se chegar ao destino desejado, pois não se sabe como seria esse lugar. Parece-se

---

[117] Enciso Domínguez, Giazú; Pujol, Juan; Motzkau, Johanna F. y Popper, Miroslav, "Suspended transitions and affective orderings: From troubled monogamy to liminal polyamory", *Theory and Psychology,* 2017.

sempre estar em busca, sem conseguir desfrutar plenamente do que foi conquistado.

O fato de haver um esforço coletivo constante para compreender melhor esses novos modelos e aprimorá-los também os torna alvos móveis ainda mais desafiadores de alcançar. Às vezes, surge um fenômeno de oscilação no qual a identificação flutua alternativamente, aproximando-se mais da origem ou do destino, ou até mesmo expressando a sensação de estar simultaneamente em ambas as identidades ou modelos.

De qualquer forma, a ideia é examinar o ponto de partida e torná-lo explícito, já que, por ser dominante, tende a ser transparente diante de um olhar sem um forte contraste e sem um esforço para isolá-lo e analisar o que se deseja destacar. Em seguida, apresentar quais são as alternativas que poderiam confrontar esses traços detectados e detalhados. Elas representariam um possível destino para o qual tentar saltar. Quanto mais claro eu conseguir delineá-lo, mais esperança terei de realizar um salto bem-sucedido, caso seja realmente isso que desejo e se for verdadeiramente possível nas minhas circunstâncias e com as minhas capacidades.

Como mencionei anteriormente, a metáfora dos caranguejos em um balde ilustra a vigilância entre os indivíduos na sociedade (ou mais precisamente entre bolhas, como pequenos clãs familiares), em resposta às diretrizes de uma hegemonia ideológica normalmente instalada por certas elites. No livro *Rewriting the Rules* (*Reinventando as Regras*), de Meg-John Barker,[118] essa metáfora é transferida para uma praia onde diferentes pessoas estão pescando, cada uma com um balde de caranguejos ao lado. Quando um desses crustáceos, por acaso, consegue sair de um dos baldes, ele se encontra na areia, sozinho, longe da água, sob o sol escaldante e à mercê das gaivotas... então ele vai procurar outro balde onde pelo menos esteja acompanhado e não seja um alvo tão fácil para seus predadores. Os baldes, é claro, representam as diferentes formas de

---

[118] M-J. Barker, *Rewriting the Rules,* Routledge, Oxfordshire, 2012.

normatividade. Eles te prendem e seu próprio ambiente impede que você saia, mas, se você conseguir, vai procurar outro onde enfrentará a mesma situação. É um perigo do qual é preciso estar ciente.

O pensamento amoroso, monogâmico, romântico ou Disney

Mari Luz Esteban define no maravilhoso livro *Crítica del pensamiento amoroso* (*Crítica do pensamento amoroso*)[119] o conceito que dá nome à obra como:

> "(...) uma forma absolutamente dominante de conceber o humano e de representar os vínculos entre as pessoas (...): um conjunto articulado de símbolos, noções e teorias sobre o amor, que permeia todos os espaços sociais, inclusive os institucionais, e influencia diretamente as práticas das pessoas, estruturando relações desiguais de gênero, classe e etnia, e um modo específico e heterossexual de entender o desejo, a identidade e, em última instância, o sujeito. Um pensamento absolutamente hipertrofiado, cuja revisão e transformação são, na minha opinião, condições *sine qua non* para um mundo que possa se sustentar em tramas férteis de reconhecimentos, reciprocidades e redistribuições simbólicas e materiais.
>
> (...) entendido como o mais genuíno, o mais sublime, o absoluto, o transcendente, a solução para essa suposta falta que o ser humano teria pelo simples fato de ser humano... uma leitura absolutamente cultural e ocidental que faz do amor a base natural dessa organização social, familiar, de parentesco, que não só não é a única possível, mas de longe não é a mais justa."

Wendy Langford, em seu livro *Revolutions of the heart* (Revoluções do Coração),[120] também aborda a questão de que o amor romântico é associado à ideia de liberdade, rebeldia e redenção quando na realidade esconde um mecanismo de reprodução açucarada das relações de poder e opressão presentes na sociedade, especialmente

---

[119] M. L. Esteban, *Crítica del pensamiento amoroso*, op. cit.
[120] W. Langford, Revolutions of the Heart: Gender, Power and the Delusions of Love, Routledge, New York, 1999.

em relação ao gênero. A autora estabelece um paralelo entre o amor romântico e uma forma de "governo do amor". De fato, os mecanismos de poder hoje não se limitam aos clássicos "legislativo, executivo e judiciário" de Montesquieu, mas existem na sociedade como múltiplos gradientes de dominação, alguns mais sutis e outros mais explícitos. Nesse sentido, Langford diz:

> "É verdade que a tendência de formar relações através da atração e do vínculo emocional é universal, e que o apego amoroso tem um lugar positivo dentro de qualquer sociedade humana. Mas isso não significa que seja bom que essas relações, embora possam ter um significado em si mesmas que não vá além disso, definam o curso de nossas vidas ou constituam o fundamento de nosso ser social. Isso não resulta em uma sociedade determinada pela equidade e pela humanidade de forma alguma, mas sim em uma em que o indivíduo está sujeito à insidiosa regulação do "governo pelo amor" ou é descartado como um pedaço de detrito ao capricho das paixões desordenadas do amor."

Outras autoras, como Coral Herrera ou Brigitte Vasallo, examinaram as consequências desse paradigma dominante e onipresente sob denominações como "amor romântico"[121] ou "pensamento monogâmico".[122] Nesse sentido, Vasallo propõe evitar a ambiguidade que surge quando usamos a palavra "romântico" para nos referirmos ao modelo normativo de amor, como conto de fadas. Em vez disso, sugere usar "amor Disney",[123] fazendo referência à eficaz difusão dos estereótipos culturais da frágil donzela — salva graças à coragem e bravura do príncipe encantado, com quem viverá feliz para sempre — que foram reproduzidas ao longo de décadas pelos filmes da Disney. O termo "romântico", por outro lado, nos traz à mente imagens de ternura, carícias, mimos, jantares à beira da lareira ou na praia à luz da lua. E isso não tem

---

[121] Coral Herrera Gómez, La construcción sociocultural del amor romántico, Fundamentos, Madrid, 2011.
[122] Brigitte Vasallo, Pensamiento monógamo, terror poliamoroso, op. cit.
[123] "OccupyLove: por una revolución de los afectos", endiagonalperiodico.net.

nada de errado. Na verdade, a única coisa negativa é que não o praticamos o suficiente.

Alternativas ao pensamento hegemônico

Podemos ser tentados a pensar que a hegemonia é como uma moda da qual podemos escapar simplesmente mostrando um pouco de rebeldia simpática, fazendo uso das "amplas cotas de liberdade que nos oferece o Estado liberal democrático e de direito". No entanto, não é tão simples. A liberdade — neste contexto — é a faculdade que nos permite escolher entre as coisas que conhecemos, através de referências culturais, ou que imaginamos, através de investigação e criação própria. Raramente inventamos opções fora dos campos semânticos e âmbitos referenciais aos quais tivemos acesso culturalmente. Embora essa possibilidade exista, é, sem dúvida, infrequente e anedótica. A postura hegemônica é invisível e está naturalizada. Por exemplo, pensar que tenho certos privilégios em relação a uma pessoa com quem tenho um vínculo afetivo consolidado, com quem posso negociar normas, oferecendo em troca não ficar zangado (porque tenho o direito de ficar zangado se não chegarmos a um acordo), é um raciocínio baseado no pensamento dominante. Isso significa que, se perguntar a alguém, sem especificar a que me refiro, se em sua vida cotidiana exerce algum tipo de controle sobre outras pessoas, é possível que responda sinceramente e com convicção que não o faz, mas continuará se comportando como antes, de forma "natural", sem perceber, ou seja, reivindicando seu direito de ser o referente privilegiado com quem essa outra pessoa deve consensualizar suas condutas. A ideia de que as relações afetivas e sexuais concedem privilégios especiais às partes, acima de qualquer outra relação, é uma das noções do pensamento hegemônico que a anarquia relacional questiona. Outras concepções que estariam no mesmo caso são:

1. A ideia de que uma relação deve ser afetiva, romântica e incluir componentes sexuais para que os compromissos mais importantes, como compartilhar moradia, bens ou ter

descendência, sejam considerados socialmente sérios e vinculativos.

2. A ideia de que o imperativo moral da ajuda mútua tem uma natureza fundamentalmente distinta dependendo do tipo de vínculo.

3. A noção de que as relações "importantes" (sexualmente afetivas) devem ser distintamente delimitadas, com início e fim bem definidos. Podem ser interrompidas e retomadas conforme necessário, mas é essencial ter clareza sobre o estágio em que estamos, seja "juntos" ou "largados", para evitar pensamentos ou comportamentos inadequados que não correspondam à norma estabelecida para essa dinâmica relacional.

4. A crença de que o compromisso implica em negociar "em pé de igualdade" a agência de outra pessoa, isto é, o que ela pode fazer com seu corpo, seu tempo e suas circunstâncias, em troca de concessões relacionadas à nossa própria agência. Isso implica em aceitar limites de autoridade e coerção, presumindo um equilíbrio inicial de poder neutro, o qual raramente é verdadeiro. Geralmente, essa suposição sugere um desequilíbrio de autoridade que pode até envolver violência e práticas de dominação.

5. A renúncia à intimidade pessoal, uma vez que se presume que uma "verdadeira relação" requer um alto nível de transparência. Não é suficiente confiar, ser sincero e respeitar. Exige-se que você compartilhe tudo comigo. E, da mesma forma, presumo o direito de compartilhar tudo com você, sem considerar que nem sempre o ato de exigir falar é acompanhado pela disposição de ouvir para compreender. Nem sempre o ato de decidir compartilhar é feito para informar ou facilitar a gestão ou a participação nas decisões, mas sim para transferir responsabilidades ou descarregar culpas.

Todos esses princípios operam como imperativos invisíveis. Desafiá-los não é apenas difícil devido à capacidade de se camuflarem entre o que consideramos raciocínios lógicos, mas também porque, ao buscarmos autonomia de pensamento, corremos o risco de sermos vistos como opositores e antagônicos. Como afirmou Benjamin Prado, "O oposto de aceitar ordens não é dá-las, mas sim desobedecer".[124] Não se trata de buscar um novo corpo doutrinário ou modelo normativo, mas sim de encontrar um espaço de rebeldia reflexiva que se baseie em princípios que foram desenvolvidos ao longo de décadas de pensamento libertário. Nesse sentido, algumas alternativas possíveis diante dos elementos do modelo hegemônico que acabei de identificar e enumerar incluem:

1. Renunciar ao privilégio de casal, procurando assimilar a noção de que os vínculos de outras pessoas, por mais significativas que sejam em minha vida, têm o mesmo direito que meu relacionamento a se definir, construir e evoluir conforme os desejos e circunstâncias dos envolvidos. Evitar impor uma norma amatonormativa que associe meu amor, compromisso ou dedicação ao formato, rótulo e status hierárquico social de cada relacionamento.

2. Não classificar compromissos com base em normas de relacionamento. Todos os compromissos devem ser voluntários, conscientes, responsáveis, leais, livres e com reciprocidade nesses aspectos básicos (não necessariamente recíprocos em geral). Os princípios de ajuda mútua e solidariedade não devem depender do tipo de relacionamento. A intensidade, frequência, atenção, preocupação e entrega serão inevitavelmente diferentes, pois cada vínculo é único, mas trata-se de afastar-se do conceito comum e simplista de que "a família é tudo o que importa", aplicando isso a qualquer tipo de organização

---

[124] "Ser novelista es conocer una historia...", em pradobenjamin.blogspot.com.

relacional hierárquica, não apenas à família nuclear, de sangue ou de clã.

3. Questionar a necessidade por trás do estabelecimento de marcos relacionais, de delinear e tornar público o início e o fim das diversas formas que os vínculos que mantenho com cada pessoa assumem. Muitas vezes, isso se resume a buscar mais segurança ao entender em que contexto estou operando (pois o rótulo oferece clareza suficiente, evitando assim a necessidade de comunicar desejos, inquietações, demandas e expectativas), ou de deixar claro para as outras pessoas a situação em que estão em relação a mim (muitas vezes expressa em termos de estar livre ou ocupado, ou até mesmo através de paralelos que objetificam, referindo-se à disponibilidade "no mercado").

Se auto-rotular ou rotular outra pessoa traz uma sensação de calma, pode parecer útil, porém é importante reconhecer que essa segurança é mais imaginária do que real e consome tempo e energia, resultando em uma série de conflitos provavelmente desnecessários.

4. Avaliar o quão ético é, em termos dos meus princípios morais — independentemente de quão próximos ou distantes estejam do anarquismo — ao negociar aspectos que transcendem meu próprio corpo, meu presente e minhas interações diretas. Considerar se é uma troca equitativa ou uma coerção, e também ponderar se todas as pessoas que podem ser afetadas, tanto agora quanto no futuro, estão adequadamente representadas na negociação. Dado que é praticamente impossível para as futuras partes interessadas participarem do desenho do acordo, avaliar se é genuinamente ético incluir elementos externos à interação imediata, ou seja, negociar o que pode ou não ser feito fora dos espaços e momentos compartilhados.

Também é muito importante questionar se as transações podem ocorrer em um ambiente verdadeiramente igualitário ou se há alguma forma de assimetria e subordinação envolvida. Além disso, é importante analisar se os acordos negociados abordam necessidades legítimas, resultado de uma reflexão cuidadosa, ou se são meros caprichos e desejos colocados em pauta sob a justificativa de serem considerados parte dos "meus direitos de propriedade" dentro da normatividade cultural.

Na prática, acho difícil chegar à convicção de que estou respeitando plenamente a agência das outras pessoas e de que estou dedicando atenção suficiente para avaliar sua posição, de modo que não sejam coagidas a aceitar acordos (considerando a dificuldade real de avaliar verdadeiramente a posição de outra pessoa, ou mesmo a minha, nesse contexto). Por isso, sugiro que não se conduza a negociação em termos comerciais ou de transação — exceto nos aspectos mais práticos, como os logísticos — mas, em vez disso, a) sejam propostos compromissos voluntários, conscientes e responsáveis, e b) se estabeleçam limites pessoais e circunscritos ao meu espaço, meu corpo, e ao respeito à minha dignidade e agência.

5. É importante distinguir claramente entre sinceridade e transparência. Esconder aspectos importantes dos meus posicionamentos éticos, políticos ou relacionais não é aceitável, mas isso não significa assumir a ideia convencional de que quando um vínculo é relevante e valioso, deve-se viver em uma casa sem portas, deve-se compartilhar tudo o que se faz, até os desejos, cada detalhe e cada pensamento. A sinceridade, entendida como a necessidade de compartilhar o que é significativo para as pessoas envolvidas em um relacionamento, é um valor importante. No entanto, impor coercitivamente um regime de transparência nos relacionamentos implica na obrigação de renunciar à soberania e à privacidade pessoal.

Sem dúvida, não é comparável exigir "o relatório diário" e insistir em compartilhá-lo por ser requisito de uma união amorosa "com selo de qualidade", com o processo de desenvolver um alto nível de confiança através da dinâmica do relacionamento. A verdadeira confiança é conquistada quando a interação é gratificante, promove bem-estar e reflexão mútua. Quando expressar desejos e satisfações gera sorrisos e cumplicidade, e compartilhar preocupações e adversidades evoca solidariedade e atenção.

Um aspecto final que se destaca ao examinar as conexões entre comunicação e normatividade é a sensação desconfortável de que o comportamento hegemônico tende a ser ignorado, enquanto o não normativo é frequentemente destacado (justamente porque o contexto, rótulo e padrões convencionais detalham claramente um e não o outro). Ao iniciar um relacionamento, às vezes parece não ser o bastante que todas as partes envolvidas tenham expressado seus princípios, posições e limites: quais comportamentos aceitam ou não. Surge um sentimento de culpa quando não se é explícito sobre o que não está em conformidade com as práticas hegemônicas. Do ponto de vista da comunicação, isso é compreensível — é esperado que a omissão em relação a comportamentos, formas de interação e julgamentos sobre outras pessoas siga a ortodoxia normativa —, portanto, qualquer desvio desse padrão é considerado importante para se comunicar, pois será considerado inesperado.

No entanto, ao seguir esse critério, estamos implicitamente aceitando — e de certa forma validando — que a normatividade hegemônica é a referência, o único e verdadeiro ponto de referência em torno do qual qualquer discurso comunicativo deve ser moldado. Isso representa uma variante do que Miranda Fricker[125] chamou de injustiça epistêmica e hermenêutica: uma forma de subjugação que ocorre quando não há termos e significados amplamente

---

[125] M. Fricker, Epistemic Injustice: Power and the Ethics of Knowing, Oxford U. Press, Oxford, 2007.

compartilhados que representem os diferentes aspectos que caracterizam uma situação de subalternidade.

Não tenho uma solução definitiva para essa dicotomia. Tendo a priorizar a comunicação eficaz em vez de optar por essa forma específica de rebeldia, pois a sinceridade só é verdadeira quando se verifica que a mensagem foi recebida e compreendida. Além disso, acredito que a decepção se afasta de qualquer princípio ético aceitável e, na prática, nunca é um bom aliado.

Capítulo 4. A revolução que começa com os vínculos: chaves éticas e coletivas

Há um paradoxo perturbador: aqueles que se opõem ativamente ao *status quo* em diversas frentes são, muitas vezes, justamente pessoas que estão, ou poderiam estar, do lado privilegiado. São aqueles com acesso à educação formal ou autodidata, com recursos em forma de capital social, relacional, cultural ou econômico; aqueles que têm a opção de se rebelar contra o estabelecido porque cresceram em um contexto que facilitou o desenvolvimento de sua agência e consciência social e ética. A ironia é que esses indivíduos geralmente são potenciais beneficiários dos privilégios contra os quais lutam.

4.1 Privilégios e Práticas de Resistência

Especificamente para a questão analisada neste livro, nem todos em nossas sociedades podem viver relações de forma não normativa, como na anarquia relacional. Fora de um ambiente progressista, urbano e de primeiro mundo, fora de subculturas que praticam apoio e cuidados coletivos, ou sem necessidades básicas asseguradas, acesso à comunicação, mobilidade e socialização, é difícil desafiar o modelo padrão de relacionamentos (ou qualquer coisa além das ameaças constantes à sobrevivência).

Portanto, há um viés importante em qualquer formulação de ativismo de estilo de vida. Esse viés carrega uma perspectiva burguesa e branca, mesmo em projetos antirracistas, inclusivos e populares. No entanto, pode ser combatido se for reconhecido e assumido como tal, e se houver a integração do máximo de grupos na geração de ideias e na tomada de decisões. É essencial evitar que as dinâmicas de privilégio existentes e socialmente normalizadas se repitam nos movimentos ativistas, em seus participantes e propostas.

Por outro lado, como Alberto Melucci explica muito bem,[126] algumas formas de ação coletiva:

> "(...) Todas essas formas de ação coletiva desafiam a lógica dominante em um terreno simbólico. Questionam definição de códigos, nomeação de realidade. Eles não pedem, eles oferecem. Oferecem por sua própria existência outras formas de definir o sentido da ação individual e coletiva. Eles não separam a mudança individual da ação coletiva, eles traduzem o apelo geral no aqui e agora da experiência individual. Eles agem como novas mídias: eles iluminam o que todo sistema não diz de si mesmo, a quantidade de silêncio, violência, irracionalidade que está sempre escondida nos códigos dominantes.
>
> Ao mesmo tempo, através do que fazem, ou melhor, através da forma como o fazem, os movimentos anunciam à sociedade que algo "outro" é possível."

Esse poderia ser o objetivo. Talvez possamos aspirar a pouco mais do que isso. Certamente, não à pureza e perfeição, muito menos à exemplaridade através do sacrifício. Nossas forças residem na diversidade de identidades de resistência e no desejo de articular dissidentes, conhecimentos, experiências, e perspectivas não normativas. Estamos determinados a enfrentar a violência de um sistema que deve deixar de ser a única referência, o único modelo imaginável. Devemos aproveitar as novas possibilidades oferecidas pelo conhecimento e pelas habilidades de comunicação para propor alternativas viáveis, que melhorem a vida da maioria, sem ser cooptadas pelo sistema. Como Carmen Alborch disse ao receber, pouco antes de sua morte, a Medalha da Universidade de Valência:

---

[126] A. Melucci, "The Symbolic Challenge of Contemporary Movements," Social Research, 1985.

"A cada dia estou mais convencida de que o segredo profundo da alegria é a resistência."

Conhecimento, verdades e submissão

Maite Larrauri[127] explora como Michel Foucault, na década de 1970, introduziu uma nova abordagem para entender as formas de poder, sua relação com o conhecimento e a resistência. Para Foucault, todas as interações humanas são mediadas por relações de poder. Quando adaptado às circunstâncias e contexto, o poder é reconhecível e, em certa medida, controlável, tornando-se um elemento do cotidiano. No entanto, quando se torna crônico, tornando-se um constituinte essencial das interações, difícil de desafiar, invulnerável e progressivamente invisível e automatizado, a relação se transforma em dominação, criando uma estrutura estável e autossustentável.

Saberes que se impõem como verdades culturais fornecem uma base que sustenta e confere estabilidade estrutural a certas relações de poder, transformando-as em relações de dominação. Larrauri interpreta nas propostas de Foucault a necessidade de um anarquismo epistemológico (anarquismo foucaultiano) que visa distinguir entre a aceitação intelectual de verdades e a submissão direta e automatizada a elas. Ou seja, não se trata de refutar ou contradizer conhecimentos estabelecidos, mas de evitar que se tornem fontes de verdade e autoridade em vez de conhecimento.

Nesse contexto, o anarquismo adota uma posição que vê as verdades consideradas científicas nas humanidades como fruto de configurações culturais, interpretações simbólicas vinculadas à estrutura cognitiva e linguística predominante, e resultado da interação entre o pensamento acessível a nós e as práticas que definem nossa realidade. Moldamos nossa identidade com base nessas verdades culturais, e isso, por sua vez, influencia nossa história pessoal ao longo da vida.

---

[127] M. Larrauri, Anarcheología: Foucault y la verdad como campo de batalla, Enclave de Libros, Madrid, 2018.

A interpretação foucaultiana do poder marca uma mudança no foco de nossa análise, que se desenvolveu gradualmente na história do pensamento recente. Não se trata mais de desafiar instituições ou estados—táticas que eram mais viáveis nas revoluções dos séculos anteriores, quando se podia atacar diretamente um palácio ou escalar as muralhas de um castelo ou fortaleza. O poder real não reside mais aí, mas sim em um campo social de forças que se manifesta nas relações humanas e molda nossa percepção da realidade cotidiana, do que é possível, do que é aceitável e do que desejamos. Livremente extrapolando para o contexto atual do ativismo relacional, isso se reflete no que tenho chamado de pensamento hegemônico e normatividade.

Foucault distingue entre normas jurídicas, o sistema jurídico, sua elaboração e execução pelas autoridades estatais, por um lado, e práticas sociais cotidianas e generalizadas, por outro. Estes últimos constituem o verdadeiro campo de força, embora os primeiros representem pontos de maior densidade de poder. No entanto, eles não seriam os pontos de origem ou geração, mas formas finais, regiões onde efeitos e causas convergem como resultado de um jogo complexo. Ou seja, práticas sociais e regras formais se inter-relacionam e se influenciam mutuamente. Uma característica dessas regiões, destacada por Foucault e cada vez mais profética, é que as formas finais aproveitam, utilizam e modificam as forças presentes, intensificando algumas e atenuando outras para que o resultado final seja a dominação de certos setores sobre outros. O sistema não gera os ventos ou as marés, mas os aproveita, direcionando-os e extraindo sua energia em benefício das esferas de poder.

Propostas como a anarquia relacional poderiam oferecer uma primeira abordagem que, mesmo de forma parcial e modesta, ajudasse a adaptar paradigmas revolucionários que se mostraram inadequados diante dessa nova concepção distribuída de poder e autoridade. Nas palavras de Foucault, "onde há poder, há resistência".[128]

Poder, Relacionamentos e Gênero

Um gradiente de poder fundamental, especialmente no campo dos relacionamentos, é aquele que determina o gênero. Desde o século XIX, o anarquismo e o anarcofeminismo têm examinado e colocado esse esquema de dominação na agenda das lutas revolucionárias. A anarquista Teresa Claramunt escreveu[129] em 1905:

"A mulher, como os homens a fizeram, chora por hábito. Sua única arma de defesa são lágrimas, artifício, dissimulação. Mas, como mencionei antes, ela não é responsável por sua condição. Não pode ser, pois vive constantemente tiranizada pelo homem, e sabe-se que todo estado de tirania deve necessariamente produzir astúcia, hipocrisia e mentiras. A degradação é uma consequência lógica do estado de inferioridade humilhante.

A mulher é oprimida pela necessidade de esconder seus sentimentos de amor puro e espontâneo, como se estivesse cometendo um crime. Ela não pode escolher livremente; precisa esperar o pedido do homem e, para responder, necessita da aprovação de um tribunal familiar. Deve reprimir todos os impulsos naturais, pois sua expressão poderia ser vista como uma falta imperdoável, colocando em risco o bom nome da família.

É mais casto e saudável, conforme a moralidade atual, resignar-se a ser mero objeto de prazer para o primeiro arrivista que disfarça sua lascívia com a hipocrisia que a hipocrisia social cria, ser reduzido a um objeto de luxo, matéria a ser explorada, desvalorizando-se ao nível de prostituta, com ou sem modéstia. A legalização desses atos de prostituição evita que a podridão seja escandalizada. O homem, com seus vícios e sua vaidade desajeitada, desempenha um papel lamentável ao aceitar como

---

[128] Mas há também o risco de romantizar a resistência, transformando-a em um modo de vida justificado. É necessário, por um lado, reconhecer a nobreza de muitos heroísmos diários invisíveis, mas também admitir que, por vezes, são mitificados, tornando-se dinâmicas vitais com ares de um eterno drama épico.

[129] Teresa Claramunt, "Woman: general considerations about her state in face of man 's prerrogatives", Biblioteca "The future of the worker", 1905.

expressões de amor sincero o que não passa de rotina, egoísmo e especulação."

E, no mesmo texto, Claramunt reflete com uma lucidez que tanto excita quanto entristece, considerando que mais de um século se passou e ainda há muitas pessoas, especialmente muitos homens, que não compreendem a diferença entre o estrutural e o anedótico:

> "Parece-me apropriado observar que todos têm o direito de glorificar o que consideram bom; porém, na realidade, o geral precede o particular. Falo aqui da vida real, sem particularismos, deixando as exceções para quem achar necessário mencioná-las. Se aqueles que me leem conseguirem abandonar toda desconfiança e refletirem sobre minhas palavras com imparcialidade, perceberão o desenvolvimento inevitável que os preconceitos mencionados assumem e os vícios que introduzem na educação familiar, acumulando-se inevitavelmente na vida social. Basta observar os costumes no lar para se convencer da seriedade desse mal. Subordinada ao domínio do homem, a mulher impõe esse mesmo domínio sobre os outros seres mais fracos ao seu redor, tentando inspirar-lhes medo. Assim são educadas, assim educam depois. Impuseram-lhe obediência de forma irracional, e ela, da mesma maneira, a impõe a seus filhos."

E mais ou menos na mesma época surgiu a ideia da multiplicação das opressões, com textos que se referiam às mulheres como "escravas da escrava, objetos de prazer que sofriam o cerco do patrono, o dos padres e o dos maridos infames".[130]

Diferentes correntes de pensamento impulsionam o feminismo pós-colonial a desenvolver essa ideia, incorporando as dimensões de poder de classe, racialização, origem geográfica, idade, identidades, orientações sexuais, entre outras, para considerar a soma dos efeitos de todas essas opressões e reconhecer que esses desequilíbrios também operam dentro do coletivo de mulheres e das lutas feministas. Assim, nas propostas mais recentes, busca-se superar atitudes como o colonialismo etnocêntrico, a hierarquia racial e

---

[130] Laura Fernández Cordero, *Amor y anarquismo*, Siglo XXI, Buenos Aires, 2017.

cultural, além de combater moralismos, vitimizações e estigmatizações. Isso envolve questionar a instrução moral e rejeitar o resgate superficial, baseado em controle remoto, de supostas realidades distantes e desconhecidas, como a lama e a barbárie nunca visitadas ou ouvidas diretamente.

A análise de importantes autoras feministas, como Judith Butler e Teresa de Lauretis, tem sido fundamental para avançar na compreensão de como o poder permeia as representações e comportamentos no campo das relações. Butler fala da "vida psíquica do poder" para mostrar como, a partir dos eixos de poder, surgem dinâmicas emocionais complexas e inconscientes. Essas ideias são fundamentais para combater a tendência de atribuir características das práticas relacionais a uma essência natural de homens e mulheres. Esses autores concebem o gênero como um dispositivo no qual operam mecanismos de identidade e poder, permitindo-nos pensar em termos políticos: podemos agir sobre esse dispositivo, não precisamos nos resignar ao aterrorizante estereótipo de um *best-seller* de autoajuda que afirma que "os homens são de Marte e as mulheres são de Vênus".

No imaginário de nossas sociedades, atormentadas por essas ideias essencialistas, homens e mulheres são vistos como seres opostos, com configurações biológicas e hormonais que determinam seus desejos, sentimentos e inclinações, considerados quase fixos e invariáveis. Os homens são retratados como autônomos, racionais e com necessidades básicas, enquanto as mulheres são vistas como dependentes, emocionais e necessitando de um homem para completá-las. Centenas de estudos em campos como psicologia, sociologia, antropologia, biologia e neurociências operam sob essa hipótese, apresentando, como era de se esperar, resultados que a corroboram.

Esses ideais de comportamento, repetidos e incisivos nas colunas robustas que sustentam a cultura, são amplificados pelo processo mitificador da paixão e do amor romântico, colocando cada figura em um patamar distinto. Isso leva ao desenvolvimento de expectativas e comportamentos desiguais, e, em casos extremos—que não são incomuns—resulta em abusos e maus-tratos.[131]

Mas não é simplesmente um papel que podemos escolher desempenhar ou não. Desde a infância, há uma ritualização autêntica e sistemática de práticas conformacionais que abrangem desde o corpo até o cognitivo, passando pelo sensorial. Trata-se de uma modelagem identitária baseada na imitação, mas também em jogos, roupas, cores, atividades, ridicularização, alianças entre os integrados e a marginalização dos que resistem, nas interações sociais, conversas, televisão, cinema, publicidade, músicas, livros... Essa divisão de papéis é essencial para manter uma configuração familiar e um cânone de organização social. As mulheres sustentam todo o quadro do sistema reprodutivo e de cuidados. Elas são conduzidas desde o nascimento por um caminho de assimilação de mitos e crenças como o amor romântico—que pode tudo, que é de dimensões cósmicas e essencialmente bom—, o mito da outra metade, o do príncipe encantado... Tudo isso sem recompensa econômica, consideração social ou uma fonte especialmente frutífera de prazer e satisfação.

De acordo com esses cânones, a associação reprodutiva—e, portanto, heterossexual, com um homem—deve se tornar o centro da existência social das mulheres. A família de origem e a escolhida até aquele momento, os laços de amizade, carinho e apoio formados antes de formar o casal... tudo isso passa para segundo plano, perdendo quase todo o seu valor. A atenção e a sexualidade ficam concentradas nessa entidade reprodutiva, e não podem mais se desvincular dela. É preciso resistir aos ataques subversivos de outros homens, alguns dos quais também estão em relacionamentos, porque esse é o papel para o qual foram construídos. O objetivo é que essa repressão e resistência sejam sustentadas por uma base elevada e épica.

---

131 "Uma maioria significativa das meninas acha que o amor é suficiente para lidar com o comportamento agressivo de um cara dentro do casal." Irantzu Fernández, citado em M.L. Esteban, *Crítica del pensamiento amoroso*, op. cit., p. 83).

Esse elemento é a paixão amorosa, que justifica e dá ampla força para isso e muito mais. No entanto, este provavelmente é o ponto fraco da construção social, pois a paixão pode se extinguir, e, com o tempo, a estrutura pode entrar em colapso devido à sua debilidade.

Graffiti num muro em Valência (Espanha)

Mesmo nos contextos socioculturais mais favoráveis, onde as mulheres têm ouvido o slogan afetado de "liberação sexual" por algumas décadas, quando elas tentam—mesmo que timidamente—continuam correndo o risco de serem julgadas como mães promíscuas, superficiais, inconstantes, más, e, sobretudo, continuam recebendo desde a infância um contínuo condicionamento voltado para a construção de um neuroesqueleto de autoculpa consciente e inconsciente. Somente dentro de uma relação de amor-controle por parte de um homem podem expressar essa libertação e ser respeitadas (ou melhor, "reconhecidas" em seu papel de submissão responsável à norma).

Segundo Mari Luz Esteban, referindo-se a Kate Millett e Shulamit Firestone:[132]

> ""O amor tem sido o ópio das mulheres, assim como a religião tem sido o ópio das massas. Enquanto amávamos, os homens governavam. Talvez o problema não esteja no amor em si, mas na maneira como foi usado para persuadir as mulheres e torná-las dependentes, em todos os sentidos. Entre seres livres, é outra coisa." (...) "Um livro sobre feminismo radical que não abordasse o amor seria um fracasso político. Pois o amor, talvez até mais do que a maternidade, é o pivô da opressão da mulher hoje." A autora defende que o estudo do amor e da mulher, como pilares fundamentais da cultura, é por si só uma ameaça. Ela analisa como a supremacia masculina e o estereótipo da mulher são mantidos através da conversão da mulher em objeto exclusivo do amor, da personalização do sexo e da "Beleza Ideal". "O romantismo é uma ferramenta cultural do poder masculino para impedir que as mulheres reconheçam suas condições."

Imposição regulatória e práticas emancipatórias

A norma especifica como as coisas devem ser: normal ou normalizada. No entanto, o que não é normalizado resiste, apresentando uma tendência contrária à norma, uma resistência à normalização. Em um capítulo anterior, revisitando o tema das supostas predisposições "naturais" dos seres humanos, usei o exemplo de que não precisamos de uma regra para proibir o consumo de pedras. Não há necessidade de neutralizar uma propensão nem de recompor uma desordem. Em geral, não gostamos de pedras como alimento. Como Eduardo Galeano relaciona com a poesia esperançosa em seu livro *Las palabras andantes*:[133]

> "Na parede de uma pousada em Madri há uma placa que diz: Cantar é proibido. Na parede do aeroporto do Rio de Janeiro há uma placa que diz: Brincar com valet trolleys é proibido. Quero dizer: ainda tem gente que canta, ainda tem gente que brinca."

---

132   Ibidem, p. 143.
133   E. Galeano, Las palabras andantes, Siglo XXI, Buenos Aires, 2003.

Portanto, a regra só faz sentido quando implica algum grau de coerção, uma demanda de mudança em algo que ocorre ou tende a ocorrer. De certa forma, é a existência do anômalo que dá origem à norma, justificando seu surgimento. Por outro lado, seu objetivo é que o anormal desapareça e se torne normal, mas isso não ocorre como leis e procedimentos legais, através de sanções, punições e exclusões bem definidas para os elementos transgressores. Em vez disso, os regulamentos criam os espaços seguros onde é possível transitar, conferindo-lhes visibilidade, reputação, prestígio e aprovação. O não normativo não tem voz; ele não existe, deixando o espaço iluminado da normalidade, que às vezes se expande para incluir e cooptar a parte mais tolerável do anormal.

Esse espaço normativo cria gradientes de poder e privilégio que se estendem do centro para as margens. Estar dentro dos limites do normal confere prerrogativas que se perdem ao sair deles. A marginalidade é mais desafiadora. Contudo, como Foucault observou, o campo que define o padrão não é uma forma regular ou simples, mas uma região repleta de cavidades e recessos, onde esses gradientes originam traços e configurações heterogêneas, graças às múltiplas forças, alianças e conexões que surgem e se transformam constantemente. Em outras palavras, para desafiar as regulamentações, não é suficiente apenas observar o centro e seguir em frente, mas é necessário compreender essas formas e disposições complexas.

Portanto, uma forma de começar a assumir o poder—o que está ao nosso alcance—é definindo nossas próprias regras e identidade, ou melhor, nossa sensibilidade particular. Um dos aspectos mais interessantes do território normativo é precisamente este: o paradoxo de que há mais poder quando você decide e concorda coletivamente, explicitamente, com suas próprias regras, do que ao aceitá-las como imposições externas. Carregar mandos hegemônicos é delegar poder. Manifestar e afirmar desejos e limitações—e desenvolvê-los coletivamente para alcançar a autogestão—é construir um território de poder. Esse território, logicamente, não será visível ou normalizado automaticamente, mas se torna uma dessas forças capilares complexas do poder foucaultiano, essas energias da microfísica do poder.

Nesse sentido, a anarquia relacional se alinha à dinâmica proposta pelo filósofo francês, em que os dispositivos para mudar o mundo não são nem a luta de classes nem a tomada do Palácio de Inverno—ou mesmo a versão moderna e fracassada de "invadir os céus"—mas a ideia de que o poder não é um bem, mas uma prática. Definir nossas próprias regras para determinar livremente nossos comportamentos relacionais é um exemplo de uma política de estilo de vida que, segundo Laura Portwood-Stacer, reflete:[134]

> "(...) toda a formação cultural em torno do uso dos indivíduos das escolhas cotidianas como um local legítimo de expressão política (...) Quando as práticas de estilo de vida dos indivíduos são mobilizadas para o objetivo de 'fazer a diferença' na direção de um projeto político estratégico, podemos dizer que as escolhas de estilo de vida estão funcionando como táticas de estilo de vida, que são coletivamente e repetidamente empregadas para fins resistentes."

Desequilíbrios de poder

Já discuti a ficção que a ideia de liberdade representa quando operada em condições de desequilíbrio. O mesmo pode ser aplicado a noções como compromisso, responsabilidade, expectativas, acordos, desejos, cuidados, consideração, esperança, sinceridade ou consentimento. Esses conceitos não possuem o mesmo significado, projeção ou escopo quando experienciados e expressos por uma pessoa com ampla capacidade de escolha, decisão e agência, altos níveis de segurança, empoderamento e autoestima, em comparação com aqueles que não se encontram nessa posição.

Portanto, sempre que esses temas surgem, é essencial considerar os eixos de desigualdade em jogo. Os compromissos que uma pessoa pode assumir não são os mesmos que outra pode, e as

---

[134] L. Portwood-Stacer, *Lifestyle Politics and Radical Activism*, op. cit.

responsabilidades associadas ao poder diferem significativamente. As expectativas de alguém vulnerável são muito distintas das de alguém com poder e autonomia, assim como os desejos e a disposição para aceitar um acordo ou recusar consentimento quando há vulnerabilidade e pouca assertividade. É mais fácil comunicar-se e ter empatia a partir de uma posição de privilégio do que quando se está em desvantagem. Oferecer sinceridade, conexão, gentileza e generosidade é mais viável a partir de uma posição de poder, segurança e estabilidade, e mais opressor exigi-las dessa posição. Muitas vezes, argumenta-se que essas habilidades resultam do trabalho emocional pessoal, e é verdade que podem ser desenvolvidas. No entanto, somente rompendo com o conforto do convencional, através da convicção, desconstrução, desaprendizado e, em suma, esforço, é possível estabelecer relações de outra forma. Contudo, essas tarefas, que são difíceis para qualquer um, tornam-se muito mais extenuantes quando se enfrenta simultaneamente mil obstáculos, impedimentos e violência em um ambiente hostil. Quando a construção cultural impactou negativamente ou as circunstâncias da vida colocaram alguém em uma posição marginal, de subordinação ou dependência, forçar todos a realizar esse trabalho no ritmo desejado é outra forma de violência.

Um exemplo claro dessa questão ocorre quando se busca evitar rótulos nos relacionamentos, mas alguns participantes têm histórias de experiências traumáticas, como serem desvalorizados ou não reconhecidos em seus vínculos. Para quem sofreu o abuso de ser negado, isso pode ser visto como uma tática de poder. A resistência em nomear essas relações é interpretada como uma memória dolorosa, não como uma proteção contra dinâmicas controladoras e possessivas. Assim, essa resistência não é vista como uma forma de minimizar sua relevância, mas como uma rejeição a estereótipos que definem como os relacionamentos devem se desenvolver.

Portanto, ao desenvolver um relacionamento com alguém em posição de menor poder em aspectos como econômico, social, profissional, idade, nacionalidade, raça, gênero, história pessoal, maturidade ou necessidade de afeto, ou uma combinação desses fatores, é crucial que eu atue com sensibilidade e atenção especiais.

Existem aspectos difíceis de generalizar, mas essenciais para avaliar o nível de desequilíbrio. Se for significativo, devo considerar como administrá-lo e possivelmente limitar a profundidade do relacionamento. Também é importante avaliar a conveniência de tornar essas circunstâncias explícitas e lidar com elas de forma aberta, para que isso não seja contraproducente. Em resumo, é crucial manter uma dinâmica em que as vulnerabilidades do outro sejam efetivamente e sustentavelmente compensadas, reconhecendo que outros conflitos podem surgir além dos mecanismos de poder.

Se reconheço um desequilíbrio a favor da outra pessoa, devo estar consciente disso e avaliar se quero compartilhá-lo e, em caso afirmativo, como abordar o assunto. É importante lembrar que qualquer conformidade, resignação ou falta de assertividade acumula um "déficit" que se prolonga, prejudicando todos os envolvidos. Não tenho uma solução geral para superar esses desafios, pois as circunstâncias variam, mas acredito que reconhecer, compartilhar (se for decidido) e admitir a importância dessas descompensações é crucial para mitigar sua influência negativa.

A esse respeito, diz Andie Nordgren em um artigo recente de 2018:[135]

> "Sempre soubemos que seria mais desafiante definir nossos próprios relacionamentos em vez de seguir normas estabelecidas. Hoje, também reconheço a importância de entender a dinâmica de poder em relações anarquistas. Devemos estar conscientes dessas dinâmicas distorcidas ao formar relações. O custo de um acordo de relacionamento totalmente personalizado pode variar significativamente entre as pessoas, e a falta de estrutura pode, paradoxalmente, beneficiar os já privilegiados. A Anarquia de

---

135 Andie Nordgren, "The road to relationship anarchy," Melk ["Love"], n.º 6, Kjærlighet, 2018.

> Relacionamento precisa considerar essa análise de poder e estar preparada para estabelecer estruturas quando necessário a fim de proteger os indivíduos."

Por fim, é importante notar que tanto em uma posição quanto na outra, pode haver uma tendência a compensar excessivamente, resultando em dinâmicas indesejáveis de condescendência, autoproteção com escudos emocionais, autocensura, chantagem e manipulação. Ademais, essa análise é aplicável a qualquer tipo de relacionamento. Como menciono ao longo do texto, um aspecto importante da anarquia relacional é que os vínculos formam o coletivo. Assim, essas reflexões são relevantes para qualquer nível de intimidade, seja em amizades, relações familiares, de trabalho, etc.

Anarquismo, Razão e Religião

Referi-me anteriormente a Kate Millett e sua observação de que "o amor tem sido o ópio das mulheres, assim como a religião tem sido o ópio das massas". De fato, a ideia de que a religião é uma ferramenta eficaz de controle pelas elites tem sido associada ao anarquismo desde seus primórdios. Uma das principais bandeiras do anarquismo tem sido o livre pensamento e sua rejeição ao irracionalismo, especialmente quando institucionalizado e dogmatizado. As religiões sempre foram vistas, sob a ótica do livre pensamento e do anarquismo, como inimigas do progresso, da razão e do conhecimento. Desde Bakunin, a emancipação humana tem sido vista como um confronto com a religião, considerada um poder supremo no campo do sobrenatural e metafísico, e com o Estado, como o poder supremo no mundo físico. Em *Deus e o Estado*, Bakunin também destaca que a religião individualiza a pessoa como um mecanismo para controlá-la mais eficazmente:[136]

> "Todos os outros mandamentos são direcionados apenas ao indivíduo: você não deve matar (exceto nos casos frequentes em

---

136 Mikhail Bakunin (1882), God and the State, CreateSpace Independent Publishing Platform, 2017.

que eu mesmo ordeno; deveria ter acrescentado); você não deve roubar, nem a propriedade, nem a esposa de outro (também vista, de certo modo, como uma propriedade); você deve respeitar seus pais. Mas, acima de tudo, você me adorará, o Deus ciumento, egoísta, vazio e temível, e se não quiser incorrer em minha ira, cantará meus louvores e se prostrará eternamente diante de mim."

No século XX, na Espanha republicana de 1931, o poder das instituições religiosas era tão significativo que a advogada e deputada Clara Campoamor (as mulheres podiam ser eleitas deputadas, mas não podiam votar) teve que confrontar parte da esquerda parlamentar em sua luta pelo direito de voto das mulheres, o que acabou conseguindo. Embora a esquerda compartilhasse ideais igualitários, muitos temiam que as mulheres, influenciadas pela Igreja, votassem na direita ou até mesmo contra a República. Victoria Kent, da Esquerda Republicana, expressou essas preocupações em um debate em 1º de outubro de 1931:[137]

"Acho que este não é o momento de dar o voto às mulheres espanholas. É dito por uma mulher que, no momento crítico de dizê-lo, renuncia a um ideal. (...) se as mulheres espanholas já tivessem passado por um período universitário e estivessem liberadas em sua consciência, eu me levantaria hoje diante de toda a Câmara para pedir o voto feminino. (...) Mas hoje, senhoras e senhores, é perigoso conceder o voto às mulheres"

Infelizmente, a libertação da consciência das mulheres e dos homens na Espanha não ocorreu nas décadas seguintes. As ideias de livre pensamento, educação racionalista e igualitária, pluralismo ideológico, liberdade de expressão e liberdade acadêmica foram esmagadas. Esta grande tragédia histórica não teve origem no direito ao voto das mulheres, mas culminou em uma rebelião armada e numa guerra que resultou em uma ditadura militar totalitária, sob a égide da igreja, e na restauração dos Bourbons décadas depois. Eram homens violentos, armados e apoiados pela

---

137   Victoria Kent, Discurso ante las Cortes sobre el voto femenino, 1931.

burguesia, aristocracia, Igreja e estados fascistas da Europa, que não perceberam a ameaça iminente. No entanto, no resto do continente e do mundo, o fascismo não prevaleceu, e a história do pensamento continuou seu progresso, com avanços fundamentais que enriqueceram a atualidade. Uma figura influente do pensamento do século XX (que já citei ao falar sobre anarquismo político, e devo admitir que, sem vergonha, me deixei levar por uma inclinação pessoal) é o matemático, filósofo, Prêmio Nobel de Literatura[138] e ativista Bertrand Russell. Sua defesa do livre pensamento permeou sua longa e produtiva vida. Russell foi um dos fundadores da filosofia analítica, fazendo contribuições notáveis para a lógica clássica, lógica matemática e sua aplicação a outras áreas do pensamento, como filosofia da linguagem, epistemologia e metafísica. Ele também avançou na matemática, especialmente na teoria dos conjuntos, e foi pioneiro nas ciências cognitivas, inteligência artificial e computação teórica. Seu ativismo político, que o levou à prisão durante a Primeira Guerra Mundial, concentrou-se na luta contra o imperialismo e as guerras, promovendo o internacionalismo. Após a Segunda Guerra Mundial, o Manifesto Russell-Einstein foi uma das primeiras iniciativas a influenciar a opinião pública contra a proliferação nuclear, antecedendo as conferências de Pugwash, que mais tarde lhe conferiram o Prêmio Nobel da Paz. Em 1944, em seu ensaio *O valor do pensamento livre*,[139] Bertrand Russell apresenta uma série de considerações valiosas sobre poder, liberdade de pensamento, essencialismo e revoluções.

"Quando a superstição é manipulada para promover a tirania,
o livre pensamento tende a fomentar revoluções. Contudo, quando
a população já está habituada à reverência irracional, é provável

---

[138] Em 1950. De acordo com a Academia Sueca: "Em reconhecimento aos seus escritos variados e significativos em que ele defende ideais humanitários e liberdade de pensamento".

[139] Bertrand Russell, *The value of free thought: how to become a truth-seeker and break the chains of mental slavery*, Haldeman-Julius, Girard, KS, 1944.

que transfira sua veneração para o líder de uma revolução bem-sucedida.

Para que uma população se liberte da tirania, é essencial adotar uma postura de livre pensamento em relação ao governo e às teorias que fundamentam suas ações. Deve-se exigir que o governo atue no interesse geral e evitar a desilusão com uma teologia supersticiosa, que equacione os interesses da elite governante com o bem comum. Embora existam muitas razões racionais para a obediência a um governo aceitável, a obediência baseada em crenças irracionais pode levar a uma "generosidade" que encoraje o governo a tornar-se tirânico. Desde a Reforma, o Estado tem assumido cada vez mais o papel de objeto de reverência supersticiosa, antes reservado à Igreja."

E quando se trata de livre-pensamento versus superstição, Russell continua:

"O universo é o que é, não o que eu gostaria que fosse. Se ele é indiferente aos desejos humanos, como parece; se a vida humana é um episódio breve, quase imperceptível na imensidão dos processos cósmicos; e se não há um propósito além do humano nem uma esperança de salvação final, é mais sábio aceitar e reconhecer essa verdade do que tentar, em uma autoafirmação fútil, moldar o universo conforme o que nos é confortável."

Em relação aos fatos, a submissão é a única atitude racional, mas no reino dos ideais não há nada a que se submeter. O universo não é hostil nem amigável; não favorece nossos ideais nem os refuta. Nossa vida individual é breve, e talvez toda a vida da humanidade seja breve se medida em uma escala astronômica. Mas isso não é motivo para não vivê-la como nos parece melhor. As coisas que nos parecem boas não são menos boas por não serem eternas, e não devemos pedir ao universo uma aprovação externa de nossos próprios padrões éticos.

O universo do livre-pensador pode parecer sombrio e frio para aqueles habituados ao acolhedor calor da cosmologia cristã. Contudo, para quem se adapta a ele, revela sua própria sublimidade e proporciona suas próprias alegrias. Ao aprender a

> pensar livremente, aprendemos a afastar o medo de nossos
> pensamentos, e essa lição, uma vez assimilada, traz uma paz que
> é inalcançável para o escravo da credulidade hesitante e incerta."

Já na última parte do século XX, observa-se que as religiões institucionalizadas perdem sua capacidade de persuasão, enfrentando dificuldades para convencer a população a seguir suas diretrizes morais dogmaticamente impostas. No entanto, isso não implica que as novas gerações abandonem os dogmas para adotar uma visão estritamente racional, pelo menos de forma generalizada. A liberdade de pensamento, como prática intelectual radical, fundiu-se com a liberdade de culto, um direito fundamental no Estado liberal democrático moderno. Mais uma vez, o sistema adapta-se astutamente às mudanças para se perpetuar. Essa fusão se manifesta em um sincretismo da modernidade globalizada,[140] compondo um mosaico de atitudes racionais de cunho hedonista, entrelaçadas com traços culturais, tradições e crenças de diversas origens, especialmente as mais exóticas e distantes: orientais, hindus, xamânicas (da Sibéria e da Mongólia), cultos tribais africanos, povos americanos, entre outros. É a versão contracultural do ditado "Santo de casa não faz milagre". A astrologia, o ocultismo e uma teosofia renovada também preenchem o espaço deixado pelas religiões monoteístas.

A cosmovisão espiritual moderna tem suas raízes mais recentes no movimento da *Nova Era*, que incorpora a ideia de eras astrológicas da mitologia grega e suas tradições divinatórias. A nova era, a era de Aquário, começaria quando o Sol, no equinócio vernal, entrar nessa constelação, devido à oscilação giroscópica do eixo da Terra—o fenômeno similar ao efeito visto em um pião que desacelera. Essa precessão dos equinócios, um movimento retrógrado contrário ao movimento orbital que define a sequência dos signos zodiacais, dá origem à Era de Aquário, que segue a de

---

[140]   Com raízes reconhecíveis em propostas do final do século XIX, como a *Antroposofia* de Rudolf Steiner, a *Teosofia* de Madame Blavatsky ou o *Novo Pensamento* de William James.

Peixes. O período médio dessa precessão é de cerca de 25.776 anos,[141] resultando em eras de aproximadamente 2.148 anos cada, ao serem divididos entre os 12 signos zodiacais. Assim, os 20 séculos desde o nascimento de Cristo, tradicionalmente marcado pela transição da Idade de Áries para a de Peixes, indicam que estamos atualmente vivenciando[142] uma mudança cósmica significativa do ponto de vista astrológico.

O rito de passagem que simboliza essa transição envolve a libertação da mente e do espírito da dominação das instituições religiosas. Não há mais uma escritura sagrada ou um profeta, embora uma variedade de autores, predominantemente homens, produza obras *best-sellers* que exploram novas formas de consciência. Essas obras sugerem a existência de algo sobrenatural dentro de nós, não mais nos céus ou paraísos tradicionais, que são amplamente compartilhados, mas não individuais. Falam também de "energias" que lembram a noção de "alma" presente em diversas teologias, diferenciando-se por desafiar o conhecimento intersubjetivo, uma vez que não são observáveis ou passíveis de medição, verificação ou refutação.

Essas noções se infiltraram especialmente na tradição popular durante os movimentos contraculturais dos anos 1960. As novas crenças e ferramentas que surgiram e foram popularizadas a partir dessa transição libertadora das doutrinas clássicas tendem a misturar questões do corpo e da alma, ou das energias internas, propondo axiomaticamente que há um poder mental ou energético capaz de operar com grande eficácia para controlar e determinar o estado e o funcionamento do corpo, de seus sistemas, aparelhos e

---

[141] Outro efeito curioso dessa oscilação do eixo da Terra é que a estrela que melhor indica o norte está mudando. Agora é a Estrela do Norte da constelação da Ursa Menor, que apenas em 2017 se localizou no ponto mais próximo da projeção do eixo de rotação da Terra. Cinco mil anos atrás, os egípcios usavam Thuban, na constelação do Dragão, como sua estrela polar, e em doze mil anos será Vega, na constelação de Lira, que aponta para o norte no céu.

[142] Como os contornos das constelações são definidos astronomicamente de forma convencional, a mudança anterior ocorreu por volta do ano 500 e a próxima ocorrerá no século 27.

processos. Outro princípio fundamental desse sistema de crenças e práticas é que o caminho para alcançar essas realizações passa pela convicção na capacidade do cérebro—considerado um órgão misteriosamente subutilizado—e pela vontade de superar qualquer obstáculo: "Tudo está em sua mente."

A vida é proposta como uma jornada espiritual, uma busca interior pelo eu autêntico, uma libertação pessoal, frequentemente apoiada por uma rede de gurus que se apresentam como "profissionais de *coaching* pessoal" em ambientes mais esnobes, oferecendo conselhos por uma modesta contribuição financeira. Esse esquema de crenças é útil para manter o sistema. Um conjunto de ideias que convence muitas pessoas de que as ansiedades, incertezas e precariedades que enfrentam são problemas de atitude pessoal. O problema, segundo essa visão, é que as pessoas não são suficientemente otimistas, positivas, ou que não praticam o crescimento pessoal e o autoconhecimento, não olham para dentro de si mesmas, ou que não fazem o suficiente.

Estamos diante de uma nova vestimenta moderna destinada a adornar os novos santos, bispos e padres, herdeiros dos tradicionais, que nesta reencarnação pós-moderna fazem você acreditar que a culpa de tudo é pessoal, mas ao mesmo tempo te auxiliam, aconselham, preparam e vendem a fórmula para que você aceite que o mundo é assim e sinta (por breve tempo) que está no caminho da felicidade. E eles lucram com isso, como sempre ocorreu. Ao longo de todas as eras da história, floresceram guildas de vendedores de ilusões que encontraram o caminho, ou melhor, o atalho para a sua própria felicidade, às custas de pessoas desesperadas.

Hoje, as crenças fora de instituições religiosas têm se expandido tanto no Ocidente quanto globalmente. Segundo o *Projeto de Religião e Vida Pública do Centro de Pesquisa*, em 2010, 18% da população na Europa era composta por pessoas crentes, mas não afiliadas a nenhuma religião. Globalmente, 31,4% da população identificava-se como cristã, 23,2% como muçulmana e 16,4% como não religiosa.

A espiritualidade sem deuses possui uma intensidade emocional comparável à religiosidade tradicional e conta com uma ampla infraestrutura comercial e cultural, que inclui material bibliográfico, ornamentos, rituais, terapias e negócios especializados. Diferente das religiões tradicionais, a experiência emocional nesta esfera é fortemente psicologizada, tanto nas crenças quanto em suas formas de expressão e disseminação. Outra distinção importante é a centralidade da "experiência" no caminho rumo à consciência e ao desenvolvimento pessoal. Por isso, é comum a busca por experiências intensas, como a experimentação com substâncias psicotrópicas, jejuns, viagens ascéticas ou iniciáticas, e a convivência em ambientes que incluem essas práticas.

O presente globalizado, marcado por tendências sincréticas, de autoajuda e autoconhecimento (neste contexto, "eu" se refere à pessoa individual, não à autogestão coletiva anarquista), gira em torno do indivíduo. Os ritos comunitários cotidianos das religiões institucionalizadas parecem pertencer ao passado, e a salvação é concebida mais como uma superação pessoal do que como um caminho compartilhado por aqueles que seguem a mesma fé, em direção a uma eternidade comum com um deus ou deuses.

O processo atual é adaptável, composto por várias opções que não são necessariamente incompatíveis entre si (felizmente, superando as guerras religiosas e os infernos para os infiéis). No entanto, em muitos casos, é um processo profundamente pessoal e individual. As almas ou versões transcendentes dos seres humanos se conectam em outras dimensões para formar um todo harmonioso, mas para alcançar esse nível de perfeição, é necessário concentrar-se no interior, pois os problemas surgem da minha falta de convicção, desenvolvimento espiritual e fé em minhas habilidades. Não são o mundo, suas injustiças, desigualdades, privilégios, opressões e violências que me impedem de evoluir. Tampouco é uma conexão tangível e coletiva entre pessoas neste universo próximo e real, nem a solidariedade e a luta pela justiça que podem salvar-me.

As consequências desta deriva são muito bem recolhidas por Monica Cornejo e Maribel Blázquez:[143]

"Como Eva Illouz (2010) apontou em *A salvação da alma moderna*, "a cultura terapêutica da autoajuda, a espiritualidade terapêutica contemporânea tem se constituído como o reservatório ideológico e sensorial do capitalismo, penetrando com fluidez nas políticas empresariais, para as quais a meditação (especialmente na forma de *mindfulness*) é uma proposta eficaz (lucrativa) diante dos problemas de estresse e das síndromes de *burn-out dos* trabalhadores (em detrimento das melhorias nas condições de trabalho)". Em direção semelhante, Vanina Papalini (2013) aponta que "Em termos de ação social, mobilização coletiva ou demandas sindicais, esse tipo de discurso tem um efeito desarticulador".

Os anos 90 são um momento de consolidação da retórica da autoajuda e generalização de uma cultura terapêutica que é condição necessária para um modelo sociopolítico neoprudencialista, que delega ao sujeito a obrigação de autocontrole e autossustentação. Em seu livro *Selling Spirituality: the silent takeover of religion,* Jeremy Carrette e Richard King (2005) nos mostram como o pensamento da *nova era* se encaixa especialmente bem nos círculos de negócios porque é eclético e flexível, porque sua ênfase no desenvolvimento pessoal está de acordo com o surgimento de *habilidades sociais*, como liderança, intuição, visão, etc. E, além disso, a ideia de transformação pessoal (central para o pensamento da *nova era)* também se encaixa nas necessidades dos negócios de adaptar a força de trabalho às mudanças nas demandas do mercado. Assim, esses autores chegam ao ponto de afirmar que "a espiritualidade

---

[143] M. Cornejo Valle e M. Blázquez Rodríguez, "From mortification to the new age: genealogy and politics of contemporary therapeutic spiritualities. Nomads", *Critical Journal of Social and Juridical Sciences*, 2016, e suas referências: E. Illouz , *The salvation of the modern soul: therapy, emotions and the culture of self-help.* Katz, Madrid, 2010; V Papalini, "Recipes for survive the demands of neocapitalism (or how self-help became part of our common sense)" *Nueva Sociedad*, 2013 e J. R. Carrette, R. King, *Selling spirituality: The silent takeover of religion.* Routledge, Londres, 2005.

se tornou uma Religião Geneticamente Modificada, o aditivo alimentar que torna o neoliberalismo mais palatável".

A crença de que "você pode fazer qualquer coisa se realmente se esforçar" impõe uma carga pesada de culpa sobre aqueles que internalizam essa mensagem, especialmente quando enfrentam a realidade de que o acaso, o infortúnio e o contexto pessoal, socioeconômico e político desempenham papéis cruciais em suas vidas. Assim, se não se alcançam os objetivos desejados ou a vida não segue os sonhos, a culpa recai sobre o indivíduo. Essa ideologia é fundamental para o "sonho americano", como analisado por Noam Chomsky em seu ensaio *Requiem for the American Dream*.[144] O sonho americano se baseia na relativa prosperidade que migrantes e famílias europeias encontraram nos Estados Unidos no século XIX, em contraste com a miséria e falta de liberdade de seus países de origem. Esse contexto ofereceu pela primeira vez a muitos de origem humilde a oportunidade de ascender socialmente, apesar de uma sociedade com menos segurança e proteção do que deixaram para trás, mas com mais oportunidades.

No entanto, essas circunstâncias favoráveis desapareceram há um século. A mobilidade social nos Estados Unidos é agora muito baixa, mais até do que em muitas sociedades europeias, e a desigualdade é extrema. Uma parte desproporcional dos recursos econômicos, especialmente os meios de produção, está concentrada em poucas mãos. Para manter vivo o mito do sonho americano, que foi amplamente exportado, opera-se um aparato de propaganda em todos os níveis. As ideias *new age* de crescimento pessoal e autoconhecimento, que inicialmente eram legítimas e emancipatórias, acabaram se alinhando com as necessidades do sistema, adaptando-se às mudanças. Atualmente, com as transformações sociais associadas à era digital hiperglobalizada, os mecanismos criados são ainda mais assustadores e incontroláveis,

---

[144] N. Chomsky, Requiem for the American Dream: The 10 Principles of Concentration of Wealth & Power, Seven Stories Press, Nova York, 2017.

especialmente porque envolvem comunicação e relações interpessoais. Como reflete Chomsky:[145]

> "Há mobilização popular e ativismo, mas em direções muito autodestrutivas. Está tomando a forma de raiva sem foco, ataques uns aos outros e a alvos vulneráveis - é o que acontece em casos como este. É corrosivo para as relações sociais, mas esse é o ponto. O objetivo é fazer com que as pessoas se odeiem e temam umas às outras, e cuidem apenas de si mesmas, e não façam nada por mais ninguém."

Assim, no campo relacional, as implicações seguem uma linha semelhante. Focar a potencialidade e o desenvolvimento pessoal, junto com a culpa quando as expectativas não são atendidas, coloca a responsabilidade sobre o indivíduo. Isso resulta em modelos de vínculo que se ajustam perfeitamente às necessidades de adaptação da oferta à demanda, sem questionar as relações de poder, mas sim enfatizando as capacidades individuais. Em suma, abordagens onde as pessoas que se conectam e se envolvem em um relacionamento devem ser "autênticas" e "fluir". O problema é que, muitas vezes, as coisas fluem na mesma direção. Tudo tende a ir de cima para baixo, e raramente as coisas fluem em sentido contrário.

Do misticismo e dogma às bruxas e poesia

Mas o misticismo esotérico, individualista e globalizado da nova era, embora tenha, sem dúvida, triunfado nas sociedades ocidentais, não é o único caminho que o pensamento humano abriu além do racionalismo. Recentemente, alguns personagens têm sido reinterpretados de maneira emancipatória, associativa e crítica, como as bruxas. Como Selin Yasar observa:[146]

> "As bruxas não precisam de um príncipe para resgatá-las; o poder de seus feitiços e magia servirá. E, quando necessário, elas também podem confiar em suas irmãs. Muitas bruxas decidem se reunir em covens, que são como uma segunda família, um círculo

---

[145] Ibid., p. 75.
[146] S. Yasar, "The rise of the witch", *Medium*, 2018.

de confiança que cria não apenas magia poderosa, mas também uma comunidade forte. Outros decidem não se juntar a um coven, mas se encontrarão com outras bruxas socialmente, participarão de fóruns ou participarão de oficinas. Apesar de ser uma religião misteriosa, a bruxaria acolhe a todos, independentemente de raça, gênero ou orientação sexual. Compromisso é a única coisa necessária."

Focado nas mulheres como um coletivo sob a pressão do patriarcado, esse paradigma, situado entre o mal simbólico e a reivindicação radical, busca contribuir para superar fatores opressivos como os estereótipos físicos e de gênero, as exclusões, a obrigação de conformidade com expectativas, o isolamento e a competição entre iguais:

"Enquanto uma princesa normalmente nasce com privilégios, uma bruxa passa por diferentes desafios e prova a si mesma para moldar sua vida. (...) O que mais define uma bruxa é provavelmente sua determinação em seguir sua própria vontade - uma característica que pode torná-la um alvo porque ela desafia o status quo e desencadeia as inseguranças de alguns homens. "Bruxas foram apedrejadas; bruxas foram enforcadas; elas foram processadas; elas estavam à beira da sociedade. Então, dizer 'eu sou uma bruxa' é dizer 'eu tenho a coragem de ficar no limite'. "[147]

Porque a estética, a inspiração poética, a busca do ser, a exploração da consciência, o fascínio por observar e aspirar à essência destilada dos sentimentos que nos conectam, das emoções que nos abalam e nos fazem amar uns aos outros... tudo isso é a alma. A espiritualidade que compreendo é aquela em que o misticismo é poesia, onde o divino surge da inspiração, não da revelação, onde o pensamento se mistura com a paixão e a filosofia com a arte, onde não há vendas de cenários paradisíacos ou apartamentos-modelo de promoções com qualidades superiores de carma e energias transcendentes.

---

[147] Ibid.

No entanto, esse olhar além do empírico, que o complementa e enriquece, tem permanecido à margem da modernidade. Reivindico, daqui, essas outras janelas para o infinito. Nada nos impede de voar, mas que voemos alto, ajudando uns aos outros a descobrir a direção do sul, em rebanho ou em dispersão, batendo ou deslizando, mas não em formação ou com voo baixo e tímido. E não é necessário reinventar tudo; há pensamento transcendente além da Bíblia, do Tanakh, dos Cânones Budistas, do Alcorão ou dos Vedas, e além de Coelho, Osho, Jodorowsky, Bucay ou Chopra.

O astrofísico e grande comunicador Carl Sagan escreveu:[148]

> "Um dos grandes mandamentos da ciência é: "Desconfie de argumentos de autoridade". (Os cientistas, sendo primatas e, portanto, dados a hierarquias de dominância, é claro, nem sempre seguem esse mandamento.) Muitos desses argumentos se provaram dolorosamente errados. As autoridades devem provar seu conteúdo como todos os outros. Essa independência da ciência, sua relutância ocasional em aceitar a sabedoria convencional, a torna perigosa para doutrinas menos autocríticas ou com pré-tensão à certeza. (…) "Espírito" vem da palavra latina "respirar". O que respiramos é ar, que certamente é matéria, por mais fina que seja. Apesar do uso em contrário, não há implicação necessária na palavra "espiritual" de que estamos falando de outra coisa além da matéria (incluindo a matéria da qual o cérebro é feito), ou qualquer coisa fora do reino da ciência. (…)
>
> A ciência não é apenas compatível com a espiritualidade; é uma fonte profunda de espiritualidade. Quando reconhecemos nosso lugar em uma imensidão de anos-luz e na passagem dos tempos, quando compreendemos a complexidade, a beleza e a sutileza da vida, então esse sentimento crescente, esse sentimento de exaltação e humildade combinados, é certamente espiritual. Assim como nossas emoções na presença de grande arte, música ou literatura, ou de atos de coragem altruísta exemplar, como os de Mohandas Gandhi ou Martin Luther King Jr. A noção de que a

---

148 C. Sagan, The Demon-Haunted World: Science as a Candle in the Dark, Ballantine Books, Nova York, 1997.

ciência e a espiritualidade são de alguma forma mutuamente exclusivas faz um desserviço a ambas. "

Na mesma linha, Richard P. Feynman, Prêmio Nobel de Física e um gênio cujas contribuições são tão brilhantes quanto sua biografia, escreveu:[149]

"A mesma emoção, o mesmo temor e mistério, vem de novo e de novo quando olhamos para qualquer questão com profundidade suficiente. Com mais conhecimento vem um mistério mais profundo e maravilhoso, atraindo a pessoa para penetrar ainda mais fundo. Nunca preocupado que a resposta possa ser decepcionante, com prazer e confiança, viramos cada nova pedra para encontrar estranheza inimaginável levando a perguntas e mistérios mais maravilhosos — certamente uma grande aventura!

É verdade que poucas pessoas não científicas têm esse tipo particular de experiência religiosa. Nossos poetas não escrevem sobre isso; nossos artistas não tentam retratar essa coisa notável. Nãosei por quê. Ninguém se inspira em nossa imagem atual do universo? Esse valor da ciência permanece desconhecido dos cantores. Você está reduzido a ouvir não uma música ou um poema, mas uma palestra noturna sobre isso. (...)

Talvez uma das razões seja que você tem que saber ler a música. Por exemplo, o artigo científico diz, talvez, algo assim: "O conteúdo de fósforo radioativo do cérebro do rato diminui para metade em um período de duas semanas." What does that mean? Isso significa que o fósforo que está no cérebro de um rato (e também no meu, e no seu não é o mesmo fósforo de duas semanas atrás, mas que todos os átomos que estão no cérebro estão sendo substituídos, e os que estavam lá antes foram embora. Então o que é essa mente, o que são esses átomos com consciência? As batatas da semana passada! Isso é o que agora posso lembrar do que estava acontecendo em minha mente há um ano — uma mente que há muito tempo foi substituída.

---

[149] R. P. Feynman (1988), What Do You Care What Other People Think?": Further Adventures of a Curious Character, W. W. Norton & Company, Nova York, 2001.

> Isso é o que significa quando se descobre quanto tempo leva para que os átomos do cérebro sejam substituídos por outros átomos, notar que a coisa que eu chamo de minha individualidade é apenas um padrão ou dança. Os átomos entram no meu cérebro, dançam uma dança, depois saem sempre novos átomos mas sempre fazendo a mesma dança, lembrando o que foi a dança ontem"

Shelley, o poeta romântico inglês expulso de Oxford em 1811 por sua obra *A Necessidade do Ateísmo* e conhecido por seus escritos poéticos como *A Máscara da Anarquia*, que ele não pôde ver publicado durante sua vida e que provavelmente contém a primeira expressão moderna da ideia de resistência não violenta, escreveu linhas como estas, em seu *Hino à Beleza Intelectual*, onde demonstra que o fascínio não precisa transcender o humano para ser cativante e poético:

> "Nenhuma voz de algum mundo mais sublime jamais
> deu a sábio ou poeta estas respostas:
> Portanto, os nomes de Demônio, Fantasma e Céu,
> permanecem os registros de seus esforços vãos: Feitiços
> frágeis cujo encanto absoluto pode não servir para separar,
> De tudo o que ouvimos e tudo o que vemos,
> Dúvida, acaso e mutabilidade.
> Tua luz sozinha como névoa sobre montanhas dirigidas,
> Ou música pelo vento noturno enviado
> Através de cordas de algum instrumento imóvel,
> Ou luar em um riacho da meia-noite,
> Dá graça e verdade ao sonho inquieto da vida."

Por fim, poucos olhares como o de Eduardo Galeano conseguiram preencher a poesia da espiritualidade e a espiritualidade da poesia, sem renunciar a raízes firmemente cravadas no chão e dispostas a provocar mudanças. Em seu livro *The Walking Words*,[150] você encontra exemplos maravilhosos desse pensamento libertário e mágico.

---

[150] Eduardo Galeano, *Las* palabras *andantes,* op. cit.

"Era Natal, e um cavalheiro suíço deu ao filho um relógio suíço. O menino desmontou o relógio em sua cama. E ele estava brincando com as agulhas, a mola, o cristal, a coroa e outras engrenagens, quando o pai o descobriu e lhe deu uma surra tremenda. Até então, Nicole Rouan e seu irmão eram inimigos. Daquele Natal, o primeiro de que ela se lembra, os dois ficaram amigos para sempre. Naquele dia, Nicole sabia que ela também seria punida, ao longo de seus anos, porque em vez de perguntar aos relógios do mundo sobre a hora, ela iria perguntar a eles como eles se parecem por dentro."

"A Igreja diz: O corpo é uma culpa. A ciência diz: O corpo é uma máquina. A publicidade diz: O corpo é um negócio. O corpo diz: eu sou uma festa."

4.2 Identidades e sensibilidades

A identidade é um conceito que perpassa todas as culturas, manifestando-se tanto em seu aspecto individual quanto coletivo. Defino quem sou por meio de um nome que me distingue, e o que sou através de um conjunto de ferramentas e matérias-primas culturais que utilizo para construir essa persona, essa ficção, essa construção na qual me reconheço. A identidade, em contraste com outros aspectos da personalidade e das relações sociais — como papéis, tendências, orientações, comportamentos ou a expressão de nossos pensamentos em práticas cotidianas — não se limita apenas a definir interações ou desejos; ela estabelece um significado, uma identificação simbólica do que sou, do que desejo ser e do que minhas ações devem significar.

A identidade não é única, embora possa haver uma hierarquia entre as identidades pelas quais uma pessoa ou uma comunidade se sente representada, como uma identidade primária e identidades secundárias. Especificamente, de acordo com o influente sociólogo Manuel Castells:[151]

---

[151] M. Castells, *El Poder de la Identidad*, Alianza, Madrid, 2002, da trilogia *La era de la información: economía, sociedad y cultura* (Castells também é conhecido por suas pesquisas que exploram os processos que formam a "sociedade em rede". Seus

"Por identidade, em relação aos atores sociais, quero dizer o processo de construção de significado atendendo a um atributo cultural, ou um conjunto relacionado de atributos culturais, que recebe prioridade sobre o resto das fontes de significado. Para um determinado ator individual ou coletivo pode haver uma pluralidade de identidades. No entanto, tal pluralidade é fonte de tensão e contradição tanto na representação de si mesmo quanto na ação social."

Os papéis, referentes aos lugares que ocupo na sociedade e às tarefas que me são atribuídas, resultam do confronto entre minha vontade, desejos, possibilidades e necessidades com o mundo real; são funcionais. As identidades, por outro lado, são fundamentais para dar estrutura ao significado, não às funções. Elas impõem uma leitura de continuidade temporal (não de constância) ao longo dos anos e uma delimitação espacial, sendo definidas pelo que identifico como meu corpo.

Castells analisa as identidades em termos de poder, mencionando autores como Foucault e Marcuse, sugerindo uma visão que percorre as interseções de estruturas antigas em aspectos recorrentes que revisitamos. Ele define três categorias de identidade:

Identidades legitimadoras: Refletem a internalização da normatividade hegemônica que chamo. Assumem os valores comuns impostos pelas instituições através da autoridade, moldando a sociedade civil. Não percebem ser objeto de dominação, nem em sua sensibilidade ou consciência coletiva, e assim carecem de intenções de rebelião ou desejos de transformações profundas e radicais.

---

estudos indicam que, até recentemente, as estruturas hierárquicas verticais eram predominantes porque a infraestrutura necessária para redes estava ausente. Com os avanços tecnológicos, essas condições mudaram, permitindo o surgimento de novos movimentos libertários horizontais. Esses movimentos buscam a emancipação de grupos específicos das instituições e grandes corporações, promovem a diversidade dentro da homogeneização cultural, defendem os direitos das minorias, o bem comum, e abordam questões como ambientalismo e feminismo.).

Identidades de resistência: Revelam a percepção da dominação e sofrimento impostos pelo poder hegemônico e mostram a assimilação do dissenso. Constroem barreiras individuais e coletivas para evitar marginalização, eliminação ou reconversão forçada. São o primeiro passo na conscientização para articular um movimento que pode alcançar visibilidade, normalização e transformação das sociedade e de suas instituições.

Identidades de projeto: Mostram um avanço além da resistência, evoluindo da trincheira para o papel de vanguarda. Esses movimentos estimulam a ação ao incorporar a transformação social em sua essência e visão, buscando redefinir suas posições na nova ordem para se libertar dos mecanismos de dominação e desafiar os privilégios desfrutados por outros às suas custas. Eles transformam sujeitos oprimidos em sujeitos políticos.

Minha intenção é explorar as articulações identitárias de resistência e de projeto, focando na construção de vínculos. Sentimentos de auto-atribuição ou pertencimento social estão, de alguma forma, ligados às nossas relações. No entanto, vou concentrar-me nos aspectos que conectam esses sentimentos diretamente ao mundo dos laços pessoais, sua influência e alcance.

Identidades políticas

As lutas, políticas e práticas cotidianas relacionadas à identidade estão em um equilíbrio contínuo e frágil diante da interseccionalidade dos vetores de poder e dominação, onde múltiplos eixos de opressão interagem de forma complexa. O reconhecimento e a consciência de identidade são essenciais para a defesa e o ativismo contra uma forma específica de opressão, mas também podem gerar divisões e conflitos entre coletivos oprimidos.

Charles Taylor, uma das vozes-chave da filosofia política contemporânea, propõe:[152]

---

[152] R. Cristi e J.R. Tranjan, "Charles Taylor y la democracia republicana", Revista de Ciencia Política, Santiago, 2010.

> "(...) "compartilhar o espaço da identidade como alternativa à exclusão democrática" isso significa negociar uma identidade aceitável, ou mesmo politicamente comprometida, entre as diferentes identidades pessoais ou grupais que são desejadas ou têm que viver." O termo "negociar" tem um significado especial aqui: não é meramente uma negociação processual pela qual as pessoas alcançam um compromisso imparcial. Negociar refere-se à fusão de horizontes, processo de ampliação e ampliação das concepções dos participantes que se dispõem a se abrir para uma relação plena entre si."

Isso, evidentemente, não é uma crítica aos processos radicais voltados para o combate à opressão machista, homofóbica, racista, capitalista ou outras, tampouco deve resultar na desativação dos sujeitos políticos que os adotam. Trata-se, principalmente, de problematizar a identidade, alinhando-se às advertências da teoria queer sobre os perigos do essencialismo, do binarismo de gênero, entre outros. Em sua proposta para a democracia radical, Chantal Mouffe é ainda mais clara e explícita:[153]

> "Se a tarefa da democracia radical é, de fato, aprofundar a revolução democrática e vincular diferentes lutas democráticas, tal tarefa exige a criação de novas posições de sujeito que permitam a articulação comum, por exemplo, do antirracismo, do antissexismo e do anticapitalismo. (...) Para que a defesa dos interesses dos trabalhadores não seja perseguida à custa dos direitos das mulheres, dos imigrantes ou dos consumidores, é necessário estabelecer uma equivalência entre essas diferentes lutas. É apenas indefinido nessas circunstâncias que as lutas contra o poder se tornam verdadeiramente democráticas."

Em análises recentes no campo da filosofia política, a ideia de que o anarquismo é uma identidade política com menos ligações inerentes a categorias como classe, raça, gênero ou origem não foi consolidada. Laura Portwood-Stacer[154] argumenta que a assunção de uma dessas

---

[153] Chantal Mouffe, The Return of the Political (Radical Thinkers) Verso, Nova York, 2006.
[154] L. Portwood-Stacer, Lifestyle Politics and Radical Activism, op. cit.

identidades como fator mobilizador não é essencial. O anarquismo seria uma identidade desessencializada, focada na interpretação e no significado atribuído à realidade, e no desejo de alterá-la, não em uma identificação, origem ou experiência pessoal compartilhada. Avaliações coincidem quando vistas através de uma lente comum, gerando um posicionamento puramente político. Isso explica por que movimentos como a anarquia relacional, que transformam práticas cotidianas em expressão política, surgem em contextos anarquistas, resultando na formação de tais identidades e sujeitos políticos específicos. Essas práticas e identidades oferecem um sentido único de ação política, especialmente em tempos em que as possibilidades de mudança parecem escassas. De acordo com Stacer, teóricos da performatividade como Judith Butler já sugeriram que todos os tipos de identidade são performáticos, com a identidade política anarquista sendo um exemplo especialmente evidente.

Anarquia relacional: da identidade à sensibilidade

Além da análise das tendências identitárias evocadas[155] pela proposta da anarquia relacional em sua dimensão política, é interessante explorar como essa identidade opera na esfera relacional do cotidiano. Por um lado, o que significa identificar-se como um anarquista relacional e até que ponto isso implica uma oposição a outras identidades, como "pessoa normal" (no sentido de normativa), "pessoa em um casal" (comprometida, casada, ou em um relacionamento), "pessoa solteira" (seja por vocação ou buscando um parceiro, ou até mesmo naquelas situações peculiares de "não procurada, mas encontrada"), entre outras?

A primeira questão a ser considerada, justamente na linha do ponto anterior, é que a maioria das identidades em nossas sociedades está profundamente ligada ao poder. Expressar minha identidade nacional, por exemplo, pode me posicionar de forma

---

[155] Como este livro não tem um foco acadêmico, utilizo o conceito de identidade de forma ampla, principalmente alinhado à caracterização discutida nesta seção, mas com flexibilidade para incluir ideias, comportamentos, práticas e papéis que enriquecem o senso de identidade.

superior em relação aos estrangeiros, especialmente se estes forem pobres, pois, em um mundo capitalista, a identidade associada à riqueza ou à aparência de riqueza prevalece sobre outros aspectos. Demonstrar identidades raciais, de gênero, familiares (como meu sobrenome), profissionais ou religiosas pode me colocar no lugar desejado em diferentes contextos, sempre como uma expressão de poder.

Nesse contexto, os símbolos identitários da anarquia relacional (ou não-normatividade, não-monogamia, entre outros) podem ser interpretados de maneiras muito diversas, até opostas. A partir de uma identidade masculina tradicional, por exemplo, podem ser usadas como uma bandeira de advertência doméstica, insinuando uma atitude de "garota, você sabe o que está fazendo". É crucial manter um alerta constante, oferecer informações, trabalhar na desconstrução desses comportamentos e empregar todos os meios necessários para evitar essas situações. Por outro lado, em processos de empoderamento feminino e feminista, essas identidades podem ser úteis para estabelecer limites, construir redes e promover uma libertação autêntica e ampla, em termos políticos, solidários e coletivos, através de comportamentos emancipatórios que merecem ser valorizados e apoiados. Minha proposta, no entanto, é desviar qualquer tentação identitária no contexto da anarquia relacional da simples identificação com uma categoria para uma abordagem sensível. Ou seja, em vez de me identificar com uma etiqueta, prefiro que as práticas da anarquia relacional me conduzam a comportamentos que demonstrem um alto grau de sensibilidade aos seus aspectos fundamentais de maneira consistente. Essas práticas devem ser sensíveis a qualquer forma de autoridade, dominação ou opressão, e atentas a evitar privilégios normativos, expressando a máxima consideração pelas necessidades, desejos e limites de cada pessoa para construir espaços ou redes de autogestão coletiva. Uma delicadeza que nos permita escapar sem angústia ou pressão da submissão às normas dominantes e às estruturas de poder que elas implicam.

Desafiando as identidades regulatórias

(¿?¿?¿?¿? Lo he cambiado (ponía Identidades Regulatórias Desafiadoras.)

Quanto à resposta às identidades normativas, que é outra característica da anarquia relacional nesse campo, nos capítulos anteriores discuti o raciocínio que leva a questionar rótulos prescritivos, dicotomias entre casal e amizade, alosexismo, etc., com base nos princípios de não autoridade, não-normatividade e autogestão. Nesse contexto, a proposta de transitar da identidade para a sensibilidade pode ser igualmente útil. Categorias pré-definidas carregam grandes pesos de normas, estruturas, direitos, obrigações e expectativas, mas não devem ser combatidas ou atacadas à custa dos mais vulneráveis. É possível abdicar dessas identidades, sim, mas sem excluir ninguém. Em vez disso, podemos substituí-las por sensibilidades que priorizam a consideração, já que a desconstrução é um trabalho que deve ser realizado coletivamente e no ritmo daqueles que vão mais devagar.

As categorias normativas podem ser vistas como territórios demarcados por fronteiras. Estas fronteiras defendem certezas e quadros de segurança percebida, que a anarquia relacional visa eliminar. No entanto, ao embarcar no projeto internacionalista e humanista de acabar com as fronteiras, não devemos ignorar os problemas e dramas a elas associados. A convicção de que a humanidade é um povo único, sem barreiras entre as nações, não pode significar que negamos status a migrantes ou refugiados pobres, ou que esquecemos de visibilizar sua tragédia e reconhecer seus direitos como seres humanos. Aboliremos as fronteiras no futuro próximo, mas, até lá, não podemos abandonar aqueles que hoje são suas vítimas. Assim, garantimos que os rótulos normativos percam seu caráter restritivo e autoritário, enquanto reconhecemos e temos empatia pelas pessoas mais vulneráveis. Quem está nessa situação precisa de confirmação, reforço e uma estrutura simbólica que sirva de âncora ou farol para manter alguma estabilidade.

Adotar a sensibilidade como critério possibilita valorizar a luta e o trabalho coletivos. Permite transformar demandas em cumplicidade. O primeiro passo é mudar as palavras, o que ajuda a pensar de maneira diferente. Além disso, o uso de novas categorias pode causar desconforto inicial, tornando-as visíveis e contribuindo para a normalização à medida que o ouvinte se acostuma com essa linguagem. Pode também despertar curiosidade e perguntas, e responder a elas de forma didática e respeitosa mostrará claramente que me relaciono com elas de outra forma.

A identidade pessoal não é apenas uma noção descritiva que dá sentido às minhas ações e expressa características que me representam. É um conjunto de dinâmicas, de autopercepções, e da construção de um modelo de mundo, conferindo sentido ao meu meio e à minha individualidade como parte desse universo, tanto como entidade transformável quanto como transformadora. Galeano disse:[156]

> "Afinal, somos o que fazemos para mudar quem somos. A identidade não é uma peça de museu, ainda em exposição, mas a síntese sempre surpreendente das nossas contradições cotidianas. Nessa fé, fugitivo, eu acredito. Acho que é a única fé confiável, por mais que pareça o inseto humano, fodido, mas sagrado, e a louca aventura de viver no mundo."

Socialmente, a identidade pessoal cria uma ficção de essencialidade, fazendo-me acreditar que me comporto, sinto e penso de uma certa forma por ser quem eu sou. Contudo, na realidade, meu comportamento reflete o que fui ensinado, meus sentimentos, o que aprendi a sentir, e meus pensamentos, o que fui instruído a pensar. Assim, minha identidade é moldada pela cultura e pelo ambiente que influenciaram minha mente, organismo e ser consciente e inconsciente.

Então, essa é a minha maneira "natural" de me comportar, sentir e pensar? Pode-se dizer que sim, pois o desenvolvimento natural de

---

[156] Eduardo Galeano, *El libro de los abrazos*, Siglo XXI, Madri, 1993.

qualquer organismo vivo, como mencionei, baseia-se na adaptação ao ambiente ao nascer. Mas como seria eu se tivesse que me adaptar a outro ambiente? Certamente seria diferente, bastante diferente, se o contexto tivesse sido outro.

Portanto, o "eu sou assim" ou "eu sou como sou" é uma ficção se considerarmos que somos essencialmente independentes da cultura, das circunstâncias, dos estímulos e do acaso. Ademais, a realidade apenas confirma uma hipótese: não podemos saber como seríamos em outra situação. Ninguém prospera em um ambiente indiferente. Não há um meio "normal" que funcione como referência neutra. Não existe tal coisa.

Devo admitir que, desde que nasci, venho adaptando meu personagem a um roteiro, tão absorvido em meu papel que esqueci que estou apenas interpretando. Diante disso, o primeiro passo é analisar criticamente o texto, decidir se concordo com meu personagem e, se não, o que quero mudar. Ao modificar minha parte no roteiro, estou construindo uma nova identidade, possivelmente tão fictícia quanto a anterior, mas mais consciente e menos automatizada. Pode emergir uma identidade de resistência que canaliza uma sensibilidade coletiva radical. Por exemplo, o binarismo de gênero impõe papéis diferenciados a dois grupos: atores e atrizes, cada um com suas características próprias. Os traços básicos dos personagens femininos incluem a expectativa de felicidade no amor, a obrigação de capitalizar a beleza e preservar a virtude, além da abnegação e contenção; exagerar ou sair do papel implica um custo. Os traços dos personagens masculinos são o protagonismo ativo, a representação do universal, tudo o que transcende o feminino, definindo o humano em sua totalidade e conferindo profundidade ao texto, pois inovar é recompensador para eles. Os personagens também assumem papéis diferentes conforme envelhecem: amadurecer, estabelecer-se, trabalhar, ter filhos e, eventualmente, se retirar para os bastidores para as cenas mais ousadas. Os personagens secundários, apesar do entusiasmo que trazem, raramente são os mais aplaudidos. Em geral, aqueles que não se encaixam na peça, no palco ou na sensibilidade predominante do público, só recebem atenção se forem destacados desde o início em papéis significativos.

Recuperando a ideia inicial de que sou o que faço para mudar o que sou, posso alterar meu papel, especialmente ao perceber que ele é apenas o texto de um personagem, não uma essência necessária e inevitável. Quais características envolvem os possíveis caminhos para essa identidade de resistência ou projeto? Talvez eu precise revisar criticamente minha visão sobre o personagem e considerar tornar essa mudança visível para que seja percebida externamente. Para isso, é crucial entender as objeções ao meu papel atual e os objetivos da transformação que proponho. Por exemplo, quero desafiar minha identidade de gênero, minha forma de me relacionar e meu consumo. Tenho razões para isso e a convicção de que devo dedicar esforços para promover essas mudanças. Se a visibilidade é uma prioridade, precisarei de força e coragem para expressá-la e torná-la visível para o meu ambiente, ou pelo menos para uma parte dele.

A alternativa mais confortável, sem dúvida, é a aceitação e a submissão: assumir o papel que me foi atribuído. Por um lado, essa escolha é mais simples, pois evita a luta contra minha própria inércia e as pressões do meu contexto social. Contudo, se eu realmente não me sinto representado por esse papel, a resignação pode se tornar insustentável a longo prazo.

As identidades não hegemônicas frequentemente buscam uma precisão nas suas nuances que não é demandada dos papéis tradicionais. Esse processo de introspecção, revendo as sensações que surgem e que podem evoluir, às vezes surpreende aqueles que vivem confortavelmente dentro dos padrões hegemônicos. Essa estranheza pode gerar ceticismo e até zombaria, o que, em alguns casos, poderia ser visto como uma forma de meta-violência. A legitimação de identidades não hegemônicas não exige confrontar estruturas de poder estabelecidas, grupos privilegiados e violências estruturais. O pensamento neoliberal pressupõe que todos partem da mesma base, ignorando as diferenças de oportunidades e posições ao acessar recursos, desenvolvimento pessoal, cultura, consumo, produção, e as estruturas de controle e submissão. É um pensamento cego às desigualdades, que se complementa com a ideia de que o amor também é cego: indiferente à posição, origem e identidade, assim como à opressão.

A lista a seguir explora estruturas de dominação e identidades de resistência, abordando relações não normativas e flexibilizando a noção de identidade para incluir tendências, orientações e expressões associadas à subordinação e dissidência. Também detalha as circunstâncias e configurações que as determinam. Identidades como essas podem promover sensibilidades insurgentes, revolucionárias e transformadoras. Esta análise serve como uma representação visual das múltiplas dimensões nas quais o contexto cultural divide, confronta e facilita a opressão entre as pessoas. Vale a pena revisar este quadro e refletir sobre quantos desses eixos nos atravessam e em que ponto estamos em cada um deles, seja em posições de privilégio ou submissão.[157]

A. ESTRUTURA DE PODER
B. *Identidade hegemônica*
C. Resistência/Identidades do Projeto
D. Violência estrutural

A. PATRIARCADO
B. *Homem*
C. Feminino, Feminista
D. Misoginia e machismo

A. HETEROSSEXISMO

---

[157] Escolhi o sufixo "-antagonista" em vez de "-fobia" com base nas tendências observadas nos espaços de ativismo. A razão é que "fobia" implica uma aversão patológica, enquanto "-antagonista" se refere a um preconceito moral ou político, que é o que quero expressar nesses contextos. Isso evita a estigmatização das pessoas que realmente sofrem de fobias.

B. Reto

C. Homossexual, bissexual, pansexual, assexual, etc.

D. Homoantagonismo, lesboantagonismo, antagonismo LGTBIQ+

A. Monossexismo

B. Monossexual (heterossexual ou homossexual)

C. Pluri-sexual (bissexual ou pansexual)

D. Biantagonismo e pan-antagonismo

A. Cisnormatividade

B. Cisgênero

C. Transgênero

D. Cissexismo, transantagonismo, transginia e plumantagonismo

A. Binário de gênero

B. Costas masculina e feminina

C. Não binário, queer

D. Enebeantagonismo

A. Sexonormatividade

B. Alossexual

C. Assexual, cinzento-assexual, demisexual

D. Alossexismo

A. Puritanismo Sexual

B. Normossexual

C. Promíscuo, praticante de BDSM, ativista sexual positivo, profissional do sexo

D. Moral religiosa, vergonha sexual, preconceitos patriarcais em relação à promiscuidade nas mulheres, estigma sobre o trabalho sexual, ameaça abolicionista, antagonismo de prostitutas, antagonismo de pornografia, BDSM-antagonismo, negatividade sexual

A. Amatonormatividade

B. Alorromântico

C. Arromântico, Cinza-Arromântico, Demirromântico

D. Arromicia

A. Monogamia

B. Monogâmico, monogâmico em série, infiel clandestino

C. Não monogâmico (casais abertos, swingers, poliamor, amores em rede, poligamia, etc.)

D. Poliantagonismo.

A. REGULAMENTAÇÕES CORPORAIS E NEURONORMATIVIDADE
B. *Pessoas Normativas do Órgão e Pessoas Neurotípicas*
C. Pessoas com corpos diversos e pessoas neurodivergentes
D. Gordoantagonismo, dismorfantagonismo, aversão a pessoas neurodivergentes

A. STATUS
B. *Cidadania Nacional Exemplar*
C. Migrante, antissistema, vítima de marginalização (racismo, xeno-antagonismo, elitismo cultural, econômico, etc.), livre-pensador, anarquista
D. Leis de estrangeiros, descumprimento da Declaração Universal dos Direitos Humanos e mandatos constitucionais e legais de natureza social, monopólio estatal de autoridade e violência, repressão, leis contra liberdades e direitos civis, doutrinação patriótica

A. INSTITUIÇÕES RELIGIOSAS
B. *Crente*
C. Ateu, Agnóstico
D. Monopólio da espiritualidade, moralidade dogmática e repressiva, doutrinação religiosa, anti-laicismo

A. COLONIALISMO CULTURAL E LINGUÍSTICO
B. *Pessoa educada na cultura e língua dominantes*
C. Falantes de línguas minoritárias e praticantes de culturas subjugadas
D. Desvalorização da cultura e depreciação da própria língua, erradicação dos traços culturais de um povo, padronização cultural, estigmatização do que não está de acordo com a moralidade da cultura dominante, marginalização de pessoas socializadas em contextos de subjugação colonial

A. CAPITALISMO NEOLIBERAL
B. *Capitalista, pessoa que possui capital ou meios de produção*
C. Trabalhador, proletário, pobre, subalterno
D. Exploração, treinamento, abandono socioeconômico

Qualquer combinação dessas propostas associadas a identidades e práticas de resistência ou projeto cria uma configuração alinhada com o pensamento não-normativo que caracteriza a anarquia relacional. Os traços que definem o sentido de identidade são diversos, alguns formando comunidades de resistência e ativismo. A anarquia relacional pode servir como um objetivo próprio para alguns, ou se conectar com uma mistura de identidades fundamentadas na crítica à normatividade hegemônica, às estruturas de poder e à violência que estas geram. O objetivo é sempre criar redes de afeto e cuidado autogeridas, sem mecanismos coercitivos, buscando um equilíbrio entre o imperativo do apoio mútuo e o princípio da soberania pessoal, sem renunciar a nenhum desses valores.

Como diz Stevphen Shukaitis em *Anarquismo e Sexualidade*:[158]

> "Certamente, o caminho para criar um mundo melhor, mais alegre, mais livre e mais amoroso não é aquele que se baseia em uma luta constante que deixa a pessoa cansada e degradada. A questão é criar comunidades de resistência que forneçam apoio e força, uma densidade de relações e afetos, através de todos os aspectos de nossas vidas, para que possamos continuar e apoiar uns aos outros em nosso trabalho, em vez de ter que nos retirar daquilo que amamos fazer, a fim de sustentar a capacidade de fazer essas mesmas coisas. Isso é criar uma cultura sustentável de resistência, um florescimento do que estou chamando de resistência afetiva — ou seja, uma base sustentável para a organização política contínua e contínua, um platô de intensidades vibrantes, com a premissa de se recusar a separar questões da eficácia de qualquer tática, ideia ou campanha, de sua afetividade".

4.3 Liberdade, direitos, autoridade e acordos

Ideias abstratas de liberdade e direitos individuais, como muitos conceitos morais amplamente aceitos, parecem ser algo natural, que poderíamos esperar encontrar escritos nas nuvens uma manhã sem surpresa. No entanto, esses conceitos não são diretamente baseados na experiência ou na empatia, como a preocupação em evitar a dor de outra pessoa ou o luto pela perda de alguém próximo e querido. São ideias mais complexas, que desafiam uma compreensão

---

[158] S. Shukaitis, Nobody knows what an insurgent body can do, in Jamie Heckert e Richard Cleminson, Anarchism and Sexuality, op. cit.

intuitiva ou uma reflexão rápida. Elas requerem uma estrutura conceitual que as contextualize.

O arcabouço atomístico de Taylor[159] sustenta a concepção neoliberal de direitos como algo que transcende o contexto social. Nesse paradigma, a pertença a uma sociedade, o apoio mútuo e a solidariedade são vistos como elementos secundários. Os direitos, frequentemente confundidos com privilégios, são concebidos como inerentes ao indivíduo. Considerá-los condicionados ao bem comum é visto como um risco à liberdade.

Em contraposição, Herbert Marcuse, na década de 1960, analisou as sociedades tecnológicas e de consumo, explorando como necessidades artificiais são criadas para formar identidades individuais de poder e para estabelecer uma posição social, em vez de atender necessidades ou aspirações genuínas. Ele também investigou a dificuldade de realizar mudanças profundas dentro do sistema ou por meio de uma revolução clássica, sugerindo que o único caminho seria um despertar da solidariedade como uma "necessidade biológica". Sua obra influente[160] oferece uma crítica abrangente aos mecanismos de controle, dominação e exploração nas sociedades contemporâneas. Nesse contexto, ele argumenta que liberdades e direitos autênticos só podem existir em um sistema que garanta a satisfação das necessidades reais de todos os membros da sociedade. Assim, os direitos individuais e a liberdade devem ser interpretados à luz dessa premissa.

A visão social anarquista, de onde se origina a anarquia relacional, adota claramente o segundo cenário de interpretação. Assim, não defende a liberdade individualista isolada, mas promove a autogestão coletiva dentro de um contexto de soberania pessoal, combinada com o compromisso de ajuda mútua e livre associação, enquanto rejeita a coerção e a autoridade (sem contestar a ordem e

---

[159] C. Taylor, "Atomism," in Philosophical Papers, v.2, Cambridge University Press, Cambridge, 1985.
[160] H. Marcuse (1955), Eros and Civilization : A Philosophical Inquiry into Freud, Beacon Press, Boston, 1974 y, en este caso, sobre todo, One-Dimensional Man, Routledge, London, 1964.

a responsabilidade pessoal). Em resumo, valoriza a ideia de autodeterminação individual subordinada à liberdade coletiva, o que requer que não haja hierarquias de dominação dentro de qualquer rede de conexões: seja em configurações monogâmicas ou em múltiplas relações, sempre apoiando, cuidando e mantendo um compromisso responsável.

Compromissos e responsabilidades, sem dúvida, não são as partes mais prazerosas dos relacionamentos, assim como não são em outras áreas da vida. Por isso, a liberdade individualista é um conceito atraente. A palavra "liberdade" soa bem, é sedutora e serve como uma desculpa prática para evitar a parte desconfortável e tediosa — embora nem todos vejam assim — de expressar meus desejos, necessidades e limites. Mais importante ainda, é a escuta dessas necessidades por parte dos outros e a busca por uma regulação auto-atribuída e auto-administrada por todos aqueles que, naquela rede, estão envolvidos em atividade relacional, têm interesse, presença, aproveitam ou sofrem as consequências, entre outros. Em resumo, é uma desculpa útil para justificar o egoísmo e a mesquinhez em muitas de suas manifestações.

Minha percepção é que, tanto em contextos sociais convencionais quanto em experimentações com modelos alternativos de relacionamento, especialmente quando as interações são predominantemente heterossexuais, existe um forte viés de gênero. A aversão à comunicação, aos compromissos, à solidariedade e ao trabalho emocional é mais evidente entre os homens. De fato, os homens são frequentemente ensinados a negociar com sucesso, buscar acordos favoráveis e negociar para vencer. Em contraste, as mulheres recebem instruções de diversas esferas sociais e culturais para agradar, ceder e buscar concórdia e harmonia. A construção de identidades masculinas e femininas — e os papéis comumente associados a elas — molda esses comportamentos, colocando as mulheres em desvantagem inicial em qualquer dinâmica que envolva negociação e transação.

Compromissos contra transações e contratos

Propus a ideia de compromisso voluntário, consciente e responsável como elemento regulador para mitigar o efeito de amplificação que noções abstratas de direitos e liberdade, entendidas a partir do individualismo liberal, podem ter em situações de poder e desigualdade. No entanto, o compromisso só se alinha ao pensamento anarquista quando é estritamente voluntário e não coercitivo. Na prática, dentro de cada link ou rede de links, diferentes relações de poder podem emergir, tornando a tarefa de encontrar compromissos e mecanismos de consideração mútua. ou coletiva complexa e difícil de definir. Intuitivamente, esses processos deveriam ser guiados por camaradagem, equidade, e pela renúncia a posições de autoridade, evitando práticas como chantagem e vitimização.

As situações são tão variadas que não é possível definir claramente quais compromissos se alinham com uma visão anarquista relacional e quais não. No entanto, podemos identificá-los por meio de comparações. Um exemplo frequente ocorre nas negociações cotidianas de acordos, estipulação de condições e assinatura de contratos. Esses contratos são ferramentas que determinam as ações futuras dos signatários. Devem, de forma explícita ou implícita, estabelecer as obrigações, sanções ou contrapartidas associadas a possíveis violações, conforme as leis de contratação. É a força monopolizada pelo Estado, por meio da coerção legal, que assegura que essas punições sejam uma ameaça real.

As leis estipulam que, para que um contrato seja válido, ele deve ser assinado livremente e sem coerção. No entanto, é ingenuidade ignorar que, mesmo dentro da legalidade, as posições durante a negociação de um contrato nem sempre são equilibradas. Quem precisa vender, por qualquer motivo, enfrenta pressões que enfraquecem sua capacidade de negociação, conferindo vantagem à outra parte. Aqueles com menos conhecimento, experiência, contatos, apoio financeiro, margem de tempo, acesso a informações ou outros recursos competitivos, encontrarão maiores dificuldades para conseguir um bom negócio.

Esse cenário, evidentemente, não evoca a imagem de uma rede de ajuda mútua, solidariedade ou bem comum. Por isso, acredito que o compromisso responsável relevante no contexto da anarquia relacional difere significativamente de um acordo, pacto, consenso ou contrato, independentemente do nome que damos a ele.

A principal diferença é que, em um acordo contratual, cada parte contribui ou cede algo que possui ou sobre o qual tem poder. Posso assinar um contrato de aluguel porque espero ter a propriedade do dinheiro que pagarei mensalmente e o poder de usá-lo para isso. O locador detém a propriedade ou usufruto de uma residência e a capacidade de me concedê-la para morar. No entanto, um compromisso responsável não se trata de uma troca, mas do reconhecimento, expressão e celebração de um propósito voluntário, adaptável, porém confiável e firme — idealmente vivido com algum entusiasmo. Seria ingênuo afirmar que não há nada em troca; sempre há expectativas de reciprocidade, o que é compreensível, mas não se traduzem em demandas. E, sobretudo, não se renuncia à própria soberania pessoal em troca da soberania de outra pessoa.

Uma segunda diferença significativa é que, como mencionei, contratos preveem penalidades em caso de descumprimento, sejam elas especificadas no próprio documento ou derivadas da legislação aplicável. Em contextos relacionais, mal-entendidos, quebra de compromissos ou expectativas, sentimentos de injustiça, abuso ou desconfiança não devem ser tratados com sanções ou punições, como é comum nas relações normativas. Novamente, a comunicação e a busca de um consenso interativo, que evolui conforme os desejos e limites de todos os envolvidos, representam o caminho mais adequado.

O modelo baseado em acordo, troca e transação frequentemente gera sentimentos de culpa e comportamentos de vitimização. A culpabilização e a retaliação apenas reafirmam uma falta de solidariedade, defendendo o que é considerado próprio, além de usar chantagem e confronto. Às vezes, essas posturas de autoridade aparecem disfarçadas de tolerância condicional em um estilo passivo-agressivo: "Você pode fazer o que quiser, mas não me verá mais" (ou seja, se você agir, enfrentará a maior punição); ou revestidas de dignidade: "Se você fizer isso, é porque não me valoriza" (pois estamos trocando submissão por algo de valor); ou ameaçadoras: "Você vai ver" (não direi que punição será, mas tenha certeza de que haverá).

No campo da anarquia relacional, os compromissos devem ser fundamentados na voluntariedade e na comunicação clara dos desejos, necessidades e, especialmente, dos limites pessoais. Esses limites diferem das cláusulas contratuais pois se referem diretamente à própria pessoa. Posso definir limites sobre o que afeta meu corpo, meu espaço, minha privacidade, meus pertences ou os direitos que me pertencem como ser humano. Nesse contexto, os limites ajudam a organizar as relações, indicando a posição de cada pessoa em qualquer momento, e ao serem refletidos nos compromissos dos outros, estabelecem um ambiente de compreensão e convivência que é ordenado, mas não coercitivo. Esse ambiente deve ser adaptável. Por exemplo, se eu violar uma cláusula de um contrato de locação, como a proibição de ter animais de estimação, posso ser acusado de quebra de contrato, mesmo que essa questão não tenha sido discutida com o locador ao longo dos anos — e talvez agora o bairro inteiro tenha animais de estimação.

Isso não se aplica em uma relação não normativa, onde não há regras pré-estabelecidas, mas sim compromissos responsáveis. Alegar que, anos atrás, fizemos acordos que permitiam tal coisa, sem discutir novamente e mantendo essa prerrogativa, é claramente um sinal de má-fé relacional, embora possa ser legal do ponto de vista contratual. Quando se trata de transpor limites, também é uma clara manifestação de desrespeito ao consentimento explícito: um limite estabelecido no passado não implica que, no presente — especialmente se houver qualquer dúvida — não seja necessário perguntar explicitamente se os limites ainda são os mesmos.

Por outro lado, uma característica crucial do engajamento responsável no contexto da anarquia relacional é que ele é estabelecido com a pessoa como indivíduo, e não com sua identidade, rótulo ou papel como "parceiro", "amigo", "amante" ou "cônjuge". Ou seja, o compromisso não se ajusta automaticamente com a mudança na estrutura dos vínculos. No modelo hegemônico, os rótulos relacionais normativos determinam as características, o escopo e a intensidade dos compromissos. Se alguém passa de "amigo" para "parceiro", os compromissos são atualizados instantaneamente, naturalizados e claros, aumentando em intensidade, transcendência, projeção e extensão. E quando se deixa de ser "um casal", o efeito é tão repentino e oposto. Mantendo-nos no espectro da amizade, o quadro parece mais estável nesse sentido, e ao considerarmos a família biológica, algumas transformações não fazem sentido, enquanto outras são mais complexas a longo prazo.

Sob a lógica da anarquia relacional, a estrutura em si não tem valor real, exceto quando alguém na rede afetiva precisa dela — seja por razões simbólicas ou excepcionais, como mencionado anteriormente. Assim, os compromissos não devem estar vinculados à posição de cada pessoa nessa estrutura, mas sim serem o produto da comunicação pessoal ou em rede. Eles são orientados para as pessoas com quem compartilho experiências, não para suas posições em minhas configurações de vínculo, ou aquelas que a sociedade interpreta.

Se adotarmos uma abordagem para uma convivência sustentável a longo prazo, sem autoridade, abuso ou comportamento tirânico, os compromissos serão geralmente orientados para o respeito, consideração, ajuda, afeto, solidariedade, dedicação, entre outros. Eles devem ser mantidos vivos, focados nas pessoas e sustentados por um profundo senso emocional de lealdade, sinceridade e confiança, promovido através da comunicação.

Finalmente, qualquer ideia ou desejo que eu queira introduzir em um compromisso, limite, acordo ou pacto, se for esse o caminho escolhido, precisa ser objeto de análise e diálogo. É crucial esclarecer o que considero uma necessidade, explicando por que é importante para mim e buscando as razões fundamentais, em vez de nos ficarmos apenas na superfície. Compromissos e limites não podem ser baseados em caprichos simples. As dinâmicas transacionais, como a "troca de cartas", já são problemáticas e refletem uma lógica de direitos de propriedade. Se esses intercâmbios também envolvem anseios, desejos arbitrários e caprichos, tornam-se um jogo frívolo e pueril. É verdade que, às vezes, não há má-fé, apenas preocupações que refletem mandatos culturais. Portanto, o diálogo e a análise detalhada de cada desejo e do que eles realmente representam podem tornar o processo uma experiência mais reflexiva, genuína e restauradora.

A liberdade não existe (sem equidade no ponto de partida)

A anarquia relacional centraliza a ideia de que as relações devem evitar coerção ou normas externas, permitindo que ninguém seja forçado a agir contra sua vontade. As regras que orientam a gestão dos laços emergem de um processo de comunicação coletiva entre duas ou mais pessoas. Este processo precisa ser acessível e igualitário. Para garantir isso, é essencial identificar e corrigir desníveis de poder e manter atenção constante a esses aspectos. É crucial que a liberdade reivindicada seja praticável para todos, não apenas em teoria, mas na prática. E, se não for garantida desde o início, deve haver uma vontade coletiva de alcançar esse objetivo.

Os processos de autorregulação (elaboração do contexto de compromissos e padrões comportamentais) e autogestão (administração do curso das relações e resolução de conflitos) podem tanto promover o bom andamento da rede de relações quanto desencadear dinâmicas competitivas. Em um sistema monogâmico e patriarcal, essas dinâmicas são acentuadas, frequentemente transformando a busca por um parceiro em um concurso em que apenas um "ganha". Além disso, essas competições são influenciadas por normas de gênero que intensificam rivalidades e combatividade. Portanto, se não tomarmos cuidado, ao "fluir" ou "agir autenticamente", podemos inadvertidamente reforçar essas dinâmicas de luta e competição.

Garantir que a liberdade seja acessível a todas as pessoas e que a gestão das relações vise ao bem comum, em vez de alimentar a competição, pode exigir uma estrutura regulatória mais rigorosa do que o inicialmente desejado ou esperado em um formato inspirado na anarquia. Contudo, essas não são normas impostas por um mandato social; o objetivo é assegurar a verdadeira liberdade acessível, sob a forma de soberania pessoal, e compatibilizá-la com o princípio do apoio mútuo, para que a rede de relacionamentos seja solidária e justa. Uma estrutura regulatória, na forma de compromissos livremente acordados, geralmente é necessária e serve como ferramenta para que as pessoas mais vulneráveis em um dado momento e contexto (e, em última instância, todos os membros de uma rede de vínculos estarão nessa situação em algum momento) sejam tratadas de acordo com os princípios libertários de maneira real e equilibrada.

Em outras palavras, trata-se de ser imparcial ao considerar os relacionamentos, não as pessoas. As mesmas exigências se aplicam a todos os relacionamentos, mas nem todas as pessoas, em todos os momentos e contextos, podem receber o mesmo grau de autonomia, incentivo, força, disposição e consistência.

4.4 Família de origem, família escolhida e educação

A expressão "família escolhida" foi cunhada por Kath Weston[161] no final do século passado, no contexto de um estudo pioneiro sobre a vida cotidiana, as relações e a família dentro do coletivo LGBTQ+ nos Estados Unidos. A maneira única como as pessoas desse grupo se conectam muitas vezes resulta em vínculos de apoio, assistência e proteção com amigos, amantes ou ex-amantes, que podem ser tão

---

[161]36 K. Weston, Families We Choose: Lesbians, Gays, Kinship. Columbia University Press. New York, 1997

fortes ou até mais significativos do que aqueles com suas famílias biológicas ou de origem. Isso ocorre por uma variedade de razões, incluindo preconceito e rejeição por parte das famílias de origem.

As mudanças nas últimas décadas têm sido significativas, mas ainda assim, a tendência de buscar apoio fora da família biológica persiste, especialmente entre aqueles que adotam estilos relacionais não normativos. Em muitas situações, as interações com a família de origem podem ser superficiais, carecendo de uma conexão verdadeira e significativa. A comunicação sobre aspectos íntimos e gostos pessoais é frequentemente limitada, e os ambientes socioculturais e pressupostos morais entre familiares muitas vezes divergem consideravelmente. Dependendo do contexto geográfico e cultural, os encontros familiares podem se restringir a eventos como celebrações, refeições e momentos de luto, que frequentemente seguem protocolos estereotipados, muitas vezes não permitindo que os membros menos integrados a essas práticas tradicionais expressem livremente seus gostos e limites.

Regulamentos familiares

A normatividade, nesse contexto, se revela tão poderosa e intrusiva quanto em outras esferas relacionais. Muitas obrigações são impostas como se fossem naturais, tentando se estabelecer sob a ameaça de exclusão, acusações de ingratidão, ou mesmo chantagens que invocam decepção, desilusão e frustração. Existe uma expectativa de dívida, um respeito imposto que vai além da razão, não apenas pelos indivíduos, que sem dúvida merecem o máximo de consideração, mas pelo sistema de pensamento e pelas doutrinas morais que esses compromissos familiares procuram propagar entre seus membros.

Em outros casos, a instituição familiar se transforma em um campo de batalha onde o mesmo conflito se repete constantemente. Apesar de breves tréguas, cada encontro se torna uma nova competição. Opiniões, julgamentos e comentários fervorosos se sobrepõem, sem que haja real escuta entre as partes.

Em resumo, a família de origem, embora frequentemente presente em termos de apoio logístico, doenças e ajuda econômica durante momentos de vulnerabilidade, não costuma ser um espaço de comunicação genuína, sinceridade, acessibilidade e escuta sem julgamentos. É importante notar que esse apoio muitas vezes tem um viés patriarcal, com as mulheres frequentemente assumindo o papel de cuidadoras. Embora este sistema apresente problemas sob diversas perspectivas, na prática, em uma sociedade onde o cuidado, a independência funcional, a moradia e a sustentabilidade econômica não são garantidos como direitos, o apoio familiar é valioso como uma tábua de salvação. Nesse contexto, ele complementa outras redes de relações.

Quanto à possibilidade de reconstruir a rede relacional da família de origem conforme os princípios da anarquia relacional, as maiores dificuldades surgem devido à própria estrutura das configurações de parentesco, que geralmente não resultam de um processo de comunicação e compromisso autogerido, mas sim de circunstâncias pré-determinadas, sejam biológicas ou jurídicas. É verdade que mudanças podem ocorrer ao longo do tempo, mas superar essa inércia é mais desafiador quando está tão profundamente enraizada. Além disso, os mandatos e sanções culturais mencionados anteriormente reforçam essa inércia, mantendo expectativas e práticas coercitivas automáticas.

Parentalidade fora de uma bolha

A perspectiva oposta também é fascinante, considerando quem formará as famílias de origem para as futuras gerações. A criação de filhos em estruturas de vínculo não normativas é um tema que tem sido abordado nas últimas décadas, acompanhando a evolução das formas de união e coexistência: inicialmente famílias de pais separados e monoparentais, depois casais homossexuais, e mais recentemente, embora de forma ainda incipiente, casais abertos e uniões ou redes de mais de duas pessoas.

A gravidez e os primeiros anos de parentalidade transformam drasticamente a vida pessoal da mãe e daqueles em seu entorno mais íntimo. A norma social estipula que a futura mãe decida iniciar a gravidez de forma consciente, em parceria com um homem, que contribui para a fertilização do óvulo, geralmente por meio da atividade sexual reprodutiva ou, se isso não for possível ou eficaz, por procedimentos médicos. Outro caminho para se tornar pai ou mãe é a adoção. Embora os detalhes variem conforme o país, geralmente apenas famílias heterossexuais, casais homossexuais ou indivíduos solteiros são legalmente reconhecidos como pais adotivos. Assim, configurações familiares não normativas enfrentam desafios, pois os sistemas jurídicos tendem a progredir de forma lenta e cautelosa, considerando a proteção dos menores como um bem superior na maioria das legislações.[162]

Geralmente, nos países ocidentais, os serviços sociais agem proativamente apenas em casos de abandono, maus-tratos ou abuso, não reconhecendo configurações familiares não normativas. Contudo, em disputas de custódia ou problemas semelhantes, uma estrutura familiar não convencional pode ser usada como argumento legal, alegando risco para as crianças. Isso reflete como a regulamentação ultrapassa barreiras sociais e culturais, influenciando a esfera administrativa e jurídica.

Parentalidade, seja solitária, como casal ou em rede, exige esforço, tempo, energia e compromisso. Ela envolve interagir com pessoas dependentes, as crianças, que requerem atenção constante. Junto à alegria e felicidade de momentos como gravidez, parto e amamentação, também ouvimos sobre os sacrifícios, a fadiga e as

---

[162] Refiro-me aos estados "modernos" e suas leis, contrastando com a rica casuística das culturas tradicionais. Por exemplo, na África, o provérbio "É preciso um povo inteiro para criar uma criança" é comum, especialmente entre os povos Igbo e Yoruba da Nigéria (www.afriprov.org), encapsulando uma ideia amplamente difundida no continente. Na cultura Sukuma da Tanzânia, um aforismo poético ancestral afirma que "um joelho não faz uma criatura crescer", enquanto na cultura suaíli, da África central e oriental, a metáfora utiliza "uma mão" em vez de "um joelho" (fonte: African Proverbs, Sayings and Stories Webpage, afriprov.org). A responsabilidade por criar e educar um novo membro da comunidade é compartilhada por toda ela. Além disso, nas sociedades do sul da Europa e das Américas, e em outras culturas, a estrutura familiar estendida permanece significativa, com a educação frequentemente envolvida por avós, tios, tias e até pessoas próximas não relacionadas.

inseguranças dessa fase, conforme relatado por quem já passou por isso. Assim como outros altos e baixos da vida—projetos importantes, doenças, desafios acadêmicos e laborais—as demandas da parentalidade geram instabilidade pessoal e podem desestabilizar as relações. É necessário ajustar os compromissos às novas realidades de vulnerabilidade e à necessidade de apoio.

As vantagens da responsabilidade coletiva, envolvendo mais de uma ou duas pessoas no processo parental de diversas formas, são claras. Além do benefício logístico evidente de ter mais cuidadores, há uma mudança de perspectiva significativa quando os vínculos são flexíveis e baseados em compromissos explícitos de apoio e educação das crianças, ao invés de normas culturais e expectativas implícitas que impõem esse trabalho. Esses compromissos são fundamentados em responsabilidades voluntariamente assumidas, não em fatores como paixão romântica ou atividade sexual, cuja instabilidade pode causar rupturas de convivência que impactam negativamente a vida das crianças.

Essa é a vocação de cuidar, educar ou acompanhar, especificamente voltada para essas responsabilidades, e não apenas como um efeito colateral do vínculo com a mãe ou outro cuidador. Na rede afetiva, pode haver pessoas interessadas em criar filhos, mesmo sem sentir inclinação para essa tarefa, oferecendo apoio em outras áreas. O papel de mãe, pai ou cuidador em sentido amplo é uma escolha de vida que merece seu próprio espaço para decisão e desenvolvimento, não uma consequência de outras escolhas.

Finalmente, a forma como as crianças percebem o formato familiar ou a rede de apoio, sustento, educação e responsabilidade, incluindo cuidadores e figuras de referência, ainda é pouco estudada. Além dos estudos sobre famílias monogâmicas não heterossexuais, há apenas alguns trabalhos pioneiros na forma de estudos longitudinais sobre outras configurações familiares não normativas, especificamente do tipo poliamoroso.[163]

Como mencionado antes, a situação remonta ao tempo em que os efeitos dos casais separados na prole começaram a ser estudados. As hipóteses da época sugeriam que a prevalência do divórcio poderia aumentar a criminalidade, o abuso infantil, o uso de álcool e drogas, enfraquecer a relação pai-filho, aumentar a promiscuidade, acelerar a perda da virgindade, prejudicar a saúde mental, elevar a taxa de suicídios, reduzir o nível educacional e a probabilidade de acesso ao ensino superior, além de aumentar o risco de marginalização e empobrecimento, entre outros. Hoje, é claro que muitas dessas abordagens eram exageradas.

Estudos recentes sobre parentalidade em estruturas não normativas indicam que a percepção das crianças em relação às suas figuras de referência se assemelha àquela observada em modelos tradicionais de famílias estendidas ou em pares de pais com experiências anteriores de separação ou viuvez. Essas crianças demonstram uma consideração pelos diferentes cuidadores ou por outras crianças com as quais convivem, semelhante àquela relatada por quem cresceu próximo a avôs, avós, tias, tios, primos, além de pais, mães e irmãos adotivos.

Os membros da rede que interagem mais frequentemente e têm uma convivência mais assídua são vistos em papéis mais ligados à maternidade e paternidade, enquanto aqueles com menor intensidade de relacionamento são valorizados como pessoas muito próximas, mas não necessariamente como cuidadores. As crianças geralmente reconhecem sem preconceitos as variações nos vínculos afetivos e sexuais entre os adultos na rede, desde que não haja violência ou maus-tratos, o que geralmente não afeta negativamente sua percepção. Para elas, ter mais pessoas disponíveis significa mais

---

[163]   M. Goldfeder, E Sheff, "Children of polyamorous families: a first empirical look," *LSD Journal,* 2013. E C. Klesse, "Polyamorous Families: Parenting Practice, Stigma and Social Regulation," *Sociological Research Online,* 2018.

suporte—alguém para ajudar com a lição de casa, ler histórias ou levar para passeios.

Em geral, os pesquisadores concluíram que as crianças pareciam bem integradas à estrutura familiar, demonstrando inteligência e confiança em si mesmas. Elas apresentavam os "problemas" típicos da idade, como a frustração ao ter que compartilhar brinquedos ou não poder tomar decisões sobre atividades, alimentação e horários. No entanto, havia uma percepção constante de abundância de recursos, com muitas pessoas disponíveis para brincar, compartilhar e interagir.

No caso dos adolescentes, como é comum, suas preocupações centraram-se na busca por identidade e na diferenciação tanto dentro de sua rede familiar quanto na sociedade em geral. Em algumas situações, eles avaliavam negativamente o formato de suas famílias, reconhecendo a complexidade na gestão das relações, algo que já percebiam. Em outras, demonstravam orgulho, valorizando suas estruturas familiares em contraste com o que percebiam como a escassez e a falta de atenção nas famílias de seus pares e amigos adolescentes.

4.5 Modelos de vida, convivência e cuidado

Na abordagem da anarquia relacional, os aspectos concretos como preferências de moradia, a decisão de viver juntos ou o formato dessa convivência, quando aplicável, podem variar amplamente. A flexibilidade para compartilhar tempo, recursos e espaços, e para viver em maior ou menor grau em comum com uma ou mais pessoas dentro de uma rede de afetos, que pode ser mais ampla ou mais restrita, está sempre presente. A principal implicação dessa abordagem é que as formas de convivência não estão restritas às regulamentações culturais estabelecidas, mas vão muito além. Nesta seção, discutirei várias dessas possibilidades e os fatores que podem influenciar seu desenvolvimento.

Comunidades Intencionais

O acrata francês Émile Armand compilou em um extenso volume,[164] publicado em 1934, dezenas de experiências de convivência em comunidades que foram verdadeiras experiências sociais, sobretudo entre o final do século XIX e o início do XX. Entre elas estão a Colônia Cecília no Brasil e sua "camaradagem amorosa", a Comunidade Oneida e seu "comunismo sexual", a Colônia Home na Califórnia e o Centro Libertário Vaux na França. No manifesto fundador deste último, por exemplo, de 1903, pode-se ler:

> "Na Colônia não haverá nenhuma tentativa de aplicar, no amor acima de tudo, qualquer sistema; não haverá nenhuma tentativa de aplicar a monogamia que não seja a poligamia, a poliandria ou a comunidade absoluta; haverá uma tentativa de realizar, o mais completamente possível, a harmonia e cada um determinará sua vida de acordo. Todos entendem a mulher com os mesmos títulos que o homem, pois ela será feita uma abstração completa dos sexos: ela só reconhecerá indivíduos livres. Consequentemente, os camaradas, tenham ou não ido perante a lei para se juntar a seus companheiros, nunca podem reivindicar qualquer direito de propriedade em relação às mulheres, nem as mulheres usarão qualquer um deles em relação aos homens."

Nos anos 60 e início dos anos 70 do século XX, ocorreu a revolução contracultural, analisada em capítulo anterior, durante a qual surgiram, apenas nos EUA, dezenas de milhares de comunidades de convivência,[165] das quais centenas ainda persistem. Sua diversidade é tão ampla quanto a dos movimentos de seis décadas ou mais antes, oferecendo um amplo campo para aprendizado e reflexão.

Hoje, influenciadas pelas redes como novos substratos de comunicação, crescem as comunidades intencionais, herdeiras de utopias comunitárias, comunidades cooperativas e outras denominações. O termo "intencional" nesse contexto está

---

[164] Émile Armand, Forms of life in common without State or authority: economic and sexual experiences through history, Innisfree, Londres, 2014.
[165] Timothy Miller, *The 60's communes: Hippies and Beyond,* Syracuse University Press, Nova York, 2015.

profundamente ligado às noções de normatividade e autogestão. Uma comunidade intencional difere de uma comunidade circunstancial (como um prédio, uma cidade ou uma nação) porque, neste caso, seus membros escolheram viver nela por causa de seus objetivos e características operacionais. Em contraste, na comunidade circunstancial, fatores como nascimento, a descoberta de uma casa atraente e acessível, ou circunstâncias como trabalho e estudos, não são resultado direto da vontade ou intenção de viver com e como os outros membros dessa comunidade específica.

Para que um grupo seja considerado uma comunidade intencional, ele deve possuir pelo menos duas características: a intencionalidade, que já mencionei, e a comunitária. Isso significa que devem ser estabelecidos princípios, valores e objetivos comuns que influenciem o modo de vida. Além disso, é necessário que haja um mínimo de solidariedade, acordos funcionais e processos de tomada de decisão coletiva para que a comunidade funcione de forma harmoniosa. Sem objetivos e acordos comuns, trata-se de uma comunidade circunstancial. Ao questionar os membros dessas comunidades intencionais sobre como eles descrevem seus projetos e experiências, surgem conceitos como compromisso, ajuda mútua e cooperação.[166]

De fato, um aspecto deste movimento é o anarquismo comunitário, que enfoca questões como a autonomia responsável e consciente do coletivo. Ele baseia-se na ideia de que a atividade de cada membro deve estar em sintonia com suas habilidades, e que os recursos e cuidados recebidos por cada pessoa devem estar de acordo com suas necessidades. A ausência de hierarquias e imposições também é um elemento-chave. Os diferentes grupos, por sua vez, se relacionam entre si com base em princípios semelhantes, fortalecendo a rede de solidariedade e colaboração entre eles.

No site da Fellowship for Intentional Communities, www.ic.org, é possível encontrar uma lista de mais de mil comunidades ao redor

---

[166] De acordo com o site da Fellowship for Intentional Communities: ic.org.

do mundo. Os tipos de projetos que se destacam incluem: comunas (onde praticamente tudo é compartilhado), ecovilas (organizadas em torno da ecologia e sustentabilidade), coabitação (moradia individual em uma propriedade comunitária), moradia compartilhada, moradia estudantil, comunidades espirituais ou religiosas, eco-bairros ou comunidades de transição (focadas em agroecologia, permacultura e decrescimento), e comunidades tradicionais ou indígenas.

Os tamanhos das comunidades variam bastante, dependendo do tipo de projeto e das particularidades de cada caso. Algumas descrições mencionam um tamanho máximo baseado no número de Dunbar, proposto pelo antropólogo Robin Dunbar.[167] Esse número estima aproximadamente quantos indivíduos podem se relacionar de forma eficaz e completa em um grupo. A partir de experimentos e suposições diversas, que envolvem grupos de primatas e humanos, o tamanho do neocórtex cerebral e sua capacidade de processamento, entre outros fatores, Dunbar definiu esse valor como cerca de 150.

As descrições na lista são extraordinariamente diversas, e vale a pena explorá-las. Abaixo, resumo e traduzo as exposições de duas delas: uma rural e europeia (na Espanha), e outra urbana e norte-americana (na Carolina do Norte, EUA). A primeira é descrita da seguinte forma:

> ""[Pessoas] entre 42 e 63 anos: Decididas a viver no campo, em contato com a natureza e seus elementos. Comprometidas com um trabalho interno sério, conscientes de seu ego e de suas facetas, tanto de luz quanto de sombra, em prol de uma comunicação e vida saudáveis. Apaixonadas pela vida simples, pela austeridade e pelo ascetismo no sentido contemporâneo. Com habilidades variadas para desempenhar diversas tarefas de subsistência: domésticas (ordem, higiene, cozinha, administração, etc.), jardinagem, manutenção, lenha, entre outras. Com espírito comunitário e

---

[167] R. Dunbar, "Coevolution of neocortical size, group size and language in humans", *Ciências do Comportamento e do Cérebro*, 1993.

cooperativo, valorizam tanto a necessidade quanto o respeito à individualidade. Possuem solvência financeira ou ao menos uma poupança mínima.

O processo de participação inclui os seguintes passos: 1) Apresente-se para consideração. 2) Vamos conversar, primeiras conversas telefônicas. 3) Participe de um período de teste de um mês. 4) Se houver concordância de ambas as partes, a estadia pode ser estendida por um ano. 5) Após o primeiro ano, se ainda for desejável e favorável, é possível tornar-se membro do projeto e construir seu espaço individual."

A segunda

"(...) é uma comunidade de coabitação urbana única, orientada pela bondade, respeito e apoio mútuo. Juntos, criamos um oásis de bem-estar individual e comunitário. Nosso condomínio de 5 andares fica a uma curta caminhada de um café, distrito comercial, campus universitário, hospital e transporte público. Os espaços interiores são abertos e arejados, integrando-se ao nosso entorno de bosques e jardins, com áreas que promovem a privacidade, atividades em grupo e interação com o bairro. Aqui, podemos ser nós mesmos nesta cidade de médio porte, diversificada e acolhedora, repleta de história, cultura e bairros charmosos."

A adesão é em grande parte auto-seletiva. Após preencher um questionário, os potenciais membros são convidados para uma sessão informativa e uma reunião plenária, onde conhecem mais sobre nossa comunidade. Se decidirem aderir, encontram-se com um consultor financeiro para verificar a elegibilidade para comprar um condomínio. Exigimos 20% de capital próprio como adiantamento. Sem desenvolvedor no processo, cada dólar investido vai para a compra da residência do membro. A associação é limitada a 23 domicílios; se preenchido ou não houver unidade disponível, aceitamos adições à lista de espera por meio de um processo definido.

Convivência

Anteriormente, ao falar sobre a escada rolante das relações, vimos dois passos claramente distinguíveis: o "estabelecimento", em que os hábitos são adaptados aos da outra pessoa e se faz um esforço para passar tempo juntos, e a "união", em que se passa a morar juntos, dividindo despesas e bens básicos. Em um estilo de relacionamento não normativo, essas etapas são opcionais. Elas não se limitam a um número específico de pessoas nem exigem rótulos para os tipos de vínculos - como casal, sexo, romance, afeição ou amizade - e não pressupõem um certo nível de intimidade ou práticas, mas a disposição de compartilhar tempo, espaço e elementos essenciais do cotidiano é uma possibilidade relevante.

É claro que a habitação, sua configuração, mobiliário, arquitetura, serviços, horários, empregos e veículos são projetados para um modo de vida específico: a família tradicional. Alguns desses aspectos são fáceis de adaptar a modelos alternativos de relacionamento, enquanto outros são menos. Mas quais são esses modelos em mais detalhes?

Na ordem de menos a mais coabitação, a enumeração começaria com uma configuração que não envolve o compartilhamento de moradias ou bens físicos. Tempo, carinho, cuidado, apoio ou dedicação não precisam depender de onde você mora ou do que você tem em comum. Ocasionalmente, algumas das pessoas com quem você se associa podem não residir na mesma cidade ou país. Nesse caso, as viagens devem ser gerenciadas, dependendo da configuração geográfica da rede. Em outros momentos, ocorre uma convivência sazonal, que pode ser mais ou menos simétrica ou equilibrada. A residência compartilhada pode ser a de cada um dos membros por sua vez ou aquela compartilhada por vários membros de forma permanente e frequentada por outros. Às vezes, você desfruta de um período em uma residência sazonal, como no verão.

Quando ocorre uma convivência permanente, os membros podem ser organizados em uma comunidade com apartamentos no mesmo prédio, em um modelo de coabitação, ou compartilhar a mesma casa com alas separadas, quartos individuais ou compartilhar todos os quartos. Nos apartamentos separados, os serviços são individuais, enquanto nos modelos de co-habitação alguns serviços básicos são compartilhados. Nas habitações compartilhadas, a convivência é mais íntima.

Quando ocorre uma convivência permanente, os membros que a mantêm podem ser organizados em uma comunidade com apartamentos no mesmo prédio, um modelo de coabitação, ou compartilhar a mesma casa com alas separadas, quartos para cada membro ou compartilhar todos os quartos. Os apartamentos separados mantêm os serviços individuais, nos equipamentos de coabitação e alguns serviços básicos são compartilhados, e nas habitações compartilhadas a convivência é mais íntima.

No próximo capítulo, analisarei algumas dessas possibilidades no contexto da anarquia relacional de um ponto de vista mais prático.

Reconhecimento legal de vínculos

A análise das formas de relacionamento contidas nas leis dos diferentes Estados é interessante porque caracteriza com precisão, embora com certa inércia, o que as sociedades entendem por relações importantes e significativas, em contraste com aquelas sem reconhecimento jurídico. Essa relevância normativa acompanha, com algum atraso, as percepções e costumes sociais, evoluindo dos modelos tradicionais para novas formas de relacionamento, como casais sem convivência, pessoas que compartilham um lar após deixarem de ser um casal, fusões de famílias de divorciados com filhos, uniões homossexuais, entre outros.

O objeto canônico da regulação nesse sentido é o que os diferentes códigos legais identificam como "a família". A restritividade ou abrangência atribuída a esse elemento social não é homogênea. Um exemplo paradigmático que começa por identificar toda a humanidade como uma grande família é oferecido em seu preâmbulo pela Declaração Universal dos Direitos Humanos, promulgada em 1948, ao estabelecer em suas considerações que: "... a dignidade inerente e os direitos iguais e inalienáveis de todos os membros da família humana são o fundamento da liberdade, da justiça e da paz no mundo". No entanto, ao se aprofundar nos detalhes, ela adere aos princípios das sociedades judaico-cristãs ocidentais, sem espaço para ambiguidade ou desenvolvimento social além da instituição tradicional do casamento. O artigo 16, ponto 1, afirma que "Homens e mulheres maiores de idade, sem qualquer limitação devido à raça, nacionalidade ou religião, têm o direito de se casar e formar uma família. Eles têm direito a direitos iguais no casamento, durante o casamento e na sua dissolução". No ponto 2, diz que "O casamento só será celebrado com o livre e pleno consentimento dos cônjuges pretendentes". E no ponto 3, que "A família é a unidade grupal natural e fundamental da sociedade e tem direito à proteção da sociedade e do Estado". Embora no artigo 25, ponto 2, justamente dissocie a proteção infantil de seu modelo preferencial de família, ao dizer: "Todas as crianças, nascidas dentro ou fora do casamento, gozarão da mesma proteção social".

A mesma proteção, mas a partir de abordagens mais modernas e inclusivas, é prescrita em um texto jurídico internacional adotado em 1989, quarenta anos depois: a Convenção Internacional sobre os Direitos da Criança. Em seu preâmbulo, diz: "...Convencida de que à família, como grupo fundamental da sociedade e ambiente natural para o crescimento e bem-estar de todos os seus membros, especialmente das crianças, devem ser proporcionadas a proteção e assistência necessárias para que possam assumir plenamente suas responsabilidades dentro da comunidade, reconhecendo que a criança, para o desenvolvimento pleno e harmonioso de sua personalidade, deve crescer em um ambiente familiar de felicidade, amor e compreensão". No artigo 5º, refere-se à família não em termos de casamento como no caso anterior, mas como: "Os Estados Partes devem respeitar as responsabilidades, direitos e deveres dos pais ou, quando aplicável, dos membros da família ou comunidade estendida, conforme previsto pelo costume local, tutores legais ou outras pessoas legalmente responsáveis pela criança". O restante do documento aborda a "família" ou o "ambiente familiar", sem especificar formatos ou restrições especiais.

A amplitude na definição de grupo familiar e a referência à família ou comunidade estendida certamente refletem mais o respeito pelas diferentes culturas do mundo. Muitas dessas culturas, na década de 1940, eram consideradas pelo Ocidente "avançado" como atrasadas e primitivas, indicando uma evolução em termos de reconhecimento cultural mais do que uma previsão sobre as novas formas de relacionamento.

Em um trabalho recente,[168] Alejandro Martínez Torío realiza uma análise de como os novos modelos de relacionamento se encaixam (embora ele se concentre no poliamor, mantendo a ancoragem hegemônica à amatonormatividade e, portanto, afastando-se da introdução das abordagens da anarquia relacional) em vários sistemas jurídicos, incluindo o código civil catalão. A primeira distinção que Martínez Torío levanta é precisamente sobre uma das principais diferenças conceituais entre o poliamor e a anarquia relacional, garantindo que:

> "Tampouco se deve confundir o poliamor com as situações de convivência de entreajuda reguladas pelo segundo livro do Código Civil da Catalunha (CCCat), que consistem na convivência, na mesma residência habitual, de duas ou mais pessoas que partilham, sem contraprestação e com vontade de permanência e entreajuda, despesas comuns ou trabalho doméstico, ou ambos; constituem, assim, uma relação de convivência que se rege pelos acordos por elas estipulados ou, na sua falta, pelo disposto no título IV da referida norma.
>
> (...) O artigo 240-2 do segundo livro do Código Civil catalão estabelece que as pessoas maiores de idade unidas por laços de parentesco em linha colateral sem qualquer limite de grau e as que têm *relações de simples amizade ou companheirismo*[169] podem constituir uma relação de coabitação de ajuda mútua, desde que

---

[168]   A. Martínez Torío, "El Poliamor a debate", Revista Catalana de Dret Privat [Societat Catalana d'Estudis Jurídics], 2017.
[169]   Itálico é usado como ênfase no texto original.

não estejam unidas por um vínculo conjugal ou formem um casal estável com outra pessoa com quem vivem. Aqui encontramos outra diferença em relação ao poliamor, que exige um vínculo afetivo e estável entre seus membros, enquanto não requer coabitação na mesma residência habitual como requisito para a formação de relações poliamorosas."

É impressionante que um código civil (um exemplo entre muitos outros órgãos jurídicos que poderiam ser citados[170]) estabeleça a distinção específica de laços de amizade e companheirismo "simples". Qualificar esses conceitos como simples é não apenas um absurdo terrível em termos éticos e estéticos, mas também desenha claramente o substrato moral hegemônico. Além disso, implica que uma diferença pode ser legalmente estabelecida entre alguns tipos de relacionamentos e outros. Esse reconhecimento dá à autoridade do Estado a prerrogativa de investigar as relações das pessoas até o nível mais íntimo. Em áreas legislativas como a dos estrangeiros, o reconhecimento da nacionalidade de um migrante por meio da associação a um nacional do país receptor (que deve necessariamente assumir a forma de casamento) se torna um caso extremo de interferência, envolvendo investigações, questionários, confrontos e armadilhas para determinar se a relação é "verdadeira" ou "de conveniência". Essa prática não é apenas coercitiva e violadora da privacidade, mas também um ataque à dignidade mais elementar da pessoa e não faz sentido racional. Pretende-se distinguir um acordo que busca "satisfazer determinadas necessidades de apoio entre as partes" de outro que busca o mesmo, ou seja, diferenciar duas coisas iguais. A distinção reside no fato de que existem necessidades que são moralmente aceitas e outras que não são.

Num esforço para ampliar as brechas jurídicas e reconhecer os direitos daqueles que optaram por se relacionar de maneiras

---

[170] Existem ainda exceções, como a lei portuguesa avançada n.º 6/2001, de 11 de maio, sobre a Economia Comum, em vigor desde 2001. Esta lei não condiciona o reconhecimento da união de várias pessoas que compartilham habitação e economia, equiparando-a à união conjugal em muitos aspectos importantes.

diversas, propostas foram formuladas a partir de diferentes sensibilidades.[171] Algumas delas seguem a estratégia do essencialismo (uso de argumentos essencialistas na arena política e jurídica, mesmo que não se concorde com eles). A ideia é argumentar que os novos estilos relacionais devem ser considerados orientações sexuais (ou traços no mesmo nível que estas) para aproveitar o terreno conquistado pelo coletivo LGTBIQ+, que obteve visibilidade e reconhecimento de direitos, como os associados à igualdade no casamento, em muitos países.

Certamente, a anarquia relacional dificilmente pode ser vista como uma alternativa ao casamento. Considerar a luta pelo reconhecimento do casamento plural como um de seus objetivos não parece razoável. De qualquer forma, a batalha seria travada contra os binarismos, a amatonormatividade e o alossexismo presentes nos códigos legais dos diferentes Estados, como ilustrado pelos exemplos mencionados anteriormente. Os "inimigos" a serem superados incluem o gênero como limitante e definidor, a distinção entre uma visão do amor como ajuda, apoio, companheirismo, cuidado, respeito, consideração, paixão e entrega (não necessariamente simultâneas) e o substituto formalizado em papel com o selo do Estado, e por fim, o sexo como o cerne do sistema relacional moral/jurídico.

---

[171] Alguns dos quais são coletados em C. Klesse, "Marriage, Law and Polyamory: Rebutting Mononormativity with Sexual Orientation Discourse?", *Série Sócio-legal Oñati*, 2016.

Capitulo 5. Uma forma de compartilhar baseada em compromissos e limites: chaves relacionais

> "Simplicidade e sinceridade geralmente caminham juntas, pois ambas resultam do amor à verdade".
>
> — Mary Wollstonecraft

Aqui, procurei reunir, interpretar e contextualizar todas as informações possíveis sobre a anarquia relacional. Esta proposta, originada nos círculos anarquistas do norte da Europa há pouco mais de uma década, tem sido objeto de diversas análises e entendida de formas variadas. Minha interpretação foca em uma perspectiva coletiva, feminista, *queer* e abertamente política, entendendo a política de estilo de vida como uma fonte de revolução de baixo para cima. Agora é hora de concretizar. Toda construção teórica, referências a tendências de pensamento, críticas a ideologias e estruturas de poder, autoridade e dominação, bem como narrativas de lutas e rebeliões, devem se tornar tangíveis.

5.1 Desembarque

Aqueles que concordam com os aspectos-chave e a direção delineada nos quatro capítulos anteriores estarão interessados nos resultados práticos que apresento neste capítulo. Essas conclusões e inferências derivam diretamente dos fundamentos essenciais, evitando fórmulas mágicas, prescrições facultativas, e conselhos bem-intencionados. Se você ficou intrigado com a hipótese, esta é uma tradução para a realidade dos relacionamentos do dia a dia.

Se a construção teórica desenvolvida até agora não despertou seu interesse, o que vem a seguir pode não ser inspirador para você. No entanto, nunca se sabe... Às vezes, o ritmo cativa mais do que a melodia, ou a melodia mais do que a letra... e uma profunda inalação de petricor pode compensar uma excursão de verão arruinada pela tempestade.

Respeito Pessoal e Crítica Cultural

Não proponho nada original ao afirmar que todas as pessoas merecem respeito e consideração simplesmente por serem humanas, ao contrário de suas opiniões, ideias ou ações, que nem sempre merecem esse reconhecimento. Compreendo que muitos comportamentos (agressivos, cruéis, criminosos) não são respeitáveis ou toleráveis; assim como muitas ideologias (violentas, autoritárias, irracionais). No entanto, as pessoas que os praticam ou defendem continuam sendo pessoas e, portanto, têm direito, pelo menos, às garantias e prerrogativas da Declaração Universal dos Direitos Humanos, como um fundamento ético inalienável.

Algo semelhante, por analogia, aplica-se ao campo das relações quando as esvaziamos de normatividade, como venho propondo ao longo dos capítulos anteriores. Estabelecem-se relações entre pessoas que, por sua natureza, merecem consideração, respeito e deferência mínimas. Os próprios relacionamentos podem assumir diversas formas e ser objeto de análises mais críticas e provocativas, menos limitadas por demandas mínimas. Existem estilos e comportamentos de relacionamento específicos que, com base em princípios éticos, podem ser julgados inadequados, prejudiciais ou inaceitáveis, enquanto outros podem parecer saudáveis e corretos. São avaliações discricionárias, mas com base ética e legítima, e podem ser úteis na prática.

Portanto, as chaves que investigarei neste capítulo serão de dois tipos: aquelas aplicáveis às pessoas e aquelas aplicáveis aos relacionamentos. As primeiras, que considero fundamentais, vão além da moral, das visões de mundo, das ideologias, das crenças e das utopias, estando ancoradas em direitos pessoais sedimentados ao longo da história. As relações, no entanto, podem ser configuradas de acordo com princípios mais ou menos compatíveis com os fundamentos da anarquia relacional, e essas configurações serão objeto de análise e julgamento. Com base nas conclusões desenvolvidas até agora, alguns traços relacionais aparecem como tóxicos, autoritários, coercitivos, individualistas, egoístas, patriarcais. Como afirmei no início do livro, não busco a equidistância, mas o radicalismo em seu sentido mais comprometido. Nesse contexto, o respeito às pessoas não se estende a ideologias, pensamentos, práticas ou comportamentos.

O compromisso radical com os ideais, especialmente em uma esfera tão importante e complexa como a das relações, exige uma clareza sobre a perspectiva adotada. Este livro é escrito a partir de uma posição específica, fundamentada nas ideias e avaliações desenvolvidas na primeira parte, complementadas por uma longa história de escuta ativa das experiências e contribuições de muitas pessoas. No entanto, a destilação, composição e, sobretudo, o local de projeção são próprios e, portanto, parciais. É crucial manter presente durante a leitura que o ponto de vista é cisgênero, heterossexual, branco, europeu, intelectual e urbano masculino. Isso configura uma perspectiva inevitavelmente ocidentalista, racionalista e capacitista, distante de outras interpretações necessárias. Combinar diferentes visões, não apenas aderir a esta, é essencial e vai além do complementar: é o alicerce necessário para a compreensão.

Mapeamento relacional

Talvez o prisma analítico e relativamente desapaixonado oferecido por esse olhar seja útil, mas oferece apenas uma cartografia. No mapa geral das aproximações relacionais mais comuns, representado na figura a seguir, vemos um arquipélago com duas grandes ilhas. Na maior ilha, reina a amatonormatividade, com três culturas coexistindo. As regiões central e nordeste baseiam-se na exclusividade afetiva e afetivo-sexual, respectivamente. O sudoeste não mantém essa característica normativa, nem os resquícios culturais das áreas costeiras influenciadas pela pequena ilha. As diferentes regiões da grande ilha, delimitadas por fronteiras, representam estilos de relacionamento específicos. O continente, representando a sociedade como um todo, não é visível no mapa;

estaria a nordeste do arquipélago, enorme em proporção às ilhas e completamente preenchido com um uniforme cinza escuro.

Mapa das abordagens de relacionamento mais comuns.

A abordagem que proponho para descrever e explorar esses territórios partirá da crítica ao pensamento normativo, não ao seu conteúdo específico no contexto e tempo em que cada um vive, que considerarei tão legítimo quanto qualquer outro, mas à sua dimensão estrutural e adoção como automatismo psicológico e emocional. O objetivo deste capítulo é trazer à tona o maior número possível de questões, atitudes e comportamentos automatizados no campo das relações, oferecendo argumentos e ferramentas de reflexão e análise para que se tornem julgamentos críticos autogestionados (individualmente ou, preferencialmente, coletivamente). Essas reflexões, algumas na forma de propostas, outras como dúvidas, advertências ou dicas, sempre buscarão destacar algo que normalmente é dado como certo e que proponho que seja reconsiderado. O exame pode ser mais ou menos expedito, prudente ou desafiador, reflexivo ou emocional, mas a consciência de que pelo menos um momento de observação crítica foi dedicado a ele fará a diferença entre submissão normativa e autogestão relacional. Não sei se esse esforço terá resultados positivos e, em nenhum caso, deve ser entendido como uma solução para qualquer coisa. É algo que posso fazer se sentir essa necessidade ou desejo. É apenas uma possibilidade.

5.2 Desconstrução crítica da ideologia do casal

Se em uma conversa ou em uma reunião solicitarmos discutir sobre desejo e compromisso sem mencionar o termo "parceiro", como se estivéssemos desafiando tabus linguísticos, logo perceberemos o quão difícil isso pode ser. É uma ideia tão prevalente e enraizada no pensamento consciente e inconsciente que mesmo pessoas que desafiaram muitos mandatos sociais e vivem de maneira livre, alternativa e independente, acabam referindo-se a ela, mesmo que no plural. O conceito de casal, como receptáculo legítimo de afeto, sexualidade e convivência, constitui-se em uma ideologia genuína, com a maioria dos atributos historicamente e sociologicamente associados a ele. Como Žižek afirma em sua influente obra *O Sublime Objeto da Ideologia*:[172]

> "A definição mais elementar de ideologia é provavelmente a conhecida frase do *Capital* de Marx *"Sie wissen das nicht, aber sie tun es"* — *"Eles não sabem, mas sabem"*. O próprio conceito de ideologia implica uma espécie de *ingenuidade* básica e constitutiva: o falso reconhecimento de seus próprios pressupostos, de suas próprias condições efetivas, uma distância, uma divergência entre a chamada realidade social e nossa representação distorcida, nossa falsa consciência dela. É por isso que essa "consciência ingênua" pode ser submetida a um procedimento crítico-ideológico. O objetivo desse procedimento é levar a consciência ideológica ingênua a um ponto em que ela

---

[172] S. Žižek, *The Sublime Object of Ideology*, Verso, Nova York, 1989.

possa reconhecer suas próprias condições efetivas, a realidade social que ela está distorcendo e, por esse mesmo ato, dissolvê-la.

Nas versões mais sofisticadas dos críticos da ideologia - a desenvolvida pela Escola de Frankfurt, por exemplo - não se trata simplesmente de ver as coisas (isto é, a realidade social) como "elas realmente são", ou de remover os espetáculos distorcidos da ideologia; o ponto principal é ver como a realidade não pode ser reproduzida sem essa chamada mistificação ideológica. A máscara não apenas encobre o estado real das coisas; a distorção ideológica está inscrita em sua própria essência."[173]

Mas, adotando uma abordagem de crítica pragmática, quais são as chaves que posso usar para desconstruir - não reconstruir, reformular ou reorganizar de outra forma - esse pensamento ao qual minhas rotinas mentais e emocionais repetidamente se submetem? Farei uma revisão dos eixos e argumentos explorados nos capítulos três e quatro, com a intenção de não oferecer os ingredientes ou receitas para criar uma nova ordem, mas sim as ferramentas para primeiro tornar visível e depois desafiar o que me foi apresentado universalmente como único e obrigatório.

Privilégio do casal

O primeiro desafio que enfrento ao iniciar um relacionamento (mesmo dentro da perspectiva da anarquia relacional ou similar) é a tendência de rotulá-lo imediatamente com a "marca de parceiro" e esperar, ou pelo menos desejar e esperar, os privilégios que essa distinção implica. Automaticamente, acabo exigindo atenção especial da outra pessoa ou pessoas e uma dedicação maior do que aquela que dou àquelas que não identifico como minhas parceiras.

---

[173] Nesse contexto, a noção de *ideologia de gênero* tem sido utilizada como uma ferramenta para descreditar os movimentos feministas e a luta pelos direitos LGBTQIA+, promovida principalmente por setores ultraconservadores. Originou-se da oposição do Estado do Vaticano em 1994 e 1995 às conferências internacionais das Nações Unidas sobre população e desenvolvimento, bem como sobre as mulheres, nas quais os *direitos sexuais* e *reprodutivos* foram reconhecidos através do termo *gênero*. Essa estratégia é promovida e disseminada anualmente no Congresso Mundial das Famílias e adotada por forças de extrema-direita em várias partes do mundo, especialmente em países onde detêm influência significativa.

Portanto, se eu puder abster-me dessas categorias, internalizando profundamente essa abstinência, poderei evitar muitos problemas: todos aqueles que surgem da configuração automática de uma demanda constante e estrutural. Em seguida, desenvolverei a ideia de que a demanda desempenha um papel crucial na erosão dos apetites e paixões, tornando uma fonte contínua de demanda potencialmente um mecanismo persistente de destruição do desejo em seu sentido mais amplo, não apenas erótico.

Por outro lado, pode-se argumentar que tenho o "direito de estabelecer" limites mínimos para a dedicação que considero necessária para me sentir confortável e para considerar um vínculo como relevante. Entendo que essa seja uma tentação compreensível, mas assumir tal direito implica que eu tenha controle sobre o tempo e a realidade da outra pessoa, o que, como limite, não faz sentido, já que não se refere ao meu próprio corpo ou tempo, e não envolve uma questão de consentimento.

É certo que minha reação a um nível de interação ou dedicação que considero insuficiente pode incluir o distanciamento, a mudança de prioridades, ou a redução na frequência das comunicações ou contatos. Entendo que, desde que essas ações não sejam utilizadas como advertência, ameaça ou chantagem, são expressões totalmente legítimas da minha autonomia consciente e responsável.

Em resumo, considero que o exercício do privilégio dentro de um relacionamento, além de questionável do ponto de vista ético, pode desgastar os vínculos. Em resposta à percepção de um interesse insuficiente por parte de outras pessoas, a solução não deve ser invocar um suposto direito, mas sim ajustar a própria atitude. Embora seja considerado um direito dentro da ideologia do casal, segundo os princípios da anarquia relacional, tal conceito não existe como tal; ainda assim, seria percebido como um privilégio. As duas dificuldades mais significativas talvez sejam como abrir mão simplesmente da frequência de interação que me atrai e que considero essencial para minha felicidade, e como comunicar meus sentimentos sem que isso se transforme em uma exigência ou pressão.

A renúncia a exigir um suposto direito, resistindo à insistência e reiteração, depende, por um lado, da motivação: se eu tiver a convicção inequívoca de como desejo me relacionar ou de que não quero contribuir para situações onde alguns têm o privilégio de decidir em detrimento de outros, seguindo um senso elementar de solidariedade e justiça, terei a motivação necessária para evitar esses cenários. Por outro lado, depende de não viver em constante privação. A privação contínua de estímulos afetivos, de sensações vitais, e das quebras agradáveis da monotonia criam um estado de necessidade que não aceita imperativos morais. Por exemplo, o celibato eclesiástico, a monogamia normativa e outras estruturas que potencialmente reprimem o desejo prolongadamente frequentemente levam a comportamentos que variam de ansiedade a abuso e violência. Mesmo com uma forte motivação, estados de ansiedade e carência dificultam a manutenção de comportamentos que respeitem a autonomia das outras pessoas. Portanto, é crucial considerar essa possibilidade para evitar reações que aumentem ainda mais a ansiedade e o sofrimento. As coisas geralmente são relativamente fáceis - e mesmo assim, raramente - quando todos estão em um bom momento pessoal, com condições materiais, habilidades psicológicas, autoconhecimento e autocontrole suficientes.

A segunda questão - comunicação sem demanda - envolve aspectos semelhantes à primeira: motivação e capacidade. Primeiramente, devo deixar claro que não desejo expressar meus desejos (que muitas vezes percebo subjetivamente como necessidades) de maneira que imponham obrigações às outras pessoas, além do compromisso responsável e voluntário delas. Além disso, preciso ser capaz de desistir dessa comunicação sem sentir que estou reprimindo ou restringindo minha liberdade de expressão. É um equilíbrio complexo, e minha percepção é que deve ser tratado como um cálculo de custo-benefício: se expresso todos os meus impulsos e desejos, inclusive chegando ao ponto de reprovar quando não são atendidos, estou sendo transparente e exercendo minha assertividade, mas também posso estar exercendo pressão e contribuindo para uma forma sutil de coerção emocional e chantagem. Essas dinâmicas podem alterar o caráter do relacionamento e ter consequências negativas, especialmente do ponto de vista da anarquia relacional. Não há uma solução simples, mas é essencial que a gestão de conflitos seja compartilhada entre aqueles que desejam mais e aqueles que desejam menos, respeitando sempre os limites e o consentimento mútuo. Esse princípio ético fundamental estabelece bases claras em termos de mínimos, limites e respeito mútuo.

Expectativas

As expectativas pré-definidas pela normatividade hegemônica são um elemento central na ideologia do casal. As aspirações pessoais dos indivíduos dentro das relações são consideradas expectativas internas, enquanto aquelas que refletem o progresso esperado pelo ambiente social e familiar para qualquer vínculo são denominadas expectativas externas.

As expectativas externas estão rigidamente alinhadas com a normatividade hegemônica, que inclui o modelo de escada rolante das relações e os mitos do amor romântico. Elas podem ajustar-se até certo ponto às características percebidas como peculiares das pessoas envolvidas na relação (sempre duas na normatividade monogâmica, mais de duas em modelos não monogâmicos com normatividades minoritárias), mas essa adaptação encontra fortes limitações. A extensão desses limites varia conforme o ambiente sociocultural em que ocorre o processo.

Hoje, pelo menos em certos ambientes das sociedades ocidentais urbanas, é relativamente aceitável incorporar doses de rebeldia, firmeza e temperamento para contrabalançar as expectativas externas. Algumas pessoas podem agir sob a influência dessas expectativas, mas muitas conseguem relativizá-las para que não dominem suas decisões. É crucial também considerar como os julgamentos e preconceitos transmitidos pelo ambiente social podem influenciar a imagem que projetamos. Embora eu possa gerenciar esses julgamentos, a longo prazo eles podem ser irritantes ou prejudiciais. Isso reforça a importância de evitar rótulos, estereótipos e a reprodução de modelos hegemônicos. Quando me comporto de maneira que se encaixa nas expectativas normativas de um parceiro, mesmo que não o seja, o ambiente interpreta isso assim e aplica as expectativas correspondentes. Portanto, as opções são claras: evitar rótulos e padrões normativos de comportamento, ou aceitar as consequências das expectativas e preconceitos associados a eles. No entanto, as expectativas internas não são tão simples de superar. Em primeiro lugar, identificá-las não é trivial. Não é simplesmente uma imposição externa de comportamento que não compartilho. É o meu próprio pensamento que cria perspectivas e projeta cenários futuros que, de forma lógica, parecem ser exclusivamente meus e determinados por minha vontade pessoal. No entanto, ao examiná-los, muitas vezes percebo que coincidem de várias maneiras com o que se espera de mim e dos meus relacionamentos.

Certamente, não se trata de descartar automaticamente tudo que possa parecer "muito normal". De fato, o convencional possui várias vantagens. Contudo, há mérito em questionar e examinar criticamente minhas próprias expectativas, aplicando uma dose de honestidade intelectual e pessoal nesse processo de análise. Isso não implica adotar uma postura obsessiva em busca de uma objetividade inatingível ou de uma coerência absoluta, mas sim encontrar um equilíbrio saudável na avaliação das minhas perspectivas e ideias.

Escassez afetiva ao sexo

A estrutura hegemônica dos relacionamentos, se analisada sob uma perspectiva algébrica, estabelece uma relação binária que é reflexiva, simétrica e intransitiva entre indivíduos.[174] Além disso,

---

[174] O primeiro atributo, que se refere à falta de propriedade reflexiva neste contexto, revela, através de uma sinonímia, um maravilhoso encontro poético-lexical-matemático.

dentro da moralidade heteronormativa, essa relação binária implica uma correspondência biunívoca entre homens e mulheres. Em termos econômicos, isso pode ser comparado a cada indivíduo necessitando de um parceiro, o que, quando alcançado, consome um recurso exclusivo, reduzindo assim a disponibilidade geral em uma configuração de longo prazo e potencialmente levando a crises de escassez contínuas. Essas analogias, embora interessantes, têm consequências que não são tão benignas, afetando muitas pessoas indiretamente dentro de um quadro cultural imersivo. Elas têm estado em vigor durante muito tempo, sendo consideradas normais e naturais. Nesse contexto, a falta de um parceiro é vista como aceitável apenas temporariamente; a longo prazo, não resolver essa situação é considerado um fracasso. Quando ocorre uma ruptura, o objetivo é prolongar o relacionamento ao máximo. No entanto, nem sempre isso é viável, e o término é visto novamente como uma derrota.

Mas se a norma social é estar em um relacionamento e o contrário é tolerável apenas por um curto período, digamos 10% do tempo para simplificar, então apenas 10% da população estará "disponível" em um dado momento. Isso pode intensificar a sensação de escassez de oportunidades e o medo de estar nessa condição. Esse medo pode prolongar os períodos em relacionamentos além do ponto em que nos sentimos genuinamente confortáveis. Isso cria um ciclo de retroalimentação, onde o medo da solidão prolonga os relacionamentos, reduzindo ainda mais a proporção de pessoas disponíveis para novos relacionamentos, o que, por sua vez, intensifica o medo da solidão. Além disso, a ansiedade pode levar a relaxamentos nas condições mínimas que esperamos do parceiro, diminuindo ainda mais a probabilidade de nos sentirmos verdadeiramente confortáveis ao longo do tempo. Isso torna cada prolongamento do período "temporário" mais doloroso.

Essa hipótese e a caricatura do cenário contêm um ponto de paródia distópica, mas também refletem uma triste realidade subjacente. De fato, a analogia econômica se aplica de maneira ainda mais precisa quando comparamos essa situação com economias de escassez.

Em regimes econômicos de escassez, tanto indivíduos quanto grupos tendem a adotar uma economia de subsistência, marcada pela falta de criatividade e abertura. Nesses cenários, bens, ideias e oportunidades são raramente compartilhados. Embora possam surgir gestos de solidariedade e união, em situações extremas, as pessoas frequentemente se tornam mais possessivas e egoístas.[175]

Nas nossas sociedades, a escassez é frequentemente utilizada como estratégia de venda. Valorizamos mais aquilo que é apresentado como exclusivo e não acessível a todos. A publicidade tenta gerar competição entre os consumidores ao sugerir que um produto está disponível em quantidades limitadas, por tempo determinado, ou é tão caro que poucos podem adquiri-lo. Ao comprá-lo, cria-se a sensação de pertencer a uma elite privilegiada e exclusiva.

Experimentos recentes, como o realizado por Lee e Seidle,[176] demonstraram que ao apresentar anúncios de relógios como "edição limitada", "exclusivo" ou "baixo estoque", os consumidores estavam dispostos a pagar em média até 50% a mais em comparação com descrições como "novo modelo", "disponível" ou "grande sortimento em estoque". Essa sensação de escassez e urgência também pode obscurecer e prejudicar o julgamento daqueles expostos a tais mensagens. A habilidade de comparar, calcular e tomar decisões de forma racional diminui significativamente quando um certo nível de

---

[175] Nos últimos tempos, o interesse pela economia do pós-escassez, proposta pelo anarquista Murray Bookchin (M. Bookchin, *Post-Scarcity Anarchism*, Black Rose Books, Montreal, 1986), tem crescido. Esse conceito está relacionado ao movimento transhumanista (H+), que estuda como a superação dos limites ambientais e biológicos, historicamente impostos, afetará os seres humanos por meio da tecnologia. Analisamos o que ocorrerá quando não houver escassez de bens de consumo, ou seja, quando eles não estiverem sujeitos à oferta e demanda, não tiverem preço ou limite estabelecido. Nessa utopia, o senso de propriedade desapareceria e as pessoas manteriam apego apenas a bens de valor sentimental, pois os demais seriam acessíveis e substituíveis sem restrições.

[176] S.Y. Lee, R. Seidle, "Narcissists as consumers: The effects of perceived scarcity on processing of product information," *Social Behavior and Personality*, 2012.

ansiedade e nervosismo é introduzido no processo de venda ou negociação.

Considerar os prós e contras de uma decisão exige um estado de espírito calmo. Quando meu cérebro percebe um contexto de escassez, ele aciona mecanismos de reação rápida e visceral, sobrevalorizando fatores de curto prazo e ignorando aspectos importantes de longo prazo. Na psicologia, chamamos isso de "visão de túnel" ou "inibição de objetivos". Não só foco mais no curto prazo, como superestimo um objetivo e esqueço a importância de outros, que meu inconsciente passa a considerar secundários. Nessas condições, torna-se difícil avaliar custos e benefícios de forma equilibrada. As decisões são tomadas impulsivamente devido a restrições do lado da oferta. Além disso, minha percepção de sucessos e decepções, ilusões e perdas também é alterada. A importância de cada evento é ampliada em comparação a outras circunstâncias. Os impulsos de posse e controle são desencadeados pela insegurança causada pela sensação de queda no vazio diante do abandono, sem uma rede de apoio. A percepção de um mundo de escassez afetiva leva à dependência emocional e à ansiedade.

Um dos mitos do amor romântico, o mito da meia-laranja, reforça essa distorção cognitiva. Fomos ensinados que existe apenas uma pessoa no mundo que nos completa. Logo percebemos que isso é um exagero, mas ainda acreditamos que são poucas, porque nos consideramos especiais e seletivos, e porque a exclusividade dá valor às coisas. Aplicamos isso na escolha de parceiros românticos, mas não na criação dos filhos, pois não há mito de que existe apenas uma criança perfeita destinada a satisfazer todos os nossos desejos, nem que ter mais filhos enquanto o primeiro cresce seja uma traição. Além de constituir um cenário econômico, a ameaça da escassez tem sido explorada por ideologias reacionárias como estratégia política: os mais punidos pelo sistema, devido às suas injustiças, desigualdades e crises (ou o que nos fazem acreditar serem crises, quando são consequências de rupturas unilaterais pelas elites dos já precários equilíbrios sociais), se refugiam em uma luta por migalhas com os ainda mais vulneráveis: migrantes, refugiados, racializados, os mais pobres e os estigmatizados por sua cultura, língua ou origem. A tática populista de virar o penúltimo contra o último funcionou durante séculos e continua a ter sucesso em muitos contextos.

O paradigma de consumo, baseado em oferta e demanda, crescimento contínuo e necessidades criadas por bens aspiracionais (que buscam status em vez de responder a necessidades reais), resulta em uma "escassez induzida". Essa construção é alimentada por traços de estilo de vida, como a escada rolante das relações, que aumentam as necessidades, obrigações e encargos financeiros e pessoais incessantemente. Há também a reificação das pessoas: a tendência de estabelecer relações de consumo para satisfazer desejos pessoais sem considerar os desejos do outro, visto não como um ser humano, mas como parte de uma oferta — não de forma metafórica, mas literal e internalizada.

Numa sociedade dominada pelo consumo, é difícil evitar um sentimento de propriedade em relação às pessoas ao nosso redor, especialmente quando certos direitos de pertença são socialmente reconhecidos, como no caso de casais, ou filhos (embora no caso de menores, as circunstâncias sejam diferentes devido ao contínuo processo de formação de personalidade e responsabilidades morais, legais e materiais). Em situações de privilégio, como a dos homens em sociedades patriarcais ou em novas normativas como o poliamor e outras formas de não-monogamia, a ideia de posse frequentemente se estende, levando à tendência de acumulação. Em sociedades capitalistas, baseadas em crescimento e consumo ilimitados, a possibilidade de possuir mais de um bem frequentemente leva à tendência de acumular o máximo possível.

Desejo e vontades

A busca insustentável pela satisfação de necessidades, sejam básicas ou aspiracionais, e seus desejos concretos é o elemento-chave do modelo capitalista de consumo. Embora os desejos sejam muitos ao longo da vida, há um tipo específico que busca escapar do comum, ser singular, ser "O Desejo" em letras maiúsculas. Esse dogma alosexista, inserido na ideologia do casal reprodutivo, dá especial relevância aos desejos sexuais, destacando-os e transformando-os em um substantivo distinto, articulado através de seu próprio número gramatical para se diferenciar dos demais apetites e desejos humanos.

Mas em que particular o desejo atua em sua concepção hegemônica? Para onde ele está indo e do que depende sua intensidade e foco? A resposta pode ser resumida em um conceito gráfico: capital erótico ou sexual. Este é um capital simbólico, um paralelo emprestado do mundo econômico, na linha dos "capitais culturais" de Pierre Bourdieu.[177] Catherine Hakim[178] explora este conceito em uma interpretação controversa que se afirma feminista, mas contém aspectos obscuros que remetem a uma concepção neoliberal e patriarcal das interações sociais. Trata-se de um exemplo de neofeminismo ou pós-feminismo que, na verdade, esconde a ideia antifeminista de que a igualdade básica entre homens e mulheres já foi alcançada, e que só resta aproveitar as oportunidades ao alcance, entre elas, o capital sexual.

O conceito de capital erótico é útil para entender por que a imagem cinematográfica das "armas femininas" é tóxica sob um olhar feminista radical e uma filosofia anarquista relacional. Mesmo despojado da perspectiva de gênero e tratado como um traço pessoal indiferenciado, o capital erótico incorpora o gradiente de poder por excelência nas relações.[179] Não é o único fator que tende a

---

[177] P. Bourdieu, "The Forms of Capital." Pp. 241-258 in *Handbook of Theory and Research for the Sociology of Education,* edited by J. G. Richardson. Greenwood Press, New York, 1986.

[178] C. Hakim, Erotic Capital: The Power of Attraction in the Boardroom and the Bedroom. Basic Books, New York, 2011.

[179] Na verdade, acho que a perspectiva de gênero, neste caso, funcionaria justamente ao contrário do que Hakim propõe: em relacionamentos, um capital erótico significativo em uma pessoa percebida como mulher hipersexualiza, media, condiciona e gera tantos problemas a longo prazo quanto vantagens eventuais a curto prazo. Não é, nem de longe, a primeira vez que um vetor de opressão transforma qualidades positivas em obstáculos e inconvenientes ou até mesmo em fatores que fomentam violências.

desequilibrar o equilíbrio — há muitos outros — mas é um dos mais visíveis e, provavelmente, o menos estrutural e mais particular. Além disso, talvez seja um dos mais difíceis de gerenciar e desconstruir.

Não tenho receitas para essa gestão (pois só as tenho para o que se prepara em uma caçarola ou forno), mas ouso sugerir como os princípios e conclusões teóricas dos capítulos anteriores poderiam intervir nesse caso. Se o objetivo é abordar o desejo a partir de uma perspectiva não amatonormativa e alosexista, superando a ideia hegemônica de que o "Desejo" é importante, valioso, marcante, e sexual (como mencionado, nos referimos ao resto dos desejos com a mesma palavra, mas no plural, diluindo-os na multiplicidade), talvez pudéssemos, como primeiro passo, integrá-lo. Atravessando o "Desejo" para descobrir "desejos".

Desconstruir o desejo é uma aspiração frequentemente discutida em textos e ambientes de reflexão sobre as não-monogamias éticas. O objetivo é analisar se o gênero, as características sexuais, a estética corporal, as formas de vestir, de movimentar ou de seduzir que me estimulam coincidem com as promovidas pela cultura heteronormativa e, em caso afirmativo, problematizá-las. Afinal, a comunidade não monogâmica tem se esforçado para desconstruir o mandato cultural da exclusividade sexual e afetiva e, em muitos casos, alguns elementos do patriarcado que dependem dessas exclusividades, derivando comportamentos de objetificação, posse e controle. Trata-se, em última análise, de redirecionar o desejo para outros tipos de corpo, padrões estéticos, idades, e jogos.

Integrar em vez de desconstruir, no entanto, poderia ser um objetivo mais alinhado com a anarquia relacional. Quebrar os limites do que gosto e atrair, não apenas pensando na intimidade física, mas em outras práticas. Pode ser mais fácil e menos autorrepressivo pensar no que gosto de fazer com uma pessoa, no que gosto com ela (ou com várias), do que fixar a priori a atração no físico e na excitação sexual. Uma reconstrução transversal do desejo que o pluraliza, abrangendo mais olhares e comportamentos mais alegres, sem privilegiar ou hierarquizar prazeres, como procuro fazer com os afetos.

Falta e precariedade como pontos de partida

A ideologia do casal parte da ideia de que um indivíduo é incompleto por si só e apenas formando uma união diádica se torna pleno na sociedade e na vida. Portanto, a busca por relacionamentos surge da sensação de falta. Estou perdendo uma metade e, se conseguir encontrá-la, terei alcançado o sucesso na faceta relacional. Mas se a perco, se ela me escapa ou me rejeita, retorno a uma situação de solidão e fracasso.

A falta como ponto de partida gera comportamentos pouco saudáveis e o medo de retornar a essa situação pode ter consequências ainda mais prejudiciais. A escassez idealiza a ideia de que encontrar alguém que me complemente é difícil, e se eu falhar nessa busca, permaneço como um ser truncado e imperfeito. Essa deficiência estrutural gera um medo estrutural e a necessidade de atenção, tornando-se um comportamento normalizado. Há uma constante demanda por inspiração normativa, que se constitui como um direito do qual deriva a obrigação. Contudo, o dever pode extinguir o desejo, posicionando dois pontos no universo emocional em galáxias distantes uma da outra. Além disso, há um ciclo vicioso onde mais demanda gera mais desinteresse e distanciamento, o que, por sua vez, alimenta a insegurança e provoca ainda mais demanda.

Romper esse ciclo não é fácil, mas é crucial fazê-lo rapidamente. Para conseguir isso, é necessário reconhecer que estamos operando e agindo de ambos os lados, aplicando doses significativas de vontade e solidariedade, considerando que a resposta não deve ser docilidade, submissão, rejeição ou imposição.

Do ponto de vista da anarquia relacional, os vínculos são importantes, valiosos, talvez vitais, mas todos os vínculos são significativos. Não há obrigação de concentrar em uma única pessoa todos os valores, deveres e atribuições impostos pelos mitos do amor romântico. A riqueza de uma rede que me apoia, cuida de mim e me espera é fundamental. Há espaço para mais estímulos, magnetismo, paixão e cumplicidade, em tudo isso ou apenas em parte. Eu posso cuidar mais, e eles podem cuidar mais de mim, aprender mais e desfrutar mais. E novos fascínios podem se integrar à minha vida de forma sustentável, mas, se não, não será um drama ou um fracasso terrível.

Compromissos voluntários, intencionais e responsáveis

A norma estabelece que cada tipo de relacionamento implica diferentes compromissos, que não devem ser excessivos nem insuficientes. Espero e ofereço os compromissos associados ao rótulo que atribuo ao meu vínculo. A certeza de que esses mesmos compromissos são esperados e oferecidos me tranquiliza. Pode ser difícil para mim assumir esses compromissos, posso quebrá-los diretamente, ou nem ter pensado em precisar deles para me comprometer, mas ainda assim espero que os outros os cumpram. E me dói descobrir ou suspeitar que esses compromissos estão sendo desrespeitados, porque, mesmo que eu nunca tenha falado deles, ao quebrá-los, os outros me enganam. Eles me enganam porque "entendem" que precisam respeitá-los.

A pesquisadora Elizabeth Brake introduziu o termo amatonormatividade[180] para descrever o axioma amplamente aceito de que um relacionamento deve ser romântico, parceiro, exclusivo, sexualmente satisfatório, idealmente heterossexual e reprodutivo, de modo que os compromissos culturalmente mais significativos sejam críveis e confiáveis. De fato, como já mencionei, esses compromissos—fundamentais como permanência, cuidado, comunhão de bens e lealdade—aparecem automaticamente, sem maiores formalidades.

A anarquia relacional propõe uma rebelião contra o padrão amatonormativo, uma insubordinação positiva contra as normas que nos prendem, que nos comprometem, permitindo-nos tecer

---

[180] E. Brake *Minimizing Marriage: Marriage, Morality, and the Law*, Oxford University Press, Oxford, 2012. E. Brake, "Do Subversive Weddings Challenge Amatonormativity? Polyamorous Weddings and Romantic Love Ideals", *Analize - Journal of Gender and Feminist Studies*, 2018.

alianças de cuidado, sentimentos, cumplicidade, afeto, e paixão, tudo ao mesmo tempo ou de maneiras variadas—sempre orientadas para o sul ou explorando caminhos imprevisíveis, em privacidade ou em círculos, em rede solta ou urdidura apertada, em comunicação constante ou em amplos espaços de intimidade respeitosa, pensativa ou descuidadamente, com os pés no chão ou sonhando alto... Os compromissos não são menos responsáveis ou valiosos em alguns casos do que em outros, não menos livres, voluntários ou sinceros. No entanto, isso não é simples: sem planos, definições prévias ou estruturas estabelecidas, tudo precisa ser construído e decidido sem itinerários predefinidos. Entre as muitas dificuldades que posso enfrentar para implementar isso, as principais são: como distinguir um compromisso livre e voluntário de uma concessão resultante de um acordo implícito associado a desequilíbrios de poder e falta de assertividade? Ou, assumindo que tudo é equilibrado e sincero, como posso garantir que meus compromissos atuais não se tornarão a base de uma estrutura coercitiva para mim ou para os outros no futuro?

Primeiramente, é crucial que os compromissos não sejam arbitrários, mas façam sentido e respondam a motivos compartilhados e analisados. Muitas vezes, apenas com esse exercício de comunicação e reflexão podemos evitar assumir expectativas inexistentes ou tomar como certas necessidades menos significativas. Em segundo lugar, ao analisar os compromissos, deve-se considerar que, no futuro, outras pessoas, situações, e diversas mudanças podem surgir... é importante construí-los em comum, considerando essas eventualidades sempre que possível. Por fim, é essencial lembrar que os compromissos não são cláusulas de um contrato ou acordos, nem dogmas imutáveis ou leis sociais impostas fora do nosso controle. Isso ajuda a evitar que mudanças causem rupturas, enganos ou traições. Minha lealdade é para com as pessoas, não para os compromissos em si, muito menos para os rótulos relacionais que frequentemente os acompanham.

O exercício da lealdade envolve compartilhar qualquer fator que afete minha relação com os compromissos assumidos: dificuldades para cumpri-los, desconforto, obsolescência, ou se percebo essas questões em outra pessoa. Essa abordagem difere de um modelo de relacionamento normativo, onde as normas são definidas pelo tipo de vínculo, e para modificá-lo, é necessário mudar a categoria do relacionamento—na prática, rompê-lo e substituí-lo por outro. Em um esquema anarquista relacional, ou seja, não normativo, os compromissos são assumidos sem se fixar em "formulários pré-impressos" e são autogerenciados, sem a necessidade ou obrigação de alterar títulos, categorias ou rótulos.

Individualismo afetivo

Eu pessoalmente vivenciei, por cerca de 10 anos, o processo de construir, de forma autodidata e sem referências, um modo de vida que evitasse as fortes dissonâncias que eu havia experimentado até então. Não queria repetir um modelo que sabia ser inadequado para mim, mas também não conhecia alternativas. Achava que relacionar-me de outra forma era uma questão pessoal, algo que eu dificilmente poderia compartilhar, uma aventura a ser empreendida na solidão, um paradigma a ser desenvolvido no nível individual, que não poderia ser exportado ou importado de outras pessoas ou lugares.

Expliquei "meu modelo" o quanto pude, mas sem muita convicção, pois duvidava que alguém tivesse um interesse real e porque eu mesmo achava minha explicação pouco convincente. Era um esquema que ia sendo refinado aos poucos, que evitava enganos, mas também não envolvia doses especialmente altas de comunicação, evitando palavras como "amor" ou "relacionamento", e evitando compromissos como se fossem responsáveis por aquilo que eu percebia como um modelo—o hegemônico—equivocado, repressivo e sufocante. Apesar disso, o experimentei com uma pessoa maravilhosa, clara em minha mente que ela não era a culpada por esses sentimentos.

Então comecei a encontrar referências, leituras e pessoas com quem pude conversar, crescer e me emocionar novamente sem medo. Chamo agora o que construí sozinho de "individualismo afetivo". Hoje acredito que devemos crescer confiando no trabalho de outras pessoas e na interação vital. Antes de iniciar essa jornada coletiva, fiz o que pude; talvez não pudesse ter feito mais, mas cheguei a um lugar que hoje não aprecio.

O individualismo afetivo consiste em cercar-se de barreiras e fronteiras intransponíveis, confinando sentimentos, palavras, fantasias, desejos, emoções e uniões. É conter em vez de explorar. Porque os limites do possível sempre existem e são definidos por nossas circunstâncias materiais e sociais, nossa realidade, os eixos de poder que nos oprimem, e a natureza acidental da vida como um episódio biofísico fortuito. No entanto, esses limites devem ser desafiados dentro do que é humano. Como diz El Kanka: "Voando, o que se chama voar, eu não voo, mas desde que mudei o palácio para o beco, já que quebrei todas as folhas do roteiro, se você quiser me procurar, olhe para o céu."

Cuidados

A integração no espaço dos vínculos do imperativo moral da ajuda mútua, elemento clássico do anarquismo social, é uma das bases éticas da anarquia relacional. Isso substitui o mandato cultural que gera bolhas desarticuladas de afeto, cuidado e proteção, e o egoísmo da família ou do clã, conforme discutido nos capítulos anteriores. Digo substituir por uma forma de cuidar de nós mesmos que não faça da solidariedade, da atenção ou da consideração dependentes da categoria hierárquica do vínculo.

Se me importo e me sinto cuidado por uma rede de pessoas com quem compartilho paixões e apegos, com diferentes níveis de intimidade, frequência e convivência, não sentirei a necessidade de buscar um novo afeto por carência. Não me agarrarei a algo efêmero; ao invés disso, irei saborear e valorizar o bem-estar das pessoas sem a ansiedade de que isso possa terminar a qualquer momento. Nessa situação ideal, vou doar e não condicionar minha entrega e ajuda, porque saberei que não me faltarão apoio. Pode ser que as retribuições venham de diferentes fontes, mas acabaremos apoiando uns aos outros coletivamente, formando uma rede.[181]

Neste ponto, a perspectiva de gênero deve alertar contra a sobrecarga de cuidado e atenção recair predominantemente sobre as pessoas social e culturalmente designadas como mulheres. É crucial estar muito ciente de como implementamos nossas práticas para evitar que a multiplicidade de fontes de proteção e apoio contribua para a reprodução de desigualdades e opressões, seja por gênero ou por outros fatores como posição social, diversidade funcional ou origem dos membros da rede.

Essas desigualdades também podem desencadear um ciclo de exclusão. Quando alguém se encontra em uma situação vulnerável, pode ser visto como um fardo e, na ausência do mandato normativo de parentesco ou da família, gradualmente ser negligenciado. Isso gera necessidades e demandas por parte da pessoa excluída, e as queixas e demandas contribuem para aumentar o afastamento. Para evitar que essas dinâmicas se perpetuem, é crucial primeiro reconhecer sua possibilidade e, em seguida, agir com determinação com base na convicção de sua injustiça.

Mari Luz Esteban, em um estudo recente,[182] examina o conceito de cuidado sob a ótica dos feminismos, oferecendo uma análise antropológica que destaca o perigo de superdimensionamento do termo, sua descontextualização histórica e cultural, e o risco de sentimentalização excessiva. Sua abordagem ecoa fortemente com as ideias da anarquia relacional, buscando estabelecer um diálogo entre feminismo e antropologia que poderia sugerir alternativas ou complementos ao conceito de cuidado, mitigando assim essas preocupações. Especificamente, ela propõe a inclusão das noções de

---

[181] De acordo com o valioso conceito de "reciprocidade indireta" mencionado no ponto 5.3 e na entrada do glossário "Apoio mútuo".

[182] M.L. Esteban, "Os cuidados, conceito central na teoria feminista: contribuições, riscos e diálogos com a antropologia", *Quaderns-e de l'Institut Catalá d' Antropologia*, 2017.

apoio mútuo, autocuidado e reciprocidade. Em suas próprias palavras:

"(...) o fato de que a pesquisa atual se concentra principalmente nas representações e na organização social da procriação e da educação está fazendo com que elas se afastem e tornem invisíveis outros tipos de relações de solidariedade e reciprocidade fundamentais para as pessoas. Mas, além disso, estudos como o das comunidades de apoio mútuo nos permitem realocar e, simultaneamente, utilizar o conceito de cuidado com os outros, como o de apoio mútuo, que é o que tenho privilegiado. Esse conceito de apoio mútuo foi usado pela primeira vez pelo anarquista russo Pyotr Kropotkin, em um livro intitulado *Mutual Support: A Factor in Evolution,* publicado em 1902 em seu exílio na Inglaterra. (...) Quando digo que o apoio mútuo nos permite reconsiderar a centralidade do cuidado, quero dizer que, pelo menos nas redes que olhei, fazer e compartilhar juntos não são apenas cuidados, ou não no sentido usual deste termo, mas são compartilhados, como vimos, desde proteção econômica e apoio moral e ideológico, até tempo livre, atividade política, etc., incluindo cuidados em momentos em que os participantes da rede não podem se defender sozinhos.

(...) podemos afirmar que a revisão do trabalho feminista em torno do conceito de cuidado nos permite ver as contribuições de uma crítica radical à atual visão econômica hegemônica voltada para o mercado. Mas, na minha opinião, é essencial contextualizar e redefinir esse conceito, além de explorar outros conceitos possíveis, como o apoio mútuo, que nos permitem cruzar as fronteiras das relações e ideologias familiares atuais e transitar em espaços "entre". Ou seja, o debate sobre o cuidado não é apenas um debate ligado às desigualdades sociais e econômicas entre mulheres e homens ou entre grupos com diferentes posições sociais (imigrantes/indígenas), o que é. É também um debate que nos obriga a voltar à família, à amizade, ao parentesco, ao casamento, ao sustento da vida e à interdependência entre os seres humanos."

Reconhecimento

O matemático, filósofo e linguista Ludwig Wittgenstein, curiosamente engenheiro aeronáutico de formação e discípulo de Bertrand Russell, afirmou que "os limites da minha linguagem são os limites do meu mundo". Renunciar aos rótulos que categorizam nossas formas de relacionamento e limitam nossas maneiras de sentir, viver e apoiar uns aos outros pode significar, ao mesmo tempo, dispensar o arcabouço lexical, semântico e pragmático que sustenta nossas necessidades de reconhecimento. Quando dedico tempo, energia, paixão e dedicação a uma pessoa, ou a várias, e frequentemente as tenho em mente, sua presença em minha realidade é tão significativa que sinto a necessidade de colocá-las em um lugar especial em meu universo simbólico. A aspiração de também ser reconhecido por essas pessoas, sendo nomeado de forma singular, distinta, como minha namorada, meu namorado, minha parceira, meu parceiro...

Quando se trata de reconhecimento, assim como nas expectativas, existem dois elementos ligeiramente diferentes: o reconhecimento interno e o reconhecimento externo. O primeiro é aquele que eu sinto que as pessoas com quem interajo intensamente "me devem". Não quero ser tratado apenas como mais uma pessoa. Preciso, ou melhor, desejo, ser considerado e nomeado de maneira especial.

O segundo tipo de reconhecimento, o externo, refere-se à maneira como o mundo nos vê. Também posso desejar ser identificado como parte de um relacionamento nomeado. Podemos almejar ter uma presença no espaço referencial de outras pessoas que também são importantes para nós.

Ambas as formas de busca por reconhecimento podem, por vezes, estar ligadas à insegurança, à instabilidade ou à busca de uma identidade que vá além do indivíduo. Internamente, meus medos de abandono ou de irrelevância podem influenciar-me. Externamente, há a necessidade de sentir uma integração mínima no ambiente compartilhado, evitando ter que explicar certas coisas repetidamente. Afinal, reconhecer que as categorias são construções culturais não significa que essas categorias não existam ao nosso redor e nos influenciem.

Cada pessoa ou grupo lida com esses problemas de formas variadas. Vai desde o compromisso de usar categorias de maneira descritiva, sendo cuidadoso para evitar que se tornem instrumentos coercitivos, até uma postura mais resistente e insurrecional que mantém a não-normatividade em todos os aspectos, inclusive na linguagem. O que é claro é que a necessidade de reconhecimento e o desejo de ser considerado "especial" por outras pessoas conferem-lhes uma parcela significativa de poder sobre mim.

É essencial ter as ferramentas e a confiança necessárias para me sentir especial sem precisar da validação de ninguém. Devo ser capaz de reconhecer minha própria singularidade. A interdependência com minha rede de relacionamentos proporciona prazer, crescimento e felicidade, mas não são outras pessoas que precisam reconhecer minha validade ou provar minha singularidade de alguma forma.

Em resumo, os rótulos, como mencionado anteriormente, não são coercitivos por si mesmos, mas os automatismos expressivos e os efeitos performativos subconscientes podem ser difíceis de gerenciar. Claro, negar a existência de categorias seria uma inconsciência, e sugerir a eliminação dos rótulos seria impor outra forma de regulamentação. Assim, a conclusão não pode ser outra senão avaliar esses riscos e enfatizar a importância de ter todas essas informações, para que possamos usá-las, compartilhá-las e transformá-las em mais uma ferramenta em nossa caixa de ferramentas comum para a autogestão coletiva.

Delimitação de Tempo

Em diversas culturas, desde as mais antigas até as atuais, e em sociedades de diferentes tamanhos, foram desenvolvidos ritos de passagem para marcar eventos significativos da vida, oferecendo verificação coletiva, apoio e reconhecimento. O ritual de morte, por exemplo, ajuda os entes queridos a lidar com a perda e a compartilhar sua dor. Rituais de boas-vindas são realizados para novos nascimentos, transições para a vida adulta, uniões, emancipações, encontros e despedidas. Portanto, não é surpreendente que tendamos a destacar e compartilhar marcos importantes relacionados a vínculos. O modelo regulatório exige que as mudanças nos tipos de relacionamento sejam visíveis e claramente definidas, pois cada rótulo relacional vem com deveres, direitos e expectativas inerentes. Sem clareza sobre nossa situação, podemos enfrentar críticas e censuras sociais, embora isso tenha perdido relevância em muitos contextos hoje. Como discutido nos capítulos anteriores, a anarquia relacional propõe que essa delimitação não seja necessária. Ao contrário de esquemas monogâmicos ou não monogâmicos como o poliamor, que definem claramente os rompimentos e transições entre diferentes formas de relacionamento (amor, casal, intimidade para amizade, companheirismo, distanciamento), a anarquia relacional busca uma abordagem mais fluida e menos regulada dos vínculos.

Na prática, isso não significa que os relacionamentos se tornem imutáveis ou indestrutíveis simplesmente porque não são rotulados. As circunstâncias que causam desgaste, a diminuição da paixão inicial, e os conflitos inevitáveis não desaparecerão. A diferença fundamental na abordagem relacional proposta pela anarquia relacional é que, ao não sermos forçados a decidir rigidamente "se somos ou não somos", as mudanças em um relacionamento terão consequências mais controladas e específicas, afetando apenas o que precisa ser alterado, sem desestabilizar toda a estrutura relacional.

De certa forma, trata-se de uma rebelião contra a imposição dos significantes que definem estágios e práticas, priorizando os significados reais. O foco não deve ser no rompimento, que consome horas de conversas, angústias e dúvidas, mas sim em expressar o que realmente sentimos ou não desejamos. Assim, a dor advém apenas do que deixamos de compartilhar, e não de convenções sociais rígidas.

É inevitável sentir rejeição, dor e frustração quando alguém reduz ou altera a frequência e forma de compartilhar momentos e experiências que nos trouxeram felicidade. Contudo, essa pessoa provavelmente ainda terá muito a compartilhar conosco, como amor, carinho e o desejo de cuidar. Mesmo com algumas limitações, esses sentimentos não precisam desaparecer com a mudança de uma categoria relacional. Práticas comuns, como convivência, intimidade física, assiduidade na comunicação ou participação em eventos familiares e sociais, podem variar em intensidade ou até desaparecer, mas o essencial permanece.

É possível que eu possa reagir com descrença, ceticismo ou dúvidas, pensando "não consegui" ou "preciso entender onde estou". Ignorar essas sensações não faz sentido, mas elas podem refletir como a construção cultural molda nossa percepção. Em uma oficina, exercício ou terapia focada em "relacionamentos", não é incomum encontrar atividades que visam facilitar rompimentos limpos e sem sequelas. Contudo, em contextos similares voltados para nossos relacionamentos com a família de origem, seria raro ver uma atividade sobre "romper bem, definitivamente e sem consequências, com minha mãe ou pai", por exemplo.

A ideia de monogamia em série implica que é necessário cortar de forma definitiva com uma pessoa para concentrar toda a atenção em outra, reconstruindo uma união completa após romper todos os laços significativos com a anterior. De certa forma, uma "identidade de par" é destruída para criar uma nova. Esse processo de construção de uma nova identidade pode ser empoderador, mas nesse contexto, parece mais um êxodo, exigindo a renúncia a tudo em busca de uma nova terra prometida.

Negociação

A referência mais citada no estudo e prática do consenso é a metodologia da Escola de Negociação de Harvard, detalhada por

Fisher, Ury e Patton nos anos 80.[183] Este paradigma visa o benefício mútuo, objetividade e justiça, procurando minimizar danos à outra parte para evitar ressentimentos que possam comprometer a sustentabilidade dos acordos.

Mas essa visão, certamente útil em certas áreas, muito visivelmente ignora o problema das relações de poder. Como diz Clara Coria,[184]

> "A negociação adota sinais positivos ou negativos em função do contexto ético em que é colocada em prática. Por exemplo, em um contexto de corrupção, as negociações são corruptas. Em um contexto de competição extrema, são leoninos. Em um contexto de solidariedade, são alternativas para encontrar soluções que contemplem as necessidades das partes. É o contexto ético em que cada negociação está inserida que lhe confere os atributos."

Também não se trata de substituir a negociação pela submissão:[185]

> "O rendimento do apaziguamento é muito diferente do rendimento estratégico, pelo qual se aceita renunciar a uma parte dos próprios interesses para viabilizar um acordo que finalmente resolva as diferenças. O apaziguamento abre a porta para a condescendência que acaba se transformando em envios. É o resultado de múltiplas violências invisíveis. Violência que, por ser tão comum, acaba se naturalizando e passa despercebida. Todos sabem - embora nem sempre tenhamos isso em mente - que a violência não reside apenas na atitude hostil desmascarada, no gesto assustador ou na palavra mordaz. A violência ocupa espaços nem sempre evidentes. E sua forma mais encoberta não é nem um pouco prejudicial.

Existem inúmeras formas de violência que são "invisíveis" aos nossos olhos simplesmente porque não estamos acostumados a considerá-las como tal. Muitos deles se escondem por trás de hábitos inquestionáveis, prescrições sociais e inércia pessoal. Alguns dos

---

[183] R. Fisher, W. Ury, B. Patton, *Getting to Yes: Negotiating Agreement Without Giving In*, Houghton Mifflin Harcourt, Boston, 1991.
[184] C. Coria, Las negociaciones nuestras de cada dia, Paidós, Barcelona, 1997.
[185] Ibid.

mais frequentes são o silêncio auto-imposto, as autopossessões e a sacralização dos papéis femininos."

As consequências da aplicação de um paradigma antiautoritário e antiopressivo à dinâmica da autogestão no nível relacional e afetivo são reconhecer a grande dificuldade que normalmente acarreta detectar e neutralizar essas violências invisíveis e, portanto, colocar a ideia de negociação sob suspeita. Suponha que existam assimetrias e desequilíbrios, gradientes de poder, que nos induzam a aceitar concessões sobre nossa agência e nossos limites. Mas, então, sem demandas e atribuições e um processo de negociação e acordo, como posso chegar a um entendimento em meus relacionamentos que me permita estar à vontade? Não é fácil responder a essa pergunta. Os princípios do anarquismo social autogerido herdados da anarquia relacional incluem os conceitos de compromissos livremente aceitos e revisáveis, autonomia responsável e soberania pessoal. Com esse alicerce, um autêntico tripé ético pode ser construído por meio do diálogo, uma referência relacional baseada em compromissos e limites.

Compromissos refletem minha vontade, e os limites fazem sentido apenas quando aplicados ao meu corpo, tempo e espaço. É verdade que muitos sofismas podem ser usados para distorcer compromissos e estabelecer limites enganosos. Qualquer estrutura lógica pode ser manipulada para se ajustar a intenções opressivas e tirânicas. No entanto, se conseguirmos aderir firmemente aos princípios de compromissos estritamente voluntários e limites individuais específicos, será mais difícil para essas práticas se tornarem autoritárias.

Certamente, é apenas através da experiência e do compromisso que podemos alcançar esse alinhamento preciso, embora na prática isso possa ser bastante desafiador. A verdade é que, mesmo entre aqueles que há anos se dedicam com interesse e motivação, a certeza de sucesso não é garantida. No entanto, em certa medida, isso funciona e serve como um guia ou horizonte para seguir, desde que concordemos com os princípios fundamentais da proposta.

Creio que exemplos seriam esclarecedores. Minha visão sobre os princípios éticos da anarquia relacional, especialmente em acordos (entre muitas possíveis interpretações), pode ser ilustrada por diretrizes práticas como estas:

USE EXPRESSÕES como "isso me afeta" ou "não estou confortável" em vez de "você não pode" ou "você deve". Elevar a comunicação para a primeira pessoa do singular.

Defender meus valores e princípios, não atacar ou criticar os de outras pessoas.

ESFORCE-SE para que ninguém decida o que faço ou devo fazer, o que participo ou deixo de participar, mas dedique tanto ou mais esforço para assegurar que elas também possam exercer essa mesma liberdade.

DEFINIR OS LIMITES do meu espaço, dos elementos explicitamente dirigidos a mim—minhas coisas, meu tempo, minha dignidade e meus direitos—sem disfarçar esses limites como tentativas de impor obrigações, constrangimentos ou exigências a outras pessoas.

ADAPTE-SE CONFORME COMPROMISSOS claramente definidos, em termos de manter o respeito, oferecer apoio, cuidado, cumplicidade, escuta e ternura. No entanto, não ceda a pedidos em troca de algo (ou de nada), pois isso implicaria um adiamento de "cobrança". O que percebo como uma concessão é registrado como tal.

MANTER O NÍVEL DE PRIVACIDADE com o qual me sinto confortável, respeitando também as necessidades de privacidade dos outros.

DA MESMA FORMA, AVANÇAR (OU NÃO) NA INTIMIDADE FÍSICA no ritmo que me faz sentir confortável, respeitando os ritmos dos outros de acordo com uma lógica de mínimos—ou seja, no ritmo da pessoa mais lenta ou mais vulnerável.

APLICAR O MESMO CRITÉRIO DE RESPEITO À VELOCIDADE com que aspectos como cumplicidade, generosidade, compartilhamento de tempo, relacionamentos, etc., podem crescer. Isso inclui também respeitar os momentos de retrocesso, por qualquer motivo que seja.

Repito que essas são abordagens para a interação que talvez não mudem o resultado ou a essência das relações, mas podem servir como ponto de partida. Finalmente, encarar compromissos como sérios e firmes, mas adaptáveis, pode ampliar e tornar menos cautelosas as relações. Se eu precisar prever cada detalhe de futuras interações, terei que adotar compromissos muito conservadores para não impactar negativamente os outros e evitar constrições. Creio que ao tratar compromissos como instrumentos que orquestram afetos e fraternidade, em vez de como termos de transação, cláusulas contratuais ou artigos de um tratado bilateral, o ritmo será mais livre e a melodia mais humana.

Comunicação

Comumente, em espaços de ativismo relacional, usamos uma brincadeira que sugere que em um vínculo normativo, a comunicação ocorre apenas em momentos de conflito e problemas. Por outro lado, em um vínculo não normativo, é durante os períodos de maior vivacidade e interesse da relação que a comunicação e o diálogo se tornam mais ativos.

De fato, há também limites práticos e emocionais que tornam exaustivo o diálogo e a gestão. O propósito dos relacionamentos, em geral, não é discutir sobre eles, mas sim aproveitar a companhia, o carinho, o riso, as aventuras, o humor e a excitação intelectual e física. Contudo, a comunicação é essencial em um vínculo não normativo, pois falta um padrão ou referência tácita para se apoiar. Limites e compromissos são flexíveis e precisam ser discutidos, pois não são fixos ou dogmáticos; devem ser analisados, compreendidos e aceitos como potenciais de evolução. Na prática, trata-se de comunicar de forma suave, sem que o diálogo se torne um dever. Além do trabalho pessoal que pessoas mais introvertidas e tímidas possam precisar, o fundamental é tratar todas as questões, pois em um contexto não normativo, nada é evidente sem discussão.

O aspecto que mais desafia e requer análise cuidadosa é a distinção entre sinceridade e transparência. Como mencionei no capítulo anterior, há pouca dúvida de que a sinceridade é um compromisso essencial em qualquer relacionamento ético. Contudo, sua implementação não precisa ser automática; a forma como é gerida é crucial. Partindo do princípio de que as pessoas com quem interajo devem estar sempre informadas sobre os elementos essenciais que afetam nossos limites, compromissos e estrutura relacional, qualquer abordagem sobre o quê, quando e como comunicar o restante deve estar alinhada com os princípios da anarquia relacional. Ou seja, na anarquia relacional, não há espaço para regulamentações que exijam um nível específico de transparência, muito menos para a renúncia total à privacidade. A visibilidade deve ser ajustada às necessidades, desde que a transparência seja genuinamente voluntária e não imposta.

Na prática, a forma como gerenciamos a comunicação em amizades oferece uma referência útil para entender como estabelecer uma dinâmica com os princípios que tenho exposto. Temos amizades em que compartilhamos mais ou menos, dependendo do interesse demonstrado, do grau de compreensão exibido e da forma como a reação do outro nos tranquiliza ou ajuda. Gradualmente, com base nesses parâmetros, ajustamos nosso estilo de comunicação e o que compartilhamos com cada pessoa. Normalmente, em amizades, não sentimos a obrigação de revelar algo que não desejamos (exceto o que impacta diretamente alguém) ou de exigir mais transparência do que a voluntariamente oferecida. Em relações com alta codependência ou expectativas intensas, alguns atos comunicativos frequentemente têm um componente tático, seja consciente ou inconscientemente, sendo mais egoístas do que generosos. Muitas vezes, utilizamos a comunicação para descarregar responsabilidades ou para desabafar. Nesse contexto, é importante lembrar que a sinceridade deve ser acompanhada de empatia. Sinceridade sem empatia pode ser crua e brutal.

Um exemplo de comunicação tática é aquela que visa forçar crises ou mudanças nos relacionamentos, confessando violar limites, trapacear ou trair. Outros exemplos incluem o "sincericídio emocional", expiação de culpa através do reconhecimento do erro, provocação para desencadear um conflito, ou ameaças de decepção quando as expectativas não são atendidas, chegando até a chantagem...

Confiança

Acredito que construir confiança está profundamente ligado a estilos e compromissos comunicativos. De fato, a confiança é ainda menos influenciada por regras rígidas. Nem sempre confiamos em quem deveríamos, conforme as expectativas e mandatos culturais. Confiamos mais em quem se sente próximo, demonstrando empatia, apoiando nossas confidências e ajudando, ao invés de hesitar, desconfiar ou julgar.

Uma referência direta, já mencionada no segundo capítulo, da qual se pode aprender e extrair ideias práticas, vem dos movimentos feministas, especialmente do feminismo da diferença dos anos 80 do século XX, que enfatizava a *irmandade* e a *confiança*. Esses conceitos foram impulsionados pelo trabalho do Coletivo da Biblioteca Feminina de Milão e difundidos por Marcela Lagarde, entre outros. Eles se relacionam com a fraternidade, o reconhecimento mútuo, a solidariedade e o apoio. Danila Suárez Tomé resume sua essência e prática da seguinte forma:[186]

> "A irmandade não é um chamado para se amarem, se darem bem à força, não criticarem ideias e ações ou terem desentendimentos com outras mulheres. Não. Este é um mal-entendido que, em última análise, nos leva a sobrecarregar-nos com regras impossíveis de cumprir e a evitar debates e discussões, que são o motor de todas as mudanças. A irmandade nos fala de criar pactos conjunturais nos quais possamos nos encontrar cada vez mais mulheres; de gerar novos vínculos entre nós e em relação

---

[186] D. Suárez Tomé, "Sororidad y praxis política feminista", *Economía Feminista*, 2017.

a outros grupos e outras lutas; de incluir novas subjetividades, também, porque nem todas as pessoas que vivem a opressão patriarcal reconhecem que somos mulheres; de alcançar objetivos pactuados em acordos fundamentais; de potencializar as diferenças para não violar a pluralidade com o ideal de homogeneidade. A irmandade, em suma, é um pacto político entre pares, onde quem concorda são, justamente, aqueles que nunca haviam conseguido concordar antes e que, por isso, foram deixados de fora do campo do público e da arena política.

Certa vez, em outro painel em que eu estava falando sobre irmandade, me perguntaram se esse ideal não era algo impossível demais de se alcançar que, enfim, acabou nos causando grande frustração, desde que os problemas, discussões e diferenças que atravessam o feminismo pareçam irreparáveis. E é verdade, às vezes ficamos sobrecarregados e achamos que é impossível seguir em frente. Mas podemos pensar nisso do outro lado: o pensamento único e a ausência de conflito é uma situação reservada para aqueles que sustentam o *status quo* e são beneficiados por ele. Quando queremos mudar o mundo, quando tudo deve ser feito e construído, quando escolhemos caminhos não violentos e tomamos a diversidade como um valor, é natural que as coisas não sejam tão simples e confortáveis. Proponho que tomemos essas dificuldades que vivenciamos em nosso trânsito pelo feminismo como sintoma de saúde, movimento e poder de mudança, e à irmandade como um ideal regulador que devemos ter em mente em toda ação feminista, mesmo que pareça (e até mesmo seja) inatingível."

Por outro lado, é crucial equilibrar confiança e respeito, garantindo que a confiança não seja construída às custas do respeito. É fácil cair nesse mal-entendido, como sugere o uso comum da palavra "confiança" no espanhol, que é frequentemente coletada no dicionário tanto no singular quanto no plural, refletindo exatamente essa ideia.[187] Discutirei mais sobre o respeito nos relacionamentos a seguir.

---

[187] De acordo com o dicionário Rae, o sexto significado da palavra confiança é: "6. f. Familiaridade ou liberdade excessiva. U. m. in pl."

5.3 Dificuldades, obstáculos e formas coletivas de superação

Neste passeio pela paisagem de formas alternativas de se relacionar, enfrentamos o peso de um modelo hegemônico patriarcal, normativo e dogmático, que tende a limitar o espaço para a rebelião, constituindo-se mais como um meio de imersão total do que um simples modelo. Ao meu redor, vejo apenas elos normativos que dificultam imaginar até onde outros esquemas de relacionamento podem chegar, pois a pluralidade só se expande alimentada pela diversidade. Mal consigo intuir, de tempos em tempos, algum oásis distante em um deserto de uniformidade.

Portanto, sem muitas referências ou pontos de ancoragem sólidos para construir e avançar, não é fácil superar todas as dificuldades inerentes às relações, além dos desafios de estabelecer uma estrutura nova e incerta. Propor um modo de vida baseado em uma rede livre e solidária, em um ambiente onde as bolhas monogâmicas, a escassez de afetos fora delas, o sentimento de carência, a necessidade de posse e as expectativas dominam amplamente, é quase uma missão impossível.

Neste momento, quero explorar ideias e experiências sobre como superar condições como sentimentos de escassez, falta, dependência, expectativas, idealizações, culpa e opressão. Claro, quero evitar receitas milagrosas, mas gostaria de oferecer pontos de partida para que possamos desenvolver nossos próprios pensamentos e criar ferramentas que, aplicadas às práticas cotidianas, nos aproximem um pouco mais da utopia de vidas guiadas e sustentadas por afetos e solidariedade coletiva.

Ciúme e Compersão

Marcel Proust retratou o seguinte em *O Caminho de Swann*, da magnífica série *Em Busca do Tempo Perdido*: "Seu ciúme, como um polvo, lançou um primeiro, segundo e, finalmente, um terceiro tentáculo, agarrando-se implacavelmente a esse momento, às cinco horas da tarde, depois a outro, e assim sucessivamente. No entanto,

Swann não conseguia inventar seus tormentos. Eram apenas a memória, a continuação de um sofrimento que lhe vinha de fora."

Curiosamente, o *Polvo do Ciúme*,[188] popularizado pelo ativista americano Reid Mihalko no final da última década em seus artigos e oficinas,[189] é um paralelo comum usado em coletivos de ativismo relacional para ilustrar a complexidade do ciúme. O símbolo do polvo representa oito emoções que, como seus tentáculos, podem capturar e desencadear o sentimento de angústia, dor e sofrimento que associamos ao ciúme. Essas emoções são:

1. A necessidade de posse e controle que acompanha a ficção de que sou especial e insubstituível.
2. A insegurança e o sentimento de vulnerabilidade do relacionamento.
3. Medo da perda e do abandono.
4. Medo de rejeição e frustração, muitas vezes associado à baixa autoestima.
5. Pânico sobre a solidão, relacionada à dependência e ausência de rede de apoio, vida social ativa, etc.
6. sentimento de injustiça e desigualdade que ocorre quando a outra pessoa tem mais facilidade em encontrar relacionamentos e planos de socialização e diversão.
7. Baixa autoestima e autopercepção em termos de inferioridade.
8. A sensação de escassez emocional e que não é fácil para mim sair de uma situação de carência.

O ciúme em um relacionamento monogâmico difere daquele em um relacionamento não normativo. Na monogamia, a traição e o engano

---

[188] "Battling The 8-Armed Octopus of Jealousy", reidaboutsex.

[189] A propósito, este autor foi recentemente acusado de violar o consentimento de pessoas (incluindo algumas que participaram de seus workshops) e, após reconhecer a gravidade dos danos causados, está em um processo de justiça restaurativa e transformativa. A abordagem de um assunto tão sério utilizando hipóteses não convencionais baseadas na responsabilidade e na prestação de contas em um contexto coletivo é, no mínimo, interessante. Mais informações em "Informações sobre o Processo de Prestação de Contas de Reid Mihalko", no site reidaboutsex.com.

são preocupações centrais. Já em relacionamentos não normativos, a exclusividade afetivo-sexual geralmente não é um compromisso, e o ciúme está mais relacionado à dificuldade de lidar com essas emoções, mesmo sabendo que seria melhor superá-las.

Este é um dos temas mais estudados e discutidos em textos, oficinas e conversas em ambientes não monogâmicos. Estratégias e experiências são constantemente compartilhadas, refinadas e avaliadas. Embora seja útil para adquirir habilidades e empoderamento, a ideia de que o ciúme gera sofrimento e conflito é constante. É crucial perceber que não faz sentido adicionar angústia sentindo-se culpado por não controlar o ciúme. Esse trabalho é responsabilidade de todas as pessoas envolvidas na rede, não apenas de quem o sente. Como em quase tudo na anarquia relacional, as soluções são coletivas.

Um conceito frequentemente discutido na literatura sobre não-monogamia ética é o de "compersão" (a segunda sílaba é "per", não "preen"). Trata-se de um sentimento positivo definido como a satisfação empática gerada pela felicidade de outra pessoa com quem temos um vínculo afetivo ou sexual, ao desfrutar de outro relacionamento semelhante. É, de certa forma, o antônimo do ciúme. Baseia-se em experiências que mostram como novas relações na vida das pessoas próximas podem enriquecer e nutrir a nossa, mesmo que indiretamente. Não é claro com que frequência esse sentimento ocorre ou se é resultado de um esforço de desconstrução, solidariedade e altruísmo. O que é certo é que possessividade, insegurança, sentimentos de inferioridade e medo do abandono, componentes típicos do ciúme, dificultam a possibilidade de sentir compersão.

Chama a atenção como as emoções que compõem o ciúme são culturalmente geridas em nossas sociedades. Diferente de outros sentimentos considerados controláveis, o ciúme é visto como algo intolerável e invencível, que nos domina sem solução. Até poucos anos atrás, muitos países mitigavam ou até diferenciavam penalmente o "crime passional", considerado menos grave por presumirem que ninguém consegue superar algo tão intransponível quanto o ciúme assassino.

Este é um exemplo claro de profecia auto-realizável. Se ninguém ao meu redor nunca considerou o ciúme como apenas mais um sentimento, controlável como qualquer outro, ele se tornará tão insuportável quanto me disseram e eu sempre acreditei. Bebês e crianças pequenas, por exemplo, tendem a querer tudo o que veem e lhes chama a atenção. Esse desejo por coisas que pertencem a outros é rotineiramente gerenciado por adultos com repetição serena e gentil, explicando que não podem levar, não é deles, não pode ser tocado, etc. Quando chegamos a 10, 20 ou 40 anos, não temos dificuldade nem vivemos nenhum drama ao caminhar por um mercado ou shopping sem levar para casa tudo o que vemos e gostamos. Às vezes, podemos querer fazer isso, mas suprimimos o impulso sem sofrimento ou infortúnio. Aprendemos a conviver com isso.

O ciúme, por outro lado, foi-nos apresentado como um drama incontrolável e até como uma prova de amor. "Não há amor sem ciúme", nos disseram. Terrível. Fazer na idade adulta, com vínculos já estabelecidos, o trabalho que a cultura poderia ter feito anteriormente não é simples, mas também não é qualitativamente diferente. Envolve o mesmo tipo de aprendizagem, porém precedido de um "desaprendizado".

Em relação aos aspectos diferenciais da anarquia relacional em comparação com outras formas de não-normatividade, podemos dizer que rotular relações como especiais e limitadas pode fazer com que a chegada de novas pessoas a essa rede privilegiada represente uma ameaça maior. Sem essas fronteiras definidas, ninguém pode cruzá-las, e essa ameaça desaparece, não operando nos mesmos termos. Por outro lado, a falta de estrutura pode alimentar sentimentos de insegurança, baixa autoestima, vulnerabilidade, etc., resultando em um equilíbrio talvez semelhante ao de outros esquemas e abordagens.

Necessidade de simetria e "sentir-se especial"

O grupo que propôs a anarquia relacional como uma evolução dos relacionamentos radicais muitas vezes compara amizades aos relacionamentos de casal. Um exemplo é que amizades não necessitam, ou necessitam muito menos, de confirmação contínua. O mesmo se aplica a outros vínculos, como os familiares, pois esses laços geralmente não envolvem a necessidade de estabelecer, manter ou romper formalmente. Naturalmente, todos os vínculos podem enfrentar complicações, mas não há uma narrativa interna de questionamento: "Eu ainda te amo, você ainda me ama?", "Você me faz feliz, eu te faço feliz?", "O amor acabou?" Comparar isso a uma amizade adulta socialmente normalizada, por exemplo, depois de alguns meses de conhecer e compartilhar atividades, soa quase infantil: "Você ainda é meu amigo?", "Eu/ você sou um bom amigo?", "A amizade acabou?" Ou em um relacionamento familiar típico: "Você ainda me considera um bom irmão, irmã, mãe ou pai?" (neste último caso, a confirmação não se refere ao vínculo em si, que não pode desaparecer, mas à sua qualidade).

Essas frases podem ser pertinentes em qualquer relacionamento em tempos de crise ou circunstâncias especiais, mas são reconhecíveis como abordagens de confirmação contínua ou periódica principalmente em relacionamentos sentimentais, amorosos ou de casal, geralmente de natureza afetivo-sexual. É compreensível, pois em uma relação amatonormativa, esse status deve ser defendido. Há sempre a ameaça de ser despojado de um pedestal onde, em configurações monogâmicas, há apenas uma pessoa, enquanto em estruturas como o poliamor, há mais de uma, o que demanda um trabalho significativo para que todos se ajustem confortavelmente a uma plataforma mais ampla e flexível, mas também mais complexa de gerenciar. Além disso, estar no pedestal da outra pessoa implica, como compensação, um espaço para ela no meu pedestal. Portanto, há duas necessidades intimamente relacionadas: a de ser confirmado como "especial" e a exigência de equidade ou simetria nessa consideração. Essas condições geram dinâmicas específicas. Quando as coisas vão bem, manifestam-se como trocas contínuas de mimos e mensagens de afeto que funcionam como verificações, como sinais vitais do vínculo. Não quero dizer que essas sejam expressões insinceras, mas muitas vezes têm uma função mais fática do que emocional, tratando-se de manter ativamente a supervisão do nexo afetivo.

Quando há desgaste, conflitos, irregularidades ou altos e baixos pessoais no nível individual ou no relacionamento, a expectativa em relação à continuidade do vínculo se ressentem, percebendo-se uma fratura de hábito e inércia. Isso gera dúvidas, necessidade de mais confirmações, demandas, desconfiança, e pequenas alterações que poderiam passar despercebidas acabam sendo ampliadas desnecessariamente. Portanto, a proposta que poderia ser derivada da concepção anarquista relacional é, novamente, aproximar a mecânica de ratificação de todos os laços ao que é normalmente feito em amizades. Ao alterar a dinâmica, a condição de "especialmente vulnerável e ameaçada" que a amatonormatividade impõe aos vínculos mais importantes pode ser modificada o máximo possível.

Em suma, trata-se de confiar mais nas pessoas e nos relacionamentos. Embora alguns possam ser mais relevantes, frequentes, intensos ou consolidados do que outros, é preferível um terreno mais suave, com inclinações significativas, mas sem os precipícios e abismos profundos da ruptura e substituição de uma pessoa pela outra, em vez de um platô cercado de perigosos abismos nos quais preciso ter cuidado para não cair.

Quando o casal não é mais a medida de todas as coisas

Tenho uma memória vívida do fim do meu último relacionamento normativo, quase 18 anos atrás. Não apenas recordo uma vaga sensação de libertação, misturada com medo e curiosidade sobre essa nova fase, além de tristeza, saudade e excitação. Esses sentimentos estavam presentes, mas o que realmente marcou minha memória foi a sensação de liberdade repentina para atender e ouvir qualquer pessoa a qualquer momento. Claro, eu não vinha de um relacionamento opressivo; vivia em um ambiente sem proibições, então não fazia muito sentido sentir isso de forma tão dominante. No entanto, a convivência diária gera uma rotina onde, após o jantar, há um espaço de convivência com mesa, conversa, sofá, leitura, etc., seguido de ir para a cama em um horário razoável para o dia seguinte. Dentro dessa inércia, receber um telefonema ou visita à meia-noite só era aceitável em casos graves ou urgentes.

No entanto, senti que, agora, estava livre para atender qualquer um que pudesse ligar ou visitar, por qualquer motivo. Já discuti os perigos de certas ideias de liberdade e as práticas associadas, mas percebo agora que essa liberdade era positiva porque era voltada para o exterior, um desejo de ouvir, receber e, em última análise, de cuidar e prestar atenção. Felizmente, não é algo que tenha sido necessário com frequência, mas ainda sinto essa emoção cada vez que alguém se aproxima de mim em busca de escuta e abraços. Retrospectivamente, a experiência desses anos mostra que, quando as pessoas entram em dinâmicas de bolha de casal, geralmente deixam de se importar, atender e se aprofundar em seus outros relacionamentos, ou pelo menos fazem isso em menor grau. Quando isso acontece, a narrativa é variada, mas previsível, e as palavras e expressões usadas são significativas. O mais comum talvez seja "Estou conhecendo alguém", seguido por "Há alguém especial", "Comecei algo", "Estou com alguém", entre outros.

A primeira impressão ao ocorrerem essas situações é de um risco iminente de afastamento. De fato, quando a relação que se inicia é monogâmica e normativa, esse risco se torna quase uma certeza. Quando não é, há uma alta probabilidade de que, para mantê-la, precisemos subordinar tanto a logística imposta pelo "parceiro principal" quanto, frequentemente, a própria dinâmica afetiva à comunicação (nos tornamos quase um pequeno segredo ou, pelo menos, nos pedem mais discrição do que antes) e às meta-relações, à rede à qual acessamos através da outra pessoa, que muitas vezes também experimenta um distanciamento.

Como mencionei anteriormente, a estrutura normativa gerada nesses cenários é conhecida como "privilégio do casal". Esse termo é utilizado porque suas implicações frequentemente ultrapassam a simples escolha de iniciar "algo especial" ou "uma história"; elas afetam outras pessoas que não participam das decisões e representam um esquema cultural que confere benefícios e prerrogativas automáticas, tanto no mundo monogâmico hegemônico quanto na maioria dos grupos não monogâmicos.

Como em outras questões, é difícil sugerir diretrizes práticas para o cotidiano. Podemos apenas tentar estar conscientes da existência dessa ordem normativa, frequentemente ignorada porque está presente em tudo e se origina de práticas padronizadas. É importante entender que suas consequências são justamente a manutenção dessa ordem, com suas bolhas isoladas, e a tendência de impedir redes de afeto, solidariedade, apoio e consciência coletiva.[190]

Obsessões, vícios, dependências e interdependência

Retomando as propostas centrais da anarquia relacional—cuidado mútuo, compromisso livre e voluntário, e autonomia responsável—vou focar neste ponto em como uma mudança que afeta a última pode desequilibrar todo o sistema. Quando fatores como a possessividade de outras pessoas, seu instinto de territorialidade, ou o desejo de segurança e controle ultrapassam meu objetivo de manter uma autonomia consciente e equilibrada, cria-se uma situação de dependência. Dado que as dinâmicas relacionais frequentemente buscam simetrias e reciprocidades, é comum que essa dependência ocorra em ambos os sentidos, ou mais,

---

[190] Natalia Sarkisian e Naomi Gerstel concluíram em um estudo de 2016 que estar em um relacionamento reduz tanto o número quanto a qualidade das conexões sociais, tanto para mulheres quanto para homens, mesmo quando se consideram explicações estruturais. Os laços das pessoas que não estão em um relacionamento são mais integrativos e envolvem mais cooperação e participação social. Esse estudo pode ser encontrado em N. Sarkisian, N. Gerstel, "Does singlehood isolate or integrate? Examining the link between marital status and ties to kin, friends, and neighbors", publicado no *Journal of Social and Personal Relationships*, em 2016.

dentro de uma rede afetiva, culminando em um processo de codependência.[191]

Curiosamente, a tendência recente de rotular dependências ou "vícios" em quase qualquer comportamento persistente e repetido (às vezes há apenas atividades que gostamos de fazer) não parece afetar os relacionamentos, a menos que sejam percebidos como comportamentos culturalmente aceitos. Um exemplo disso é a prática da leitura noturna antes de dormir, que geralmente não é considerada um vício (na "psicologia pop" que gera notícias e artigos em suplementos dominicais), pois é vista como um hábito apreciado e valorizado em contextos cultos, ou seja, um traço hegemônico. De acordo com as respostas a um teste padrão, porém, poderia ser classificada como um comportamento associado a vícios:

—Você faz isso todos os dias?

"Sim, todos os dias".

—Isso afeta seu dia a dia?

"Sim, é mais difícil para mim dormir sem isso".

—Você poderia parar de consumir facilmente?

"Não, isso me custaria e me deixaria infeliz".

Assim, a percepção e o julgamento de um comportamento pela comunidade dependem de como ele se alinha aos mandatos e valores culturais. O que é considerado vício em substâncias psicoativas, videogames ou uso de redes sociais pode ser visto como hábito ou prática valorizada em outras atividades, como leitura ou envolvimento em atividades celebradas. O mesmo se aplica às dependências e codependências emocionais: quando o componente sexual prevalece, o termo "vício" surge, indicando algo inaceitável. Comportamentos que seriam descritos como obsessivos se aplicados a outras atividades—como tomar as mesmas refeições no mesmo

---

[191]   Claro que todas as pessoas são interdependentes entre si e principalmente com nossas redes de apoio e carinho. Neste caso, estou me referindo a uma dependência emocional prejudicial precisamente porque afeta essas redes, tensionando-as e, em muitos casos, quebrando-as para gerar ilhas ou bolhas afetivas novamente.

local todos os dias—parecem normais quando referem-se a uma pessoa com quem mantemos um vínculo afetivo normativo (o casal).

Quero esclarecer que não estou advogando por um ideal de individualismo egocêntrico. A perspectiva da anarquia relacional foca no coletivo, na interdependência, na rede. Pelo contrário, estou criticando o ideal romântico, que coloca uma pessoa como a fonte de todo amor, confiança, bem-estar, paixão e estímulos intelectuais e emocionais. É natural desenvolver dependências exclusivas em relação a quem atribuímos toda essa responsabilidade. De fato, essa dependência nos leva a valorizar a estabilidade como um bem supremo, fazendo com que o valor da relação não venha das coisas feitas e compartilhadas em conjunto, como ternura, atenção e afeto. O que importa é a força do vínculo e a segurança, não o prazer, o carinho e a felicidade que proporciona. Uma ideia interessante para mitigar o problema da codependência—embora difícil de implementar e não amplamente aceita, pelo menos em um coletivo— seria a noção de reciprocidade indireta. Se encaro a vida com uma clara vocação para a rede, não preciso esperar que o que faço por alguém, de acordo com minhas possibilidades e necessidades do outro, me seja retribuído pela mesma pessoa. Talvez minhas necessidades amanhã estejam melhor atendidas pelas possibilidades e disposição de outra pessoa na rede. O essencial não é quem resolve os problemas, mas que eles sejam resolvidos. Algumas pessoas oferecem apoio emocional, físico, logístico ou material a outras, e os fluxos de assistência não precisam ser bidirecionais. Cada pessoa possui capacidades e disponibilidades diferentes. Essa reciprocidade em rede, ou indireta, não gera dependência pessoal ou codependência de dois, mas reflete a interdependência coletiva entre os membros da rede. É mais uma reminiscência da ideia de solidariedade em grupo do que dos direitos de propriedade e do medo da perda.

Chantagem

Chantagem e manipulação são formas comuns de coerção em qualquer tipo de relacionamento. Em relações com um substrato normativo que impõe direitos e obrigações pré-estabelecidos, essas táticas muitas vezes são usadas para impor essas prerrogativas diante de impulsos, resistências ou conflitos. Relacionamentos regidos por acordos e negociações explícitas também não estão livres dessa forma de condicionamento, pois negociar o que outra pessoa ou pessoas podem fazer implica reconhecer um direito ou poder implícito sobre elas. Esse reconhecimento facilita a imposição de constrangimentos através de concessões sujeitas a fins arbitrários, como "Eu não proíbo você de fazer isso, mas considere as consequências..." ou "Você é livre para fazer isso, mas depois...".

Foucault observou, no contexto da censura social e criminal ao longo da história,[192] que "frequentemente a punição superava a gravidade do crime, reafirmando assim a supremacia e o poder absoluto da autoridade". Neste caso, a punição manifesta-se como a ameaça de abandono, silêncio prolongado, ou expressões de tristeza desproporcional e sofrimento auto-imposto. Esses comportamentos passivo-agressivos, acionados quase automaticamente, acabam tornando os relacionamentos e a vida mais difíceis.

A anarquia relacional, conforme proposta, implica inicialmente evitar regulamentações rígidas, pois estas funcionam como contratos de adesão que não permitem a revisão e modificação das cláusulas e compromissos. Além disso, desaconselha-se uma gestão liberal que adota um paradigma contratual mercantilista, baseado na troca de concessões. Em contraste, a abordagem defendida é a de estabelecer limites claros, centrados exclusivamente em mim mesmo, especificando o que não aceito em relação ao meu corpo, tempo e dignidade pessoal. É fundamental exigir consentimento explícito sobre esses aspectos e promover o diálogo para assumir compromissos livres, intencionais e responsáveis em termos de cuidado, apoio, carinho e atenção.

Em resumo, e enfatizando os princípios fundamentais, é crucial que os limites sejam pessoais e não impactem outras pessoas, e que

---

[192] M. Foucault, *Discipline & Punish: The Birth of the Prison.* Vintage Books, Nova York, 1975.

os compromissos sejam voluntários e não impostos. O objetivo é evitar que sentimentos nobres, como amor e ternura, sejam usados como justificativas para a posse e, assim, para a objetificação. A intenção é realçar a essência positiva desses sentimentos e rejeitar suas manifestações coercitivas.

Perigos do sentimento de identidade

Uma proposta radical e de longo alcance como a anarquia relacional naturalmente desperta uma predisposição identitária. Se me identifico, compartilho e reconheço em uma visão revolucionária sobre algo tão fundamental quanto as relações, é compreensível que eu desenvolva uma identificação e a tentação de me definir como um anarquista relacional, ajustando minhas opiniões, expressões e comportamentos de acordo com minha filiação a esse "novo clube". Por um lado, a identidade pode ser de interesse e utilidade, pois permite que eu expresse minha visão de forma mais abrangente, menos singular e estigmatizada aos olhos de alguns, tornando-a mais fácil de compartilhar (embora nem sempre mais compreensível) e mais propensa à socialização, ajudando a encontrar pessoas com perspectivas semelhantes. Contudo, há o risco de que o enraizamento coletivo de uma identidade possa, com o tempo, originar novas regulamentações. Dado que a própria essência da anarquia relacional é a autogestão, isso seria contraproducente, mas sem uma vigilância constante, não podemos descartá-lo.

Assim como os rótulos aplicados aos relacionamentos, as identidades podem ser tanto descritivas quanto prescritivas. Um uso essencialmente descritivo da identidade é útil, como mencionei, mas uma interpretação prescritiva da identidade pode levar à renormativização, oferecendo novas oportunidades para preconceito, exclusão e violência. Além disso, pode resultar em autocensura e autoflagelação, que, em vez de aliviar as dificuldades de viver de forma diferente ou de desafiar a norma cultural dominante, acabam por agravá-las e complicar ainda mais a gestão dos problemas relacionais cotidianos.

Partimos de uma construção cultural que raramente vê a rede como um suporte emocional. Nossas referências geralmente envolvem isolamento, alienação, competição, suspeita e vigilância. Tradicionalmente, os sentimentos coletivos promovidos em nossas sociedades são voltados para confrontar outros grupos humanos: patriotismo contra outras nações, racismo contra pessoas fisicamente diferentes, homofobia contra aqueles que amam de maneira diferente, classismo contra os que não estão em nosso estrato social, e assim por diante. Portanto, estabelecer uma nova normatividade, definir um coletivo que a adote, isolá-lo de alguma forma e competir para ser o mais autêntico anarquista relacional não é subversivo nem transformador, mas sim o mais convencional e simplista. Foi isso que fomos ensinados a fazer: cuidar de nós mesmos. Se a anarquia relacional me parece uma boa ideia, a solução é aplicá-la, rodear-me de pessoas dispostas a experimentá-la, reconhecendo que cometeremos muitos erros, que não será fácil, que precisaremos comunicar o que é importante, respeitar espaços e tempos, ser flexíveis e não desistir na primeira dificuldade ou frustração. Lembremos que o modelo de relacionamento hegemônico gera muitas frustrações diárias. Não esperamos de uma experiência de aprendizagem e insubordinação o que não exigimos do sistema dominante. Não esperemos que nadar contra a corrente seja mais confortável do que deixar-se levar pelo "fluxo" moderno que triunfa na cultura pop e nos comerciais de margarina.

O natural, o cultural e o político

Um argumento comum contra a falácia naturalista, introduzida pelo filósofo inglês George E. Moore no início do século XX, associa o natural ao desejável ou moralmente aceitável. Se algo é natural, é visto como bom, e se não é, como inaceitável. Embora essa noção tenha perdido força no campo intelectual ao longo do último século, ela ainda é frequentemente utilizada em narrativas que apelam para intuições menos reflexivas.

Essa falácia continua a ser usada em discursos homofóbicos ou homoantagonistas, alegando que a heterossexualidade é natural e que a espécie teria desaparecido se a homossexualidade fosse a norma. Argumentos machistas também recorrem a essa falácia, sugerindo que é natural que as fêmeas fiquem "seguras com a prole" enquanto os machos "vão caçar" ou "espalham sua semente", mantendo a atenção em longo prazo. Além disso, a maioria das interpretações sobre o que é natural e o que não é é profundamente condicionada pelas culturas, expectativas sociais, acadêmicas, religiosas e morais, muitas vezes distantes de evidências intersubjetivas verificáveis. Portanto, proponho uma perspectiva mais compatível com a anarquia relacional, que desafia a autoridade de qualquer interpretação que use o "natural" como base para juízos morais, objetivos ou utopias. Não me preocupo com o que é natural (em termos de conhecimento, não de fundamento ético), mas sim com se minha conduta e meu relacionamento com os outros atendem aos critérios que considero aceitáveis, eficazes, justos e equitativos. Em outras palavras, estou mais interessado em política, no sentido mais amplo do termo.

A ideia de origem, de onde viemos e como chegamos aqui, realmente exerce um poderoso fascínio e persuasão. No livro de Christopher Ryan e Cacilda Jethá, que explora a evolução da sexualidade humana desde o Paleolítico,[193] encontrei observações fascinantes. Após sua publicação, alguns leitores compartilharam impressões profundas, como uma viúva de 63 anos que comentou com grande ternura: "Acabei de terminar de ler *Sexo Antes de Tudo*. Considero este um dos livros mais importantes que já li. Eu gostaria de poder viver minha vida novamente com essa informação."

Às vezes, é benéfico afirmar simplesmente que o que nos move e fascina é o que nos serve, sem complicações. Nesses momentos, é útil traçar um caminho claro do que acreditamos ser (mesmo que seja uma visão simples) para o que desejamos ser, evitando sobrecarregar ainda mais nossa jornada complexa.

---

[193] C. Ryan e C. Jethá, Sex at Dawn: The Prehistoric Origins of Modern Sexuality, op. cit.

Gestão contínua: burocracia relacional

Uma necessidade fundamental em qualquer relação não normativa, ou que busca autogestão, é a comunicação. Aceitar um acordo pré-fabricado pela cultura e pelo costume social demanda menos esforço comunicativo do que desenvolver uma estrutura de relacionamento específica para uma autogestão ou rede de vínculos. É crucial determinar nossos limites, os compromissos que podemos assumir, nosso nível de contato e intimidade, e as condições para isso.

É fácil concordar que a comunicação é essencial e benéfica em relacionamentos autogerenciados. No entanto, às vezes a rede acaba sobrecarregada com interlocuções focadas apenas na gestão da rede, o que pode enfraquecer ou reduzir expressões de afeto, contato, intimidade ou diversão. Isso pode ser visto como uma forma de "paralisia por análise", ou o que poderíamos chamar de burocracia relacional.

Às vezes, escuto uma analogia bastante ilustrativa: é como adquirir um carro com outra pessoa ou pessoas para facilitar viagens, excursões à praia ou às montanhas, e depois de um ano, constatarmos que o carro passou mais tempo na oficina do que realmente nos levou aos destinos desejados.

Não é fácil encontrar uma solução quando isso ocorre. Na verdade, o próprio método para resolver pode acabar aumentando a necessidade de gerenciamento e levando ao colapso. É essencial que a estratégia seja simples e que o primeiro passo seja reconhecer que há um problema. A partir daí, não há respostas universais, mas pode-se evoluir para algo positivo, ou descobrir que as pessoas envolvidas estão muito distantes de um ponto mínimo de encontro, evolução normativa, ou capacidade de cuidar de si mesmas e dos outros.

Valorar a clareza dos vínculos é crucial. Crescemos com a tendência de apego e de tentar manter os relacionamentos a qualquer custo, visto que os vemos como permanentes ou temporários. Desligar pode ser reversível, mas é sempre uma decisão significativa. A proposta aqui é reduzir a pressão e a seriedade das interações. Superar a inércia não é fácil, mas uma vez feito, novas formas de relacionamento, surpreendentemente felizes e vivas, podem surgir, sem abandonar os compromissos essenciais que suportam e que estão presentes para momentos verdadeiramente importantes. Em essência, isso poderia ser visto como deixar de lado os fardos do cotidiano para elevar o voo e cuidar melhor do que realmente importa.

Tem mais alguém?

Tá bom. Tudo isso me convenceu. Sou ou gostaria de ser um anarquista relacional, mas não vejo mais ninguém ao meu redor que compartilhe essa visão. O que faço?

É evidente que a anarquia relacional, sendo uma proposta de vocação pessoal com implicações coletivas, só faz sentido num contexto onde há disposição para explorar e experimentar. Essa abordagem radical demanda a desconstrução de atitudes, ideias e comportamentos profundamente enraizados em nossas vidas. Não é um caminho fácil, mas uma jornada desafiadora, que só é significativa quando tomada por uma necessidade pessoal e uma decisão consciente e valorizada.

Portanto, é provável que poucas pessoas ao meu redor conheçam ou compartilhem essa perspectiva, que até agora não se difundiu fora de certos círculos (este livro modestamente visa começar a mudar isso). Assim, as opções são limitadas. Em algumas áreas, existem grupos próximos de defesa não normativa ou inspirados pela não monogamia. Muitos buscam participar desses encontros para conhecer outros, embora geralmente se priorizem atividades que não são vistas como oportunidades para "flertar",[194] mas sim

---

[194] Na verdade, uma parte considerável da problemática na gestão dessas atividades reside em proporcionar um espaço o mais livre possível de indivíduos, especialmente homens cis heteros, que buscam um "sexo fácil". Em alguns contextos, o termo "polifakes" se popularizou para se referir a esses indivíduos. Nesse sentido, embora não seja possível garantir que os facilitadores dessas reuniões proporcionem um ambiente seguro, sempre se procura incluir notas, advertências e workshops dedicados ao conceito de consentimento, e encoraja-se os participantes a reagirem imediatamente se não houver um respeito escrupuloso aos limites e aos espaços.

para trocar ideias, leituras, experiências, etc. Contudo, o simples compartilhamento de preocupações relevantes muitas vezes leva a relacionamentos mais profundos. Esses ambientes também enfatizam a importância de ter trabalhado pessoalmente temas como consentimento, gênero e inclusão.

Outra possibilidade é interagir com pessoas que desconhecem ou não demonstram interesse em abandonar o modelo hegemônico. Muitas vezes, ao expressarmos nosso interesse, discutimos o tema dos relacionamentos e trocamos visões sobre ele. As respostas à afirmação "eu me relaciono de outra maneira" e à explicação sobre a anarquia relacional variam amplamente. Muitas pessoas se encaixam em uma dessas categorias:

Rejeição: Principalmente por medo do desconhecido ou por não perceber que a proposta é diferente. Isso pode variar conforme o sexo e o contexto. É comum que, em relações heterossexuais, uma pessoa socializada como mulher interprete a proposta como algo semelhante a um relacionamento sem compromisso ou de interesse exclusivamente sexual.

Aceitação irrefletida: Isso ocorre devido a um estado de fascínio pessoal ou "cintilação", ou porque a descrição nova e controversa é apenas parcialmente entendida. Além disso, dependendo do gênero, uma pessoa socializada como homem e educada em um contexto patriarcal pode muitas vezes ser interpretada como buscando relacionamentos sem compromissos.

Interesse sincero: Quando a abordagem desperta interesse intelectual e emocional, é a situação mais gratificante e emocionante. Isso é especialmente verdadeiro quando as perguntas são precisas e abordam os aspectos-chave e as dificuldades mais complexas de alinhar com a prática e a realidade. Esse é um aprendizado extraordinário, pois cada interpretação surgida do diálogo acrescenta um novo elemento a essa fórmula. Uma composição que pode se tornar uma das experiências mais fascinantes de uma jornada de vida.

Nos dois primeiros casos, como mencionei, construções de gênero muito marcadas e prejudiciais tendem a se manifestar. No segundo çaso, além disso, pode haver uma evolução desfavorável na dinâmica relacional, onde, ao se consolidar o vínculo, surge a compreensão plena do que foi dito inicialmente. O resultado é muitas vezes um conflito sério e doloroso, especialmente quando já há afeto envolvido.

Mesmo no terceiro caso, o mais favorável, a adaptabilidade pode ser superestimada; diferenças significativas de tempo podem surgir, e a conexão pode não se estabelecer ou funcionar bem. Compreender e compartilhar os princípios de uma nova forma de se vincular não garante que todas as dificuldades de uma mudança tão significativa possam ser superadas. É lógico que nenhum estilo de relacionamento funcionará com todas as pessoas que você tentar.

Além disso, ao longo do tempo, outras relações podem surgir, potencialmente de estilo monogâmico, normativo ou hierárquico, o que pode levar a um distanciamento. A compatibilidade de uma relação amatonormativa com uma rede de anarquia relacional é uma questão discutível e complexa, mas na prática, há uma tendência a negligenciar e deixar de cuidar de relações que não são a principal ou a única reconhecida como relacionamento de casal, no caso da monogamia.

Um problema específico surge ao não viver em uma cidade grande: a dificuldade em encontrar pessoas com preocupações além do convencional. A falta de anonimato, os julgamentos externos e a dependência econômica e social — às vezes até vital — da valorização e consideração nas pequenas e relativamente isoladas comunidades rurais tornam mais complicadas as tentativas de se conectar de outra maneira. Existem exemplos de coletivos que abordam esses desafios, como os *Xarxa d'Amors Rurals*, na Catalunha.[195]

---

[195] https://www.facebook.com/AmorsRurals.

Armários

Assim como a comunicação com pessoas com quem interajo pode variar em intensidade e nuances, dependendo dos gostos, necessidades, compromissos e limites envolvidos, a comunicação com o *exterior*, ou seja, com todas as pessoas ao meu redor, também depende de muitos fatores e pode assumir diferentes configurações compatíveis com a anarquia relacional.

Aplicando uma interpretação direta, percebo que, ao abordar a anarquia relacional como uma abordagem política e pessoal, apenas uma atitude de abertura e proselitismo ativo faz sentido. Não posso convencer ninguém do que pratico e acredito sem falar sobre isso, sem mostrar minha realidade e defendê-la. Embora o ativismo seja importante e louvável, não é indispensável, e seria ridículo apresentá-lo como um mandato, especialmente quando estamos falando de superar regulamentações.

Propus uma visão da anarquia relacional como política de estilo de vida ou política prefigurativa. Não é um movimento político tradicional, como um partido ou sindicato, mas uma proposta que constrói a realidade através da ação, não apenas palavras. No dia a dia, isso significa não participar de campanhas e eleições. Embora sem algum tipo de disseminação não haja como mudar nada no nível social, a disseminação e a construção de maiorias não são o objetivo aqui, nem o mecanismo fundamental como em outras áreas políticas. No entanto, é verdade que quanto mais visibilidade e normalização houver, mais fácil será ampliar redes de afeto, apoio mútuo e vínculos profundos, comprometidos e livres.

Assim, sair do armário como um(a) anarquista relacional contribui para os importantes processos de visibilidade e normalização seguidos por grupos como o LGTBIQ+. No entanto, é crucial reconhecer que gênero, classe social, origem geográfica, situação econômica, trabalho, situação familiar, ambiente sociocultural e outros fatores condicionam essa possibilidade. Por exemplo, se sou socialmente percebida como mulher, será difícil explicar minha opção relacional sem que meu ambiente interprete isso como promiscuidade, disponibilidade sexual, leveza moral e outros traços geralmente negativos. Se também sou não-heterossexual, migrante, pobre, racializada, sem documentos, com empregos precários, com filhos sob meus cuidados e em um ambiente familiar machista e tradicional, expressar publicamente minhas visões e práticas não convencionais pode ser imprudente.

E se eu decidir tornar minha visão e experiência públicas, com quem, como, quando e por que expressar a maneira como me relaciono? Claro, não é necessário, nem talvez uma boa ideia, declará-lo aos quatro ventos. Pelo menos inicialmente, é aconselhável escolher pessoas de confiança, modular o tom e a quantidade de detalhes compartilhados, tentar perceber as impressões causadas e analisar o feedback recebido. Assim, posso decidir se a comunicação resultou em consequências positivas ou negativas, gerando mais cumplicidade ou rejeição.

Também deve ser levado em consideração que, ao sair do armário, estou expondo outras pessoas cuja relação comigo é conhecida pelo meu ambiente. Portanto, há um componente coletivo nessa decisão pessoal. É compreensível que essas questões sejam discutidas na rede de afetos, não só porque coletivizam a decisão, mas também porque perturbam logicamente e são naturalmente compartilhadas com as pessoas mais próximas.

E... se eu for uma mulher?

O patriarcado, como sistema organizacional que oprime pessoas socialmente lidas como mulheres (independentemente de suas características biológicas, que podem ser distribuídas em um amplo espectro de traços físicos, bioquímicos e funcionais), é tão prevalente e generalizado que permeia todos os aspectos da cultura, da interação social e da realidade.

É uma opressão única, como descreve Simone de Beauvoir, devido aos fortes laços que unem opressores e oprimidos. Quando desafiamos essa estrutura, se não considerarmos o gênero de forma singular e prioritária, os traços de dominação e submissão do esquema anterior podem se repetir ou até se ampliar. Não basta garantir que o referencial teórico seja igualitário e equitativo; em um ecossistema de laços impregnados de inferioridade, objetificação, controle e poder patriarcal, é necessário aplicar uma força oposta para compensar o desequilíbrio inicial. Todos os elementos que mencionei, como os mitos do amor romântico, a ideologia do casal, as dependências, a culpa e os essencialismos, prejudicam mais o coletivo oprimido do que o dominante. A construção social elimina a afinidade dos homens com as mulheres, censurando qualquer identificação masculina com o feminino desde a infância. A mensagem é que as mulheres não são comparáveis aos homens, são algo diferente e inferior. Assim como um soldado é convencido de que seus inimigos não são como ele para que possa matá-los, a capacidade de empatia dos homens é reduzida. Isso explica o mal-entendido brutal de muitos homens e sua falta de vontade de se colocar no lugar das mulheres. Não é ignorância, crueldade ou preguiça. Homens que se movem por injustiças menores respondem com defensividade (*nem todos os homens*), paternalismo (*mansplaining*) ou sarcasmo diante de situações inequívocas de violência masculina. É, como diz a mensagem feminista: "Eles não são monstros, não estão doentes. Eles são filhos saudáveis do patriarcado".

Acho relevante compartilhar um exemplo ilustrativo, dado seu caráter transversal, distanciado de condicionantes ideológicos e intelectuais. Serena Williams, a tenista americana com quatro medalhas de ouro olímpicas e 23 títulos de Grand Slam, além de ser ativista feminista, foi recentemente alvo de uma pesquisa da YouGov.[196] O resultado foi surpreendente e, para mim, arrepiante, pois evidencia claramente os argumentos mencionados anteriormente. A pesquisa revelou que, no Reino Unido, 12% dos homens acredita que venceria Serena Williams em uma partida de tênis. Acho que não há muito mais a comentar.

---

[196] https://yougov.co.uk/opi/share/surveys/results/survey/344ce84b-a48d-11e9-8e40-79d1f09423a3

Por fim, ao considerar o mundo dos relacionamentos, especialmente os laços potencialmente íntimos, o espectro do machismo mais rígido se manifesta com força implacável. Conceitos como a noção de que as mulheres "entregam" sua dignidade (os verbos "entrega" e "vender" são frequentemente usados para descrever o corpo feminino em uma metáfora hiperbólica terrível) quando vivenciam o sexo e a afetividade de maneira livre com diferentes pessoas, ou sem a resistência esperada (em seu papel virtuoso de conquistas, assim como de objetificação). Comportamentos semelhantes nos homens são vistos como características de um homem bem-sucedido. É uma atitude tão obviamente injusta, patética e perigosa que é incompreensível como ainda é prevalente na sociedade.

Então, quais diretrizes podem ser derivadas do anarquismo relacional axiomaticamente neste caso? Acredito que a primeira é manter as opressões e privilégios visíveis e sob vigilância constante, para garantir que não sejam silenciados. A única maneira de aqueles que possuem privilégios abrirem mão do espaço é ouvindo, ouvindo e ouvindo. Também é necessário problematizar os papéis impostos de cuidador, mantenedor, e trabalhador incansável tanto no cotidiano quanto no afetivo, assim como os papéis de cuidador e vítima. É crucial dotar-se de poder e assumir a responsabilidade pela própria agência, agrupando-se e sustentando a si mesmo como um coletivo oprimido em grupos não mistos, que desenvolvem e disseminam uma perspectiva crítica a partir desse ponto de vista essencial. A escritora feminista Audre Lorde afirmou: "Não desmontaremos a casa do mestre com as ferramentas do mestre".

Obviamente, toda essa informação, opinião e meu posicionamento (que, de qualquer forma, não me exime de continuar mantendo automatismos e adotando atitudes patriarcais no dia a dia) vêm diretamente da atenção, escuta e leitura de mulheres, autoras, pensadoras e figuras públicas, no melhor sentido da palavra, que deveriam ser as únicas.

E... se eu for um homem cis heterossexual?

Como homem cisgênero e basicamente heterossexual, gozo de privilégios em muitos aspectos. Minha formação cultural tem sido moldada pela masculinidade, com todas as suas nuances, mesmo que minha família tenha sido progressista e igualitária. Cresci em meio a mulheres e militantes feministas. No entanto, a não ser que eu venha de outro planeta, minhas referências—na escola, na rua, na mídia, nos livros, nos quadrinhos, nos jogos e nos círculos sociais—quanto a sair, flertar, amar e ser amado, têm sido aquelas da masculinidade hegemônica.

Como mencionei antes, desde criança, aprendi, direta ou indiretamente, que qualquer comportamento ou gesto associado a uma menina poderia ser motivo de ridículo e censura. Foi-nos ensinado que meninas se vestem de maneira diferente, jogam outros jogos e têm outros gostos. Fomos condicionados a internalizar que as meninas são diferentes de nós, pertencendo a uma categoria distinta. Não mais pensamos que são inferiores, como em outros tempos; agora, aceitamos a ideia de que são melhores em muitas tarefas (especialmente nas que não temos interesse em compartilhar), que conseguem fazer várias coisas ao mesmo tempo (enquanto, se possível e aplicável na economia, nós não fazemos nenhuma) e outros tópicos semelhantes.

Eles não são inferiores, mas são diferentes, situam-se em outro lugar. A empatia que consigo sentir (realmente sentir, não apenas intelectualizar com base em minha noção de justiça e equidade) rapidamente se esvai com essa distância. Além disso, a expressão de empatia tende a ser mais típica da socialização feminina. Os sentimentos, de maneira geral, transmitem vulnerabilidade, algo que, como aprendemos, não deve caracterizar um homem, pois deve parecer forte e poderoso como John Wayne ou rebelde e esquivo como James Dean, mas nunca excessivamente sensível... como quem? Como uma garota. Devido a essas e outras construções culturais, o relacionamento em geral exige que um homem desconstrua profundamente os aspectos mais prejudiciais e nocivos da masculinidade. No entanto, se as relações também desafiarão a estrutura imposta pela sociedade, a demanda será ainda maior.

Porque a estrutura monogâmica heteronormativa centrada no casal reprodutivo está claramente organizada para favorecer os homens, mas ao menos impõe limites e obrigações mínimas. Embora seja autoritária, obsessiva em termos de posse e convivência, objetificadora, desmotivadora, rígida e, em muitos casos, sufocante, ela fornece um quadro dentro do qual há uma margem de manobra. A saída, ainda que mais ou menos ordenada, pode ser considerada, exceto nos casos mais dramáticos, que infelizmente não são poucos.

No entanto, uma forma de relacionamento sem essa estrutura rígida, mas ao menos conhecida, pode ser explorada pelo lado dominante para obter ainda mais vantagens. Sob o disfarce de flexibilidade e cumplicidade, vendendo ideais de libertação, emancipação e abertura à modernidade, podemos acabar, como nos lembram as histórias dos anos 60 e 70, construindo um novo paraíso para os homens e um novo inferno para as mulheres.

Então, quais abordagens devem ser muito claras deste lado? Acredito que, antes de tudo, devo admitir e incluir em meu discurso interno e externo a realidade de que nenhum relacionamento comigo pode ser considerado emocionalmente seguro. Transmitir confiança nesse sentido é oferecer algo que não pode ser garantido. Por mais informado, consciente, trabalhado, sensibilizado e lido que eu seja, minha socialização e educação originalmente moldaram uma personalidade enquadrada no privilégio, territorialidade, falta de empatia, paternalismo, objetificação do corpo feminino, controle e replicação automática dessas energias (para colocar de forma neutra). Claro, podemos ajustar nosso comportamento e pensar antes de agir, mas não devemos superestimar o autocontrole. No fundo, há inclinações, uma predisposição e uma identidade básica que se manifestarão em muitos momentos.

Porque não temos medo, ou pelo menos não temos os mesmos medos. Margaret Atwood, escritora e ativista canadense, disse: "Os homens têm medo de que as mulheres riam deles. As mulheres têm medo de que os homens as matem. Se não conseguirmos entender essa enorme diferença e encontrar as ferramentas psicológicas necessárias para empatizar, perceber e captar essas sensações, devemos imaginar que, durante anos, fomos o objeto do olhar de outras pessoas que nos julgavam como objetos, sem considerar nossos desejos ou sentimentos. Devemos ser capazes de imaginar que, ao mesmo tempo, nos era exigida uma virtude louca e contraditória para reconhecer uma dignidade básica, e que, além disso, não éramos acreditadas ou ouvidas quando levantávamos nossas vozes..."

O número de exemplos de tudo isso e de possíveis sugestões e avisos é vasto. Recomendo vivamente ler e aplicar as ideias que Pepper Mint reúne em *Playing Fair*.[197] Embora o espectro de relacionamentos abordado no livro ultrapasse o que entendo como anarquia relacional, a maioria das contribuições é muito oportuna e tremendamente necessária. Outra leitura essencial, que se aprofunda nas questões e razões subjacentes a toda essa reflexão, é *Feminismo para principiantes*, de Nuria Varela.[198]

Em suma, quando a cultura te coloca em uma posição onde seus comportamentos são avaliados mais favoravelmente que os de outras pessoas, sua palavra é recebida com mais atenção e respeito, você dispõe de ferramentas para evitar muitas vulnerabilidades e agressões, sofre muito menos medo e desfruta de vários outros privilégios, é impossível ver quem está em desvantagem. Sua posição privilegiada te cega. Você não vê ou ouve quem está dizendo que está lá e explicando o que acontece com eles. A única maneira é ouvir atentamente e constantemente. Somente exercendo cautela reflexiva, prestando atenção específica, e se esforçando para que o que você vê e ouve atravesse seu muro de preconceito (sua posição privilegiada), evitando a tendência de levar para o lado pessoal e

---

[197] Pepper Mint, Playing Fair: A Guide to Nonmonogamy for Men into Women, Thorntree Press, 2017.
[198] N. Varela, Feminismo para principiantes, B de Bolsillo, Barcelona, 2019 (ed. revisada, actualizada y ampliada).

tentar escapar (com o conhecido *nem todos os homens* ou *não somos todos assim*), e entendendo o que é privilégio, superando a tentação de ser defensivo e, na melhor das hipóteses, equidistante. Desmontar tantas outras coisas... só assim podemos vislumbrar essa outra realidade e talvez contribuir para mudá-la, a partir de uma posição de escuta e não de comando ou liderança.

Recentemente, em um grupo de ativismo,[199] foi descrita uma conversa entre duas mulheres e um homem cis hétero, que lhes explicou como era fantástico romper com os relacionamentos convencionais, afirmando que era mais fácil do que parecia, moderno, satisfatório e sem problemas. Ouvindo-o, o diálogo subsequente entre as mulheres foi: "-Você achou confortável quebrar a regra? - Não. - Bem, este homem vive tudo tão fácil porque não está quebrando nada."

5.4 Relações sustentáveis

O modelo hegemônico de relações é uma repetição cíclica de esquemas; uma mecânica de consumo emocional, reificação e substituição de pessoas, cujo vínculo foi espremido até se esgotar, por novas; de uma experiência insustentável que dá lugar à próxima, em uma dinâmica sem alternativas. O padrão vigente até a segunda metade do século XX, quando as uniões eram concebidas para a vida toda, transformou-se na convicção generalizada de que a maioria dos relacionamentos tem data de validade. Pouca atenção tem sido dada à possibilidade de que essa falta de sustentabilidade possa ser devida ao formato dos laços afetivo-sexuais e ao pressuposto implícito de que as relações devem seguir a norma: total, absoluta, exaustiva. Um relacionamento padrão funciona preenchendo todo o espaço emocional e de vida disponível. A ideia geral é dedicar o máximo de tempo possível ao "casal", exceto o tempo dedicado ao trabalho e aos hobbies, amizades, família de origem, etc. Qualquer esquema que vá além dessa linha básica é

---

[199] Publicação de Nuki Feminazgul na Poliamor Catalunya, 2020.

sujeito a críticas e à percepção de que algo está errado. A doutrina popular sustenta que esse tempo deve ser de "qualidade". Embora a definição dessa qualidade seja confusa, como axioma, é socialmente indiscutível. Essa construção visa criar uma bolha social isolada das demais. Quando o ar dentro dela se esgota após um certo tempo, a bolha estoura e começa a busca por criar outra, mantendo a roda girando.

Uma possível mudança de paradigma visaria garantir que as relações não fossem necessariamente perecíveis, não de forma prescritiva, mas buscando fórmulas para vínculos sustentáveis. Talvez não me interesse, não me pareça importante, não veja a graça e prefira assumir que os vínculos têm um tempo de vida, assim como as pessoas e a maioria das coisas. Essa é uma opção válida. No entanto, também posso achar interessante explorar a ideia de mudar o formato das relações para permitir a sustentabilidade de laços vivos, apaixonados, solidários, ternos e desejosos de compartilhar. Quais são as chaves para alcançar esses laços duradouros e felizes? Alguma fórmula mágica? Claro que não, mas acredito que a receita, se existir, incluiria ajustar os tempos, espaços e frequências de interação aos desejos recíprocos, evitando a saturação; bem-estar e não resignação ou obstinação como disposição geral das relações; a escolha do tipo de contato, inter-relação ou convivência de acordo com a vontade e os desejos das pessoas envolvidas, sem se submeter a padrões normativos; e, por fim, o cumprimento de compromissos, consideração, afeto e respeito máximo aos limites, observando rigorosamente a exigência do consentimento explícito em todos os momentos.

Dose e sustentabilidade

A definição médica de overdose refere-se a substâncias ou comportamentos que têm algum efeito positivo ou prático esperado. Em um suicídio ou assassinato, por exemplo, não faz sentido falar em overdose de veneno, pois se o objetivo é intoxicar ou matar, a quantidade necessária para isso seria chamada de dose eficaz, não de overdose. Portanto, é importante falar sobre vínculos satisfatórios, que desejo usufruir e preservar. Uma relação prejudicial é tóxica em qualquer dose. Mas uma relação grande, afetuosa, terna, apaixonada, cheia de respeito, admiração e carinho pode causar uma overdose? Pode saturar, adoecer e entediar, com o tempo, algo tão maravilhoso? É inevitável recorrer ao sarcasmo e responder que "sim, houve casos". As evidências são tão extensas que resultaram na convicção de grande parte da sociedade, especialmente das gerações mais recentes, de que as relações geralmente têm uma duração limitada e que é comum terminarem após alguns anos para dar lugar a novas. Rompimentos porque "o amor acabou", "a paixão se foi" ou "não é mais como costumava ser" são uma prática padrão e generalizada hoje em dia. E aplicando os pressupostos das relações não normativas? É possível mudar essa dinâmica? Minha experiência diz que sim, consideravelmente. Partir da hipótese de que relacionamentos sustentáveis são possíveis é uma boa ideia, embora devamos assumir que as tentativas podem falhar, o que não significa que o ideal seja irrealizável. Também posso, em algum momento, deixar de ser atraído pela própria aspiração pela sustentabilidade. No entanto, para mim, é um objetivo muito claro e valioso na minha vida.

Especificamente, os mandatos normativos que proponho confrontar e reescrever em termos de autogestão são: a dedicação absoluta como obrigação; a atenção constante como missão vital; e a regularidade diária como dever associado à importância do vínculo. Em suma, a proposta é ajustar as medidas às necessidades, algo muito típico do anarquismo social clássico. Cuidar de nós mesmos, mas também cuidar do desejo - dos desejos - do encanto, do fascínio: não matá-los com uma overdose. Rebelar-se contra a norma não é reprimir impulsos, é decidir como e quanto nos vemos para proteger o desejo de continuar nos vendo[200] a longo prazo, evitando a exaustão e buscando a sustentabilidade.

---

[200] Aproveitando o paralelo farmacológico, um detalhe também interessante é que a posologia inclui não apenas a dose, mas também a forma de administração, ou seja, não se trata apenas de quanto interagimos, mas em que condições. Por exemplo, não

Como levantar e implementar os detalhes e as receitas, novamente, vão além do que posso formular aqui. Especialmente porque não seriam sugestões universalizáveis. Minha experiência tem sido geralmente muito positiva, mas devo insistir que se trata de uma história de um contexto específico (também associada ao privilégio em vários aspectos) e, portanto, não é fácil extrapolar. Um ponto importante e provavelmente aplicável a muitos é que as doses ideais não são necessariamente coincidentes para todas as pessoas envolvidas.

O propósito da sustentabilidade só seria razoavelmente alcançável se a dose de interação se aproximasse do mínimo, correspondente à restrição mais severa de quem compartilha o vínculo, sendo estes os primeiros a sofrerem de overdose. No entanto, isso pode causar, especialmente em uma relação entre duas pessoas — mesmo que parte de uma rede maior — uma manifestação de ansiedade naquelas que precisam ceder seu nível desejado de interação. A ansiedade, por sua vez, pode desencadear uma dinâmica de dependência, exigência, insistência, e variações de poder, potencialmente prejudicando mais do que beneficiando a continuidade dos laços. Creio que é um fenômeno que deve ser monitorado e mantido em mente, caso ocorra ou se seja intuído que possa ocorrer.

Bem-estar

Uma das construções que idealizam e mitificam a ideia de amor nos últimos séculos é a romantização do sofrimento. O altruísmo como virtude nas mulheres, a coragem diante de ataques repetidos nos homens, e os amores impossíveis na literatura, no cinema e na imaginação social, tudo contribuiu para que o bem-estar não seja, de forma inconcebível, um objetivo claro nos relacionamentos. Algo tão

---

é o mesmo encontrar alguém no sofá ou na cozinha todos os dias ao chegar em casa do que planejar encontros específicos, como ir ao cinema, jantar fora, assistir a um concerto, passear ou visitar algum lugar. Com a mesma frequência, o primeiro cenário tende a apresentar uma maior probabilidade de diminuição dos desejos em comparação com o segundo.

fundamental como estar bem, à vontade e feliz em um relacionamento de qualquer tipo parece não se encaixar bem em nosso cânone, e, acima de tudo, não reflete a prática social observável em todos os momentos e lugares.

O desconforto, que por definição é prejudicial, é envolto em uma mística quimérica, composta por resquícios da tradição judaico-cristã, do pensamento romântico e da assimilação ocidental das últimas tradições orientais, com sua propensão à oposição, contradição e antagonismo como formas narrativas e de reflexão. Ideias como "a felicidade não existe, é um estado de espírito", "você aprende mais com o fracasso do que com o sucesso", "as coisas que valem a pena não são fáceis ou confortáveis" e outras semelhantes formam uma estrutura que encobre e constitui um terreno fértil para a resignação, a tenacidade diante da dor, a dilatação injustificada de processos dolorosos e até mesmo a aceitação do abuso e da dominação. Assim, diante dessa disposição cultural normalizada, reivindico o olhar anarquista original: utópico e ancorado em um conceito de felicidade não comprometido por construções robustas e complicadas pós-modernas, que vê a vida como uma busca pessoal pela plenitude, mas não considera o bem como tal se não for comum e realizável pelo coletivo, o que, em suma, não permite conformidade, submissão e conformismo. Se um relacionamento não é satisfatório, proponho: ou trabalhar para que assim seja, transformá-lo ou afastar-se.

Respeito

Outra característica normalizada, aceita por um senso comum imprudente e influenciado por diversas tradições e evoluções históricas, é a progressiva e aceita perda de respeito à medida que os vínculos avançam e se aprofundam. O critério normativo de que uma relação afetivo-sexual representa um vínculo especial, diferenciado de outros, a amatonormatividade ou privilégio do casal, conduz automaticamente a um superdimensionamento admitido de familiaridade e confiança, à aceitação implícita, à suposição de aprovação tácita e, portanto, ao enfraquecimento de uma forma crucial de consentimento (não sendo a única, abordarei esse aspecto essencial com mais profundidade).

Para superar essa configuração claramente prejudicial, a aspiração e o desafio aqui é distinguir a confiança e a familiaridade, aspectos positivos de um vínculo, da dinâmica de poder e controle que contribuem para a perda de respeito. Uma abordagem prática que tenho debatido, analisado e aplicado frequentemente é tratar outras pessoas com pelo menos o mesmo respeito que demonstraria a alguém próximo ou amado. Em outras palavras, não invadir o espaço de convivência, decisão ou intimidade de alguém com quem mantenho uma relação mais próxima do que faria com alguém que não conheço tão bem. Se não telefonaria a um vizinho ou colega de trabalho à meia-noite, exceto em caso de necessidade ou emergência, aplico o mesmo princípio aos meus relacionamentos mais íntimos. Se eu evitasse visitas inesperadas a qualquer pessoa sem aviso prévio, aplico o mesmo respeito aos meus vínculos mais próximos. Oferecer ajuda, sim; invadir, não. Em resumo, estou falando de respeitar a autonomia consciente, a privacidade e a agência das pessoas, ou seja, sua capacidade de decisão e ação sem interferências, sempre dentro de uma consideração e conscientização coletiva.

Apaixonar-se e limerência ("Nova Energia de Relacionamento")

Um conceito que sempre foi conhecido e em espanhol pode ser descrito como se apaixonar ou cunhar, termos ambos reconhecidos com significados comparáveis, agora é popularizado em comunidades não monogâmicas, influenciado por livros, blogs e artigos do mundo anglo-saxônico: NRE (New Relationship Energy). Refere-se ao estado emocional, parcialmente bioquímico, que faz com que deixemos de prestar a mesma atenção às pessoas com quem já temos vínculos quando surge alguém novo que nos estimula de forma intensa. No campo científico, este conceito é similar ao de limerência, especialmente quando se trata de um estado muito acentuado e prolongado.

Ao contrário do que poderíamos pensar, a principal dificuldade citada nas redes afetivas e nas relações não exclusivas não é gerenciar o ciúme ou a possessividade, questões que diminuem à medida que suas causas são abordadas, mas sim como administrar a NRE, tanto a minha quanto a de quem interajo. Assim como discutido sobre o ciúme, a paixão intensa também foi romantizada e elevada à categoria de emoção incontrolável e espiritual. Ser dominado por uma onda de paixão intensa é maravilhoso, sem dúvida. O problema surge quando esse entusiasmo transborda para além da interação com a nova pessoa e afeta os outros, ou meu próprio equilíbrio interno. Embora seja inevitável que eventos intensos afetem minha rede de relações, é essencial tentar evitar que isso prejudique o cuidado, a comunicação e a importância que dou aos outros. Um problema maior surge quando, além de afetar nossa consideração por outras pessoas, o NRE é usado como desculpa para violar compromissos básicos. Nesse contexto, a pessoa pode se aproveitar do padrão cultural que valoriza a paixão acima de tudo, esquecendo a importância da dinâmica relacional de pensar nas outras pessoas e demonstrar empatia.

Em resumo, é importante reconhecer o valor positivo que uma nova conexão afetiva ou sexual, ou até um novo projeto empolgante, pode trazer, pois essas experiências geralmente aumentam a felicidade e a contribuição das pessoas. No entanto, também é crucial reconhecer os perigos envolvidos, evitar a imposição de compaixão e entusiasmo forçados por parte dos outros, e entender que nem todos estão vivendo o mesmo nível de excitação. Além disso, é fundamental tratar todas as relações com o mesmo respeito, evitando a objetivação e a banalização, e garantir que manter os vínculos existentes requer o mesmo cuidado, ou até mais, com uma comunicação empática adicional.

Formas de convivência

Já mencionei anteriormente sobre comunidades intencionais. Exemplos mais visíveis são os grupos públicos que abrem suas portas para promover infraestruturas habitacionais de grande capacidade, mas qualquer grupo, grande ou pequeno, pode adotar características, valores e motivações coletivas que incluem solidariedade, acordos de convivência e formas colaborativas de gestão baseadas em compromissos, ajuda mútua e cooperação. Esses elementos estabelecem uma base mínima para discutirmos modelos de convivência compatíveis com a anarquia relacional. Naturalmente, uma pessoa ou um casal, sem mais, também pode viver segundo os princípios da anarquia relacional por meio de uma rede que se forma sem a intenção de convivência grupal. Na verdade, esse é um modelo bastante comum. Optar por formar espaços de convivência é interessante por diversas razões: economia de recursos, solidariedade e apoio direto no dia a dia, em situações como parentalidade, vulnerabilidades, luto ou doença, e resposta a tendências ao isolamento, especialmente em fases avançadas da vida. No entanto, as experiências realizadas até agora apresentam resultados variados, desde os mais positivos até relatos de sérios problemas de convivência que se agravam com o tempo, comprometendo abordagens interessantes e inovadoras. Como indiquei na seção sobre dosagem e sustentabilidade, a convivência diária e forçada pode se tornar obsessiva e opressiva. Nesse contexto, proponho uma abordagem que também considere a coexistência tradicional: um espaço comum central onde cada pessoa ou subgrupo possa ficar o tempo que desejar, enquanto também tenha à disposição outros espaços mais isolados e privados, evitando a obrigação de compartilhar constantemente.

Por exemplo, uma infraestrutura comunitária pode oferecer dois níveis de convivência: 1) quartos privativos e áreas comuns para serviços como lavanderia, cozinhas, sala de jantar, biblioteca, etc., essenciais para uma vida de longo prazo, e 2) apartamentos ou casas completas em outro espaço, onde os moradores possam buscar retiro ocasional ou mesmo permanente, sem regras estritas. Nos espaços comuns, os compromissos de convivência devem garantir a harmonia, mas sempre estará disponível a opção de solidão ou intimidade, mesmo em um pequeno grupo. Esse modelo, entre outros possíveis, incorpora os princípios fundamentais da anarquia relacional, focando na colaboração coletiva e na formação de uma rede, enquanto respeita a autonomia pessoal.

De qualquer forma, a intenção é desafiar a estrutura heteronormativa da família nuclear, onde a única trajetória esperada é encontrar um parceiro do sexo oposto, ter filhos e criá-los juntos, ou separadamente após uma ruptura, como é comum no modelo hegemônico. Essa continua sendo uma opção válida, mas o objetivo aqui é explorar e valorizar outras perspectivas que não sejam alienantes, permitindo-nos desenvolver em um contexto coletivo sem reforçar o individualismo ou o egoísmo do clã, características das sociedades capitalistas industriais e pós-industriais.

Consentimento

O consentimento, no contexto jurídico, é uma expressão do direito civil que reflete a manifestação pública da vontade de aceitar direitos e obrigações, definindo um dos aspectos da teoria da autonomia da vontade. Nos debates recentes sobre violência de gênero, este conceito tem sido amplamente discutido. No âmbito deste livro, o foco vai além do tradicional "ele deseja - ela consente" e das condições em que esse consentimento é válido. Contudo, considero essencial revisitar esse conceito através da perspectiva feminista atual, que busca afirmar a expressão da vontade na esfera sexual, física e emocional, promovendo o empoderamento das mulheres. A ideia é que o consentimento seja uma demonstração inequívoca de vontade de se relacionar intimamente, ocorrendo de forma ativa, positiva e explícita. É específico, ou seja, aplicável a uma situação concreta e não automaticamente estendido a outras práticas ou momentos; a manifestação da vontade deve ser mantida ao longo de todo o processo e é reversível a qualquer momento. Isso tudo reflete um direito fundamental de impor limites ao próprio corpo e à própria emoção.

Além dos limites, outros elementos que incitam o debate incluem a necessidade de que o consentimento seja entusiástico e inseparável do desejo. Primeiramente, porque o desejo, como mencionei em um capítulo anterior, é em parte uma construção cultural normativa e complexa, baseada no alo-sexismo e no esquema heteropatriarcal. Também porque é fácil idealizá-lo e sacralizá-lo segundo os mitos do amor romântico, separando-o da vontade consciente e da autonomia responsável. O desejo, assim como o ciúme e outras paixões, frequentemente é vendido como uma força ingovernável à qual não podemos nos opor, especialmente se somos pessoas sensíveis e emocionais, em contraste com "robôs frios e calculistas". No entanto, estamos frequentemente dispostos a nos envolver em interações sexuais ou em outras atividades que envolvem intimidade corporal ou emocional, por muitas razões além do mero desejo.[201]

Assim, no contexto do estabelecimento de vínculos—e principalmente de seu desenvolvimento, sob a perspectiva da anarquia relacional—é possível analisar como os acordos, pactos e consensos muitas vezes se assemelham a uma mecânica comercial e mercantilista. Este tipo de consentimento geralmente envolve a troca de algo que é solicitado em troca de outra coisa que eu peço, muitas vezes baseado em estereótipos culturais sobre os quais não refleti, ou que talvez não respondam a uma necessidade real. Esse consenso, uma versão suavizada e idealizada do contrato comercial, poderia ser substituído por um conceito mais orgânico e processual, que ressoe com a vocação de apoio, o compromisso com o cuidado mútuo, a conscientização da rede e a inter-relação.

Beatrice Gusmano descreve essa ideia muito claramente:[202]

> "Enquanto a definição liberal de consentimento é dar permissão de antemão, o cuidado ocorre não apenas antes, mas também durante e depois de as coisas terem ocorrido", reconhecendo a condição humana como um estado de

---

[201] Essas questões são muito bem explicadas pelos autores Stef Papin, Cristina Gozalo (K. Sagaris) e Loreto Ares, "Beyond Desire", em pikaramagazine.com. Também Clara Serra em "Desejo e consentimento nem sempre coincidem", em ctxt.es.
[202] B. Gusmano, "The Kintsugi Art of Care: Unraveling Consent in Ethical Non-Monogamies," *Sociological Research Online*, 2018.

interdependência, em vez de aceitação da ilusão liberal de autonomia pessoal " (Bauer, 2014: 106). O consentimento liberal opera em uma dimensão linear ficcional, sem levar em conta eventos inesperados, novas energias de relacionamento, vulnerabilidades, desejos e encruzilhadas — ou seja, justamente a matéria-prima da intimidade, da qual surge a arte do cuidado: uma prática relacional moldada de maneiras criativas pela contingência afetiva. Além disso, enquanto o consentimento liberal afeta um número limitado de pessoas (geralmente duas) que fazem um acordo, o cuidado pode irradiar por toda parte porque não está vinculado a uma situação específica: é uma maneira de estar no mundo, de cuidar, de assumir responsabilidades, de admitir vulnerabilidades".

Conclusões e propostas para começar a se relacionar de outra forma

Em termos emocionais e comportamentais, a proposta é tratar todos os meus relacionamentos como uma rede, evitando que aqueles com quem compartilho vínculos românticos, afetivos ou sexuais detenham privilégios sobre os outros. Para isso, a estratégia mais eficaz é minimizar o uso de rótulos que definem esses laços, pois é difícil evitar que a nomenclatura aplicada a cada relacionamento, além de descrevê-lo, carregue consigo uma carga regulatória que afeta a experiência de quem o vivencia.

Libertar-me dos rótulos relacionais pode também me ajudar a dissociar a culpa, aliviar expectativas, e expressar desejos e necessidades com mais liberdade. Isso permite construir compromissos significativos e estabelecer limites claros, evitando viver relacionamentos na insegurança ou no medo da solidão. O conceito de ruptura se torna menos traumático, transformando-se em uma evolução natural ao invés de uma fratura abrupta. A pressão para atender às expectativas externas e internas, bem como a autoexigência de satisfazer todas as necessidades de uma pessoa ou categoria de relacionamentos, é aliviada. Em suma, é libertador não ter que seguir regras para as quais eu não contribuí na elaboração.

Adotar um critério semelhante ao usado para amizades pode ser um bom ponto de partida. Ampliar esse critério com doses extras de comunicação, cuidado, consideração e respeito para todos os meus relacionamentos seria o ideal. Não é fácil, pois não há modelos prontos para seguir, e não posso esperar reconhecimento externo; no entanto, externamente, as pessoas podem tentar categorizar cada relação. Isso reflete a versão sociorrelacional do *horror vacui*: o que não é compreendido tende a ser preenchido com o rótulo mais próximo.

Também é importante não desanimar ao perceber que não estou tratando todos na minha rede igualmente, pois não se trata disso. Não é necessário dedicar a mesma quantidade de tempo (as doses variam para cada interação), nem esperar o mesmo nível de empolgação, nem equilibrar cada aspecto dos relacionamentos. A correspondência não é o problema. O objetivo é evitar privilégios que objetifiquem, que estabeleçam hierarquias de direitos, que transformem algumas pessoas em autoridades e outras em subordinadas. Se eu rio mais com uma pessoa do que com outra, nada mudará isso, e tentar controlá-lo seria uma aspiração sem dúvida problemática, que não se alinha com a anarquia relacional. Se prefiro ir ao cinema ou ter relações sexuais com uma pessoa mais do que com outra, não há problema algum nisso, e não devo me culpar por isso. Se tenho diferentes graus de intimidade, diferentes desejos e diferentes maneiras de desfrutar, é lógico. Além disso, tudo isso pode variar ao longo do tempo, sem dramas, sem fixações, sem rupturas, sem distâncias artificiais.

Outras consequências da abordagem da anarquia relacional que se entrelaçam com as anteriores incluem: uma possível redução na necessidade de verificar continuamente nossa posição, se somos um casal, amigos ou algo mais; a capacidade de me desvincular da ideia de "trabalhar para o relacionamento" para realmente apreciá-lo; o desejo de parar de considerar encontros remotos como um desafio onde cada encontro precisa ser maravilhoso e completar a vida do outro até o próximo; a orientação sexual não deve ser um fator limitador na definição do caráter ou do tipo de relacionamentos possíveis; a definição explícita e precisa da identidade sexual também perderá peso como requisito na formação de vínculos; a capacidade de considerar e minimizar a influência de vetores de poder, como origem geográfica, raça ou posição social; e a utilização de ferramentas para centralizar a discussão sobre as diferentes dimensões da opressão, garantindo que, especialmente no caso de gênero, as pessoas socialmente vistas como homens ouçam, reconheçam seus privilégios e, com o apoio de uma rede de afeto, trabalhem para reduzir suas consequências até que eventualmente deixem de existir.

Em suma, entendo que construir redes é possível, pois isso já está acontecendo. Algumas pessoas têm a sorte de viver e compartilhar redes de vínculos onde o afeto e o apoio são tão fortes quanto em qualquer relação familiar tradicional, e frequentemente mais sustentáveis. Meu sentimento, embora pessoal e subjetivo, não é fruto de uma idealização ou fantasia, mas sim de uma convicção firme em sua realidade.

Capítulo 6. Tornar visível o que não tem nome: ativismo relacional

"Você não pode considerar algo perdido só porque não vai
acontecer no tempo de sua própria existência. Eu não poderia
viver se não acreditasse que a imaginação pode criar novas
realidades."

— Gioconda Belli.

"Somente aqueles que são capazes de encarnar a utopia estarão
aptos para a luta decisiva, a de recuperar toda a humanidade
que perdemos."

— Ernesto Sábato.

Ao longo do livro, falei sobre o conceito *de política de estilo de vida* e mencionei propostas como a de Laura Portwood-Stacer que, agora em mais detalhes, define o termo da seguinte forma:[203]

"Quando indivíduos que desejam mudanças sociais ou políticas ajustam seus comportamentos e escolhas pessoais aos ideais que imaginam, isso é conhecido como política de estilo de vida. Embora os riscos de cada ato de ativismo possam ser baixos, os confrontos se multiplicam para os ativistas radicais, pois cada decisão está implicada na luta por uma nova sociedade. A forma de se vestir, a comida que se come e até as relações sexuais podem se tornar atos políticos. A política radical de estilo de vida transforma a vida cotidiana do indivíduo em uma luta contínua contra a dominação".

A definição vem da tradição anarquista e se encaixa perfeitamente com a ideia de anarquia relacional. Esse tipo de ativismo, no

---

[203] L. Portwood-Stacer, Lifestyle Politics and Radical Activism, op. cit.

entanto, exige necessidades específicas para ser eficaz. O mais importante é que não pode se limitar a poucas pessoas; deve se tornar um movimento. Movimentos políticos geralmente representam confrontos abertos, são organizados geograficamente, convocam manifestações, protestos, ocupações e até originam partidos políticos. No caso da Política de Estilo de Vida, o enfrentamento direto é substituído pelo trabalho cultural, busca de visibilidade e reconhecimento, definição e contribuição de conteúdos para identidades subculturais como tribos urbanas, coletivos subversivos, reflexão e ativismo.

A respeito do ativismo anarquista, a autora continua:[204]

> "(...) o anarquismo é uma 'cultura política' que implica 'uma família de orientações compartilhadas para fazer, falar sobre política e viver a vida cotidiana'. Assim, o anarquismo é típico dos movimentos sociais contemporâneos, onde uma linha muito tênue separa a vida cotidiana da orientação política, se é que tal linha existe. Os anarquistas são um caso extremo, pois, como sugere a escritora anarquista Cindy Milstein, 'Abraçar o anarquismo é reavaliar todas as suposições, tudo o que se pensa e faz, e de fato quem se é, basicamente virando a vida de cabeça para baixo.' A subversividade radical da filosofia anarquista se traduz no contraste marcante entre os modos de vida dos anarquistas e os do mainstream, daí a ideia de que a vida é virada 'de cabeça para baixo (...)'".

Portwood-Stacer introduz o conceito de 'identidades escolhidas' no estilo da expressão de Kath Weston 'família escolhida'. Assim como na família escolhida não há nada pré-estabelecido como na família de origem, na identidade anarquista — e também na anarquia relacional — não há característica primária como classe social, raça ou origem geográfica que a sustente. Não há aspecto físico, grupo religioso, orientação sexual ou posição social que lhe dê forma. Portanto, a identidade é mais difícil de mostrar e manter, e a visibilidade é mais complicada de alcançar.

---

[204] Ibidem, p. 14.

Gavin Brown, em *Amateurism and anarchism in the creation of autonomous queer spaces*,[205] diz:

> "(...) nas últimas décadas, a resistência anarquista se espalhou de tal forma que não se concentra mais apenas no Estado e no capital, mas busca expor e minar todas as formas de dominação presentes na sociedade, incluindo racismo, patriarcado e heteronormatividade. O objetivo do anarquismo evoluiu de simplesmente abolir e substituir as instituições políticas existentes para redefinir todos os aspectos das relações sociais. (...) No processo de construção de experimentos prefigurativos, os desejos de libertação pessoal e mudança social se reforçam mutuamente. Isso promove o anarquismo como uma cultura viva, uma experiência rizomática que emerge em todos os lugares, adaptando-se a situações e culturas específicas".

No sentido apontado por Brown ao discutir experimentos prefigurativos em certas formas de anarquismo, a anarquia relacional também se aproxima do conceito de "política de estilo de vida prefigurativa", termo cunhado por Carl Boggs[206] em 1977 para descrever "a incorporação, na prática política atual de um movimento, daquelas formas de relações sociais, tomada de decisões, cultura e experiência humana que constituem o objetivo final". Autores como A. J. Elliot Ince[207] e Paul Raekstad[208] examinam historicamente sua relação com propostas que vão desde aspectos programáticos na Primeira Internacional até os primeiros movimentos anarquistas que o aplicaram em comunidades isoladas, além das abordagens pós-guerra que buscavam expandir o conceito para contextos sociais amplos. Correntes contemporâneas como o zapatismo, os movimentos das praças e o *Occupy* já são amplamente reconhecidas, embora não necessariamente adotadas pela maioria.

---

[205] J. Heckert e R. Cleminson, *Anarquismo e Sexualidade*, op. cit.

[206] C. Boggs, "Marxism, Prefigurative Communism, and the Problem of Workers' Control," *Radical America*, 1977.

[207] A. J. E. Ince, *Organizing anarchy spatial strategy prefiguration and the politics of everyday life*, tese de doutorado, Queen Mary University of London, 2010.

[208] P. Raekstad, "Revolutionary practice and prefigurative politics: A clarification and defense", *Constelações*, 2018.

Elliot Ince, na referência citada, propõe que as políticas cotidianas praticadas por grupos prefigurativos radicais sejam orientadas para a autonomia em seu sentido anarquista, não para formas isolacionistas de autonomia. Ele defende a prática e a promoção da auto-organização coletiva com o objetivo de impactar toda a sociedade, não apenas manter uma comunidade como exemplo ou experimento. Ince destaca que as políticas prefigurativas estão intrinsecamente ligadas à concepção e configuração dos espaços cotidianos. Alinhado à minha abordagem na introdução do livro, ele relaciona essas tendências prefigurativas ao declínio dos movimentos anticapitalistas, antiglobalização e de justiça global. Ince propõe que o fracasso desses movimentos seja visto como inspiração e alerta, uma fonte de criatividade e flexibilidade valorizada:

> "(...) a política espetacular de festas de rua, bloqueios, raves de ocupação e manifestações de cúpula mostrou que a política poderia ser divertida e emocionante no contexto do rescaldo aparentemente desesperançoso da brutal neoliberalização das décadas de 1980 e 1990. No entanto, as falhas do movimento são evidentes: guetização, uma clara falta de capacidade para impactar as condições materiais e, eventualmente, a estagnação do movimento. Os grafites em Seattle durante a cúpula da OMC de 1999 — "estamos ganhando" — agora parecem excessivamente otimistas uma década depois para os participantes que testemunharam sua desilusão. (...) [e] "e agora?" Como se "segue em frente" após a recusa e para onde? Com o tempo, argumentei que um retorno ao potencial transformador da vida cotidiana é uma mudança crucial que começou a ocorrer e que é sustentada por uma abordagem cada vez mais séria da organização política radical em torno de questões concretas e materiais."

A batalha contra os imensos desdobramentos das forças de segurança em cúpulas internacionais, as crescentes restrições e violações da liberdade de expressão, e o controle educacional e ideológico exercido pelas poderosas elites religiosas, políticas e econômicas que dominam a maior parte da educação privada e concertada, assim como algumas pseudo-mídias e redes sociais vergonhosas que submergem o verdadeiro jornalismo em um mar de notícias falsas e estratégias de comunicação reacionárias, está sendo perdida. Não se trata de abandonar caminhos de luta pacífica, avanço e progresso, mas é crucial reconhecer que enfrentamos desafios significativos. Por outro lado, existem também reservas importantes em relação às abordagens prefigurativas, destacadas em obras influentes como as de Murray Bookchin, que critica diversas formas de ambientalismo, biocentrismo e anarquismo de estilo de vida.[209]

De qualquer forma, é importante considerar que a anarquia relacional não se enquadra exatamente como uma forma de anarquismo prefigurativo, mas sim como uma abordagem mais indireta em suas aspirações políticas. Ela está mais alinhada com a ideia atribuída a Emma Goldman (embora seja uma paráfrase): "Se eu não posso dançar, não é minha revolução",[210] ou com as palavras de Bob Pop em resposta à pergunta sobre o que é subversivo hoje: "- Seja feliz. Eles querem que sejamos tristes, desconfiados e sem esperança. Diante disso, a rebelião se torna uma felicidade de afetos raivosos e militantes contra a inércia".[211]

6.1 Que ativismo e por quê?

Em termos mais próximos da realidade atual da anarquia relacional — aquela que se manifesta nos contextos da prática cotidiana — identifico, como mencionei anteriormente, duas motivações distintas: aquela em que há apenas o desejo de abordar as relações de uma forma diferente, e aquela em que esse desejo se une à inquietação política para buscar maneiras de melhorar nossas sociedades. Ambas implicam uma leitura da identidade. O segundo

---

[209] M. Bookchin, *Social Anarchism or Lifestyle Anarchism: An Unbridgeable Chasm*, AK Press, Edimburgo.

[210] Alix Kates Shulman, "Dances with Feminists", *Women's Review of Books,* 1991.

[211] Entrevista de Luz Sánchez-Mellado com Roberto Enríquez (Bob Pop), *El País* 26/01/2019.

aspecto foi abordado anteriormente, enquanto o primeiro poderia ser descrito conforme Michel Foucault na entrevista conduzida por B. Gallagher e A. Wilson em Toronto em junho de 1982:[212]

> "Bem, se a identidade é apenas um jogo, um procedimento para estabelecer relações sociais e prazer sexual que criam novas amizades, então é útil. Mas se a identidade se torna o cerne da existência sexual, se as pessoas sentem que precisam 'descobrir' sua 'própria identidade' e torná-la a lei, o princípio, o código de sua existência; se a pergunta constante é 'Isso está de acordo com minha identidade?', então elas podem estar retornando a uma ética muito próxima da antiga virilidade heterossexual. Se nos pedem para nos relacionar com a questão da identidade, esta deve ser uma identidade para nossos eus únicos. No entanto, as relações que devemos ter conosco não devem ser de identidade, mas de diferenciação, criação, inovação. Ser o mesmo é realmente monótono. Não devemos negar a importância da identidade se as pessoas encontram prazer através dela, mas não devemos tratá-la como uma regra ética universal."

Foucault, partindo de outras premissas, identifica aqui o que anteriormente chamei de "perigos do sentimento de identidade" e sugeri redirecionar da identidade para a sensibilidade. Isso implica configurar dinâmicas de interação especialmente sensíveis a qualquer forma de autoridade, dominação e privilégio, e construir espaços ou redes de autogestão coletiva. Desenvolvo essas ideias nas seções subsequentes deste ponto.

Identidade, beijos e risos

Com a simples construção de redes de apoio mútuo, ambientes menos privilegiados e mais permeados por risos e afetos, já se desenvolve uma forma de ativismo, estilo de vida, visibilidade e

---

[212] M. Foucault, "Sex, Power and the Politics of Identity," entrevista em *The Advocate*, 1984. A citação é a resposta de Foucault à pergunta: "É significativo que identidades estejam sendo formadas, em grande medida, em torno de novas práticas sexuais, como S&M? Essas identidades auxiliam na exploração dessas práticas e na defesa do direito de se envolver nelas. No entanto, também impõem limitações às possibilidades individuais??"

normalização. No entanto, também é verdade que, ao observar ao redor, por vezes encontro pessoas, grupos, setores inteiros que parecem necessitar de referências mais abrangentes. Pessoas que se sentiram excluídas de um sistema de relações que não lhes cabia, que buscaram, encontraram artigos, livros, vídeos, podcasts, tentaram assimilar e torná-los seus... e ainda assim permanecem no mesmo ambiente de sempre. Apesar de perceberem um crescimento pessoal e uma consciência mais crítica e rica, o que veem ao seu redor é predominantemente sofrimento desnecessário, resignação generalizada e relações de poder.

Por esses e outros motivos, existe o ativismo organizado, operacional e funcional, que busca conquistar espaços através da proposição de reuniões e eventos. A interação, a reflexão, a troca de experiências e a proximidade emocional são elementos cruciais para manter e aprimorar a maneira como enfrento um desafio pessoal com implicações coletivas. Esse desafio envolve desmontar muitos comportamentos e aprendizados internalizados desde os primeiros estágios da vida, exigindo assim um esforço intelectual e emocional significativo. É somente com o apoio de uma rede que se pode trilhar esse caminho de desconstrução e renovação.

A questão de saber se podemos chamar esse trabalho de ativismo faz todo o sentido. A interpretação contemporânea[213] sugere que o ativismo depende mais do significado que os coletivos atribuem ao processo de organizar e coordenar ações e mensagens do que dos resultados dessas ações em si. A disseminação de abordagens, pensamentos e objetivos que aspiram à mudança social fora dos espaços midiáticos, institucionais ou corporativos - mesmo que seja exclusivamente orientada (embora isso não seja comum, a intenção

---

[213] Muitos dos estilos de ativismo contemporâneo representam uma mudança em relação às formas anteriores de ação política que se concentravam diretamente no Estado. Os movimentos atuais LGTBIQ+, antiglobalização, anticapitalistas ou antiespecistas abordam e incorporam aspectos pessoais de maneira fundamental, utilizando-os como base para suas críticas radicais ao sistema. Para esses grupos, o ativismo de estilo de vida é algo natural e o caminho indispensável para uma revolução cultural que promova uma mudança genuína, radical e inevitável nos padrões hegemônicos.

é mais ampla) para fornecer suporte, apoio e promover conexões no coletivo - constitui um esforço consciente de mudança, visibilidade e normalização de certas ideias e práticas. De fato, um dos objetivos dos movimentos de ativismo relacional é criar recursos e estar disponível para oferecer uma visão menos distorcida e mais rica para a mídia, evitando cair no sensacionalismo. Segundo Portwood-Stacer:[214]

> "(...) o trabalho cultural é crucial para gerar resistência política e, simultaneamente, as práticas de resistência realizam também um trabalho cultural. Normas e discursos compartilhados de identidade permitem que os indivíduos coordenem seus comportamentos em práticas coletivas que resistem às ideologias e estruturas dominantes. Ao mesmo tempo, essas práticas coletivas de resistência performativamente reproduzem as mesmas normas e identidades que as tornaram possíveis."

No entanto, a reflexão inicial de Foucault, mencionada no início desta seção, aponta para algo que já discuti em capítulos anteriores: o perigo do sentimento de identidade. As dinâmicas de grupo são complexas de gerenciar, ou melhor, não são gerenciadas; elas ocorrem espontaneamente, sem que seja fácil moderar certos desvios. Além disso, há um risco adicional que vem de fora. Quando se trata de grupos que desafiam as crenças mais centrais de uma sociedade, a forma como as relações são formadas, os comportamentos íntimos e a dinâmica de convivência estruturam-se, a percepção externa frequentemente está associada a um sentimento de medo e rejeição. Termos como "seita", "manipulação" ou "perversão" substituíram o antigo conceito de "pecado", que pode ter caído em desuso como termo, mas cujo significado persiste como uma defesa da estabilidade do modelo social dominante.

Outra reação comum, intimamente ligada à anterior, é o ridículo, o desprezo e a caricatura. Essas são respostas frequentes que as manifestações identitárias, ideológicas, intelectuais, científicas,

---

[214] L. Portwood-Stacer, *Lifestyle Politics and Radical Activism*, op. cit.

memorialísticas e de vingança têm recebido e continuam a receber quando seus objetivos de reivindicação são considerados revolucionários ou simplesmente fora de época e socialmente impensáveis. De qualquer forma, essa atenção na forma de rejeição ou sátira pode indicar uma sensibilidade despertada, uma fibra sensível tocada, e sinalizar que a visibilidade está sendo alcançada e que o caminho pode estar certo. Afinal, as elites que moldam opinião e controlam grande parte da mídia são compostas por indivíduos capazes de reproduzir de maneira clara e acessível os mandatos culturais e seus efeitos nas práticas sociais, o que confere consistência e credibilidade para facilitar sua assimilação, mas nem sempre são aqueles mais aptos a propor novas ideias.

Dissidência hermenêutica

Já abordei o conceito de injustiça hermenêutica introduzido por Miranda Fricker,[215] que surge quando um grupo não tem acesso aos recursos comuns de interpretação social, colocando-o em desvantagem em relação à sociedade em geral. Sem ferramentas para construir significado e comunicar experiências que diferenciam a abordagem e os objetivos do grupo, ocorre um desequilíbrio significativo e uma falta de opções para moldar a realidade. Um exemplo destacado por Esa Díaz León em seu artigo "Amatonormatividade e Injustiça Hermenêutica"[216] é o do assédio sexual. Antes da disseminação desse conceito, era difícil não apenas comunicar essas situações, mas também conceituá-las, compreender sua gravidade e expressar o que estava sendo vivenciado. O autor também menciona termos como "homofobia" negativamente e "gay", "*queer*" ou "trans" positivamente. A popularização desses termos na linguagem cotidiana proporciona ferramentas poderosas para a capacitação e para pensar na diferença como forma de resistência e afirmação.

---

[215] M. Fricker, *Epistemic Injustice: Power and the Ethics of Knowing,* Oxford University Press, Oxford, 2007.
[216] Mesa redonda no dia 15 de novembro da edição de 2018 do festival de filosofia Barcelona Pensa, na Universidade de Barcelona.

Um conceito que já comecei a abordar e que está se integrando ao repertório geral de conceitos socialmente reconhecidos e compreendidos, pelo menos em parte, é o consentimento sexual. A diferença entre enfrentar uma situação de violência sexual, em qualquer grau, sem o conhecimento desse conceito (e, principalmente, sem compreender seu significado e valor reconhecido e compartilhado), e enfrentá-la com o suporte interpretativo fornecido pelo consentimento, é enorme. Esse apoio pode capacitar indivíduos a desafiar atos autênticos de humilhação em momentos específicos, revertendo anos de subjugação e abuso, e alertando para situações de violência que haviam sido normalizadas... Outros conceitos, como "bullying", "xenofobia", "aporofobia",[217] entre outros, operam de maneira semelhante. No âmbito das relações, há muitos exemplos de termos comuns que sustentam o modelo hegemônico, como "fidelidade", "compromisso" ou "respeito" em um sentido positivo, e "adultério", "traição" ou "dolo" em um sentido negativo. Esses conceitos avaliam comportamentos específicos para sustentar as normas das relações convencionais. Se não respeitamos o privilégio de um parceiro, colocando-o acima de qualquer outra pessoa socialmente marcada como cônjuge ou semelhante, então "não somos fiéis", "não cumprimos nosso compromisso" ou "não respeitamos". No entanto, a fidelidade não se refere apenas à exclusividade sexual; os compromissos podem variar amplamente e envolver deveres e responsabilidades que não têm relação com o parceiro convencional; e o respeito deve ser dirigido à pessoa, não a um modelo culturalmente normativo de comportamento. Por outro lado, termos negativos como "traição" e "engano" culpam e definem o que é considerado aceitável pela norma, caracterizando qualquer desvio

---

[217] Aporofobia, a rejeição dos pobres, é um termo proposto por Adela Cortina em resposta ao fato de não incomodar o estrangeiro ou outra raça quando vêm investir, fazer turismo ou aportar recursos de qualquer natureza. Chateado quando pobre. A existência dessa palavra é inestimável para que a sociedade tenha consciência dessa realidade. A. Cortina, Aporofobia, el rechazo al pobre: un desafío para la democracia, Paidós, Barcelona,. 2017

como prejudicial, enquanto "adultério" denota a exclusividade sexual associada à instituição do casal tradicional, entre outros exemplos.

O que pode o ativismo fazer nesse sentido? Trystan S. Goetze introduz o termo "dissidência hermenêutica"[218] para descrever a criação de ferramentas interpretativas que dão sentido às abordagens e experiências de coletivos não normativos. Essas ferramentas buscam dar vida a novos significados que refletem positivamente valores como sensibilidade, ética antiautoritária, consideração, respeito, compromisso e cuidado, fundamentais para abordagens como a anarquia relacional, além de outras como a não-monogamia ética, movimentos LGTBIQ+, feministas, antiespecistas e antifascistas, cada qual com suas particularidades e nuances. Komarine Romdenh-Romluc,[219] filósofa, destaca a importância desses significados, significâncias, origens de sentido, argumentos e experiências como estrutura competidora de cosmovisões hegemônicas, especialmente em áreas onde essas visões minoritárias enfrentam conflitos e desvantagens, o que ela denomina como "injustiça hermenêutica". O objetivo desse processo é transformar essa estrutura em fonte de autoridade cultural. No entanto, do ponto de vista do ativismo, surgem desafios quando grupos oprimidos, objeto de injustiça hermenêutica, levantam questões que podem ser vistas como injustas ou contrárias aos próprios princípios defendidos. Romluc menciona o exemplo das dificuldades enfrentadas pelo feminismo ocidental ao criticar práticas de outras culturas oprimidas no Ocidente, críticas que às vezes são percebidas como neocolonialismo cultural. Situações semelhantes ocorrem com críticas de certos feminismos em relação às pessoas trans, ou com abolicionistas em confronto com sindicatos e coletivos de profissionais do sexo. No contexto dos movimentos

---

[218] T. S. Goetze, "Hermeneutical Dissent and the Species of Hermeneutical Injustice," *Hypatia*, 2018.
[219] K. Romdenh-Romluc, "Hermeneutical Injustice and the Problem of Authority," *Feminist Philosophy Quarterly*, 2017.

positivos em torno do sexo e da não-monogamia, surgiram também dúvidas por parte de organizações LGTBIQ+, como a inclusão desses temas em eventos como marchas do orgulho, visto em alguns momentos como uma ameaça que poderia reintroduzir à marginalidade coletivos que lutaram por décadas pela sua normalização.

6.2 Redes de apoio e direitos civis e econômicos

A norma social e jurídica estabelece que as relações consideradas como "casal" — baseadas em um componente afetivo-sexual em sua formulação original, independentemente dos comportamentos reais dentro delas — acumulam todos os privilégios, direitos e benefícios legais de natureza social. Essa tradição remonta a uma época em que as uniões eram exclusivamente vistas sob um prisma reprodutivo, um conceito de família que, embora ampliado em algumas legislações conforme avanços culturais, ainda é protegido. Em contrapartida, a hipótese da anarquia relacional questiona esse tratamento privilegiado. Ao contestar a existência de fronteiras rígidas que hierarquizam indevidamente os vínculos, justifica-se claramente a aspiração por uma mudança no tratamento jurídico das relações. Elizabeth Brake, em *Minimizing Marriage*,[220] propõe substituir o conceito tradicional de casamento pelo reconhecimento legal de relações de cuidado entre adultos, denominado "casamento mínimo". Esse modelo legal se basearia em compromissos particulares para cada caso, associados a benefícios reconhecidos, que são específicos de cada relação e não normativos conforme o sentido que tenho atribuído ao termo. As únicas restrições seriam critérios básicos de justiça e equidade. Brake também reconhece os riscos de uma aplicação generalizada dessa fórmula, especialmente para grupos mais vulneráveis, como as mulheres, e propõe uma

---

[220] E. Brake, *Minimizing Marriage: Marriage, Morality, and the Law*, Oxford University Press, Oxford, 2012 e elizabethbrake.com/after-marriage/

implementação cautelosa, considerando os diferentes eixos de opressão e sua intensidade na sociedade. A superação da amatonormatividade não pode ocorrer à custa de intensificar ou perpetuar outras formas de opressão.

Libertação ou Desregulamentação de Relacionamentos?

A abordagem de Brake se alinha a uma série de propostas de natureza política liberal, no sentido anglo-saxão aplicado aos direitos civis, não econômicos — o que na Europa seria considerado progressista. Essas propostas incluem as uniões de cuidado íntimo de Tamara Metz,[221] o Estado sem casamento de Clare Chambers[222] e o reconhecimento legal da amizade como união para o cuidado de Laura A. Rosenbury.[223] Uma perspectiva mais alinhada ao anarquismo social seria promover o estabelecimento e o reconhecimento legal de redes de apoio entre pessoas, uma ideia que ressoa fortemente em muitos grupos ativistas, especialmente na Europa. Na Espanha, em particular, essa tendência é notável e pode ser vista como predominante. Embora a anarquia relacional não seja o único quadro de referência nesses grupos, um trabalho recente de Pablo Pérez Navarro investiga essa questão[224] e cita vários depoimentos, incluindo o de Miguel Vagalume:

> "Embora em alguns casos seja conveniente atingir determinados objetivos legislativos (sindicatos, filiações, plano de saúde familiar...), atualmente o reconhecimento legal desse tipo de relacionamento não é prioritário nessas comunidades. (...) Você não foge de um espartilho para caber em outro.

Ou Brigitte Vasallo:

---

221 T. Metz, Desatando o nó. O casamento, o Estado e o caso de divórcio. Princeton University Press.
222 C. Chambers, Against Marriage: An Egalitarian Defence of the Marriage-Free State, Oxford University Press, Oxford, 2017.
223 L. A. Rosenbury, "Friends with Benefits?" Mich. L. Rev, 2016.
224 P. Pérez Navarro, "Beyond Inclusion: Non-monogamies and the Borders of Citizenship", Sexuality & Culture, 2016.

> "[(...) A luta pelo reconhecimento legal é] um trabalho que
> precisa ser feito, mas vamos ver como é feito. Vamos ver se a lei
> se torna um meio, não um pacto com a "realidade de merda".
> Vamos ver se vamos exigir o casamento entre mais de dois como
> uma ferramenta de sobrevivência (para obter reconhecimento
> para crianças criadas entre mais de dois, para poder visitar seus
> parceiros no hospital, etc.), ou se isso vai ser um fim em si mesmo
> e vamos nos contentar com isso."

O exemplo do casamento entre pessoas do mesmo sexo ilustra claramente isso. As comunidades LGTBIQ+, ao desenvolver conceitos como "família escolhida" em contraste com "família de origem", e ao criar redes de cuidado que transcendem as formas tradicionais de convivência, enfrentaram o paradoxo de aspirar à inclusão em uma norma da qual foram excluídas, resultando na aceitação e reprodução das suas diretrizes prescritivas. É crucial lembrar que indivíduos com maior poder econômico e social já têm acesso garantido a cuidados, conforto, companhia e atenção, sem a necessidade de mudanças. Eles possuem habilidades, contatos e tempo para buscar essas necessidades ou até mesmo pagá-las diretamente. Por outro lado, são as pessoas mais vulneráveis, posicionadas do lado oposto dos eixos de poder e influência, que poderiam beneficiar-se significativamente de uma reorganização social dos laços através de redes de afeto e apoio.

6.3 Coletivos, espaços de socialização e ações de visibilidade

Não todos têm interesse em conectar-se com grupos de pessoas desconhecidas. Alguns preferem manter uma rede de conexões e acompanhar o desenvolvimento de ideias e experiências externas através de livros, artigos, blogs e redes sociais. No entanto, muitas pessoas também apreciam se aproximar, em maior ou menor grau, de indivíduos com ideias afins para participar de atividades e projetos em comum. O nível de formalidade ou espontaneidade desses encontros varia de acordo com as preferências individuais e suporta uma ampla gama de interpretações e formatos. Essas diversas ações contribuem para fortalecer um senso de comunidade e dinâmicas coletivas a longo prazo, seja em contextos locais ou geograficamente abrangentes, sejam eventos esporádicos, periódicos ou espaços permanentes como centros comunitários, bares e bibliotecas, que proporcionam oportunidades para encontros, trocas de experiências, leituras e reflexões.

Coletivos para não-normatividade

Os coletivos dedicados exclusivamente à anarquia relacional ainda não são uma realidade estabelecida, pelo menos até onde tenho conhecimento. A maioria está integrada em comunidades mais amplas que se identificam sob o guarda-chuva comum das "não-monogamias", "relações éticas não normativas" ou pelo conceito de "poliamor". Embora haja diferenças significativas entre essas abordagens, algumas chegando a extremos opostos de um espectro de caracterização — desde a prática de múltiplas relações dentro de um contexto amatonormativo e privilegiado até a rejeição completa da amatonormatividade e do privilégio do casal —, o desafio compartilhado ao sistema monogâmico heteronormativo obrigatório une esses grupos diversos, que, apesar de pluralistas, compartilham um sentido de identidade comum.

Reuniões periódicas de natureza formal são realizadas em muitas cidades do Estado espanhol, mas muitas vezes associadas a um componente recreativo. Por exemplo, em Madri os encontros são chamados de "Policañas", em Valência, "Polibirras" e em Barcelona são mais improvisados e usam nomes diferentes. Tanto em Valência quanto em Madri existem organizações legalmente formalizadas ("Associació per les Relacions Afectives Étiques No-normatives de València", muito ativas graças sobretudo ao impulso de Berta Fabra, e "Poliamor Madrid" com um coletivo por trás também muito dinâmico, respectivamente) e em Barcelona a organização mais poderosa é a *Amors Plurals*. Em outras cidades do estado, os movimentos são mais recentes. Na esfera rural, na Catalunha destaca-se *o coletivo Amors* Rurals, que já mencionei em pontos anteriores. Em outros países europeus, há pequenas variações, como na França, Bélgica e Suíça, onde as reuniões regulares são geralmente chamadas de *Café Poly* e são realizadas nas principais cidades. Na Áustria e na Alemanha são chamados de *polyencontros, Polytreff,* e também ocorrem em grandes áreas urbanas. Outros formatos semelhantes são *Poly-Connect, PolyTisch* e *PolyWhonzimmer,* cada um com suas próprias peculiaridades.

Existem formatos mais intensivos, como eventos de um ou dois dias com apresentações, workshops e mesas redondas. Exemplos incluem os pioneiros Polydays realizados no Reino Unido desde 2004, geralmente em Londres, o *Openday* em Madrid e *Les Jornades d'Amors Plurals* em Barcelona. Além disso, há encontros acadêmicos como os congressos sobre *Non-Monogamies and Contemporary Intimacies* realizados nas universidades de Lisboa em 2015, Viena em 2017 e Barcelona em 2019.

A OpenCon

Mas os eventos mais aguardados nessas comunidades são, sem dúvida, aqueles que abrangem dois ou três dias completos de interação, geralmente realizados em albergues ou casas rurais, com espaços dedicados a oficinas e atividades, além de capacidade para acomodar os participantes. Esses encontros proporcionam um ambiente significativo de convivência ao longo de um fim de semana. Na Europa, exemplos pioneiros incluem o *International PolyWeekend Girona* em 2010 e o *OpenCon UK,* realizado de 2010 a 2014 em Dorset.

Os primeiros OpenCons estabeleceram uma tendência que perdura até hoje, não apenas em seu formato geral, mas também em seus mínimos detalhes. Ludi, um dos organizadores desses primeiros eventos, descreveu isso em outubro de 2011 no polytical.org, um relato que poderíamos considerar de valor histórico:

"A OpenCon será um fim de semana de workshops, discussões, socialização e construção de comunidades entre pessoas não monogâmicas na pitoresca zona rural de Dorset. O evento terá início na noite de sexta-feira, 14 de outubro, e se estenderá até a tarde de domingo, 16 de outubro. O custo é de £90 por cama, com pensão completa e xícaras ilimitadas de chá durante todo o fim de semana.

A OpenCon é organizada seguindo o modelo de desconferência: a proposta é que os participantes tragam suas próprias ideias e conduzam workshops sobre os temas que desejam discutir. Nosso objetivo principal é criar um espaço onde essas conversas possam ocorrer naturalmente — como organizadores, não pretendemos ditar quais são os temas mais relevantes para a comunidade poli; esse papel é deixado nas mãos dos próprios participantes.

Algumas oficinas foram planejadas com antecedência para iniciar o fim de semana, abordando temas como bissexualidade e poliamor, poliativismo e feminismo. Quando você chegar, encontrará uma programação robusta com algumas oficinas previamente organizadas, muitos horários disponíveis nos nossos cinco espaços de oficina, e uma pilha de post-its e canetas para que você possa adicionar suas próprias sessões à agenda. Não divulgamos o cronograma com antecedência porque queremos evitar que as oficinas pré-planejadas dominem o foco do evento!

Também não se resume apenas a oficinas — há muitas maneiras de contribuir para o sucesso da OpenCon, como publicidade, organização de caronas compartilhadas, entretenimento noturno, reuniões e saudações, ser um anfitrião acolhedor nas mesas e manter o contato entre os participantes após o evento. Agora, há um documento do Google incrível onde qualquer pessoa pode se inscrever (ou sugerir) qualquer atividade!

Após a discussão, decidimos não fazer um grande anúncio da OpenCon, pois ela é voltada para a comunidade de pessoas que já praticam a não-monogamia, e não para introdução ou divulgação. Preferimos deixar as informações se espalharem organicamente pelo boca a boca, o que esperamos atrair um grupo de pessoas verdadeiramente interessadas em fazer o evento acontecer de maneira incrível!

O evento do ano passado contou com oficinas pré-organizadas sobre poliativismo (que deu origem ao Polytical.org), anarquia relacional, poliatividade e espiritualidade, além de diversas outras, como poliativismo queer, sexualidade, ficção científica, entre outras. Foi um fim de semana incrível! Este ano, teremos mais espaço para oficinas, mais participantes chegando e uma nova área de relaxamento e artesanato, então acredito que será ainda melhor!"

Conteúdo do primeiro dia da OpenCon 2011. Fonte: polytical.org (agora em webarchive.org)

Desde 2012, a *International OpenCon Catalonia* tem sido realizada na região de l'Empordà, em Girona, alcançando sua oitava edição em 2019. O formato é muito semelhante ao do OpenCon original e foi adotado em eventos com o mesmo nome realizados na Finlândia e na Transilvânia (Romênia) em 2017 e 2018, assim como em

Perugia (Itália) desde 2016. Na Espanha, o *OpenCon Madrid* acontece desde 2015 na província de Ávila, enquanto o *OpenCon Valencia*, desde 2018, atraiu mais de 100 pessoas em sua última edição para um fim de semana na região de La Foia de Bunyol. Outro evento muito interessante é o Eixams, que desde 2016 ocorre no sul da Catalunha, buscando explicitamente uma abordagem interseccional atravessada pela língua catalã, feminismo, anticapitalismo, ambientalismo, não-monogamia, diversidade e luta LGTBIQ+, com uma equipe de organização ligada ao *Amors Plurals*.

Biblioteca da segunda OpenCon València, em junho de 2019.
Fonte: Juan-Carlos Pérez-Cortés

A tendência de abordar a maioria dessas questões, embora nem sempre explicitamente destacada, é evidente em todos os encontros mencionados. Sempre há oficinas sobre feminismo, diversidade, eixos de opressão, opções veganas no cardápio (ou menus completamente veganos, exceto para necessidades especiais), oficinas não mistas para pessoas lidas como mulheres, permitindo atividades sem a presença de homens (e ocasionalmente oficinas focadas na desconstrução da masculinidade hegemônica), além de outros temas relacionados.

Em alguns grupos, também são organizadas atividades regulares exclusivamente para mulheres, como polybirras e reuniões não mistas. Em fevereiro de 2020, ocorreu o Womanxé, o primeiro evento de fim de semana no estilo OpenCon exclusivamente para mulheres cis, trans e pessoas não binárias. Essa tendência reflete o papel essencial que as mulheres e o feminismo desempenham na esfera ativista, sendo elementos indispensáveis para evitar que a diversidade afetiva no século XXI siga o mesmo caminho das supostas revoluções anteriores, onde os homens mantiveram todo o poder e protagonismo.

Na América do Norte e em outros continentes, os eventos apresentam estilos e dinâmicas bastante distintos, abrangendo desde encontros mais mágicos, rituais e festivos até abordagens espirituais, sexuais, lúdicas, BDSM ou esotéricas. Existe uma vasta diversidade de opções disponíveis, com listas atualizadas de eventos facilmente acessíveis online.[225]

Uma reunião sobre anarquia relacional

Nos dias 16 e 17 de julho de 2016, ocorreu o único encontro monográfico dedicado à Anarquia Relacional na Europa,[226] além de workshops, apresentações, palestras e ciclos de debate. O Primeiro Encontro sobre Anarquia Relacional foi realizado em uma acolhedora escola de dança em Albacete, Castilla-La Mancha, organizado por Roma de las Heras e Lucas del Zibanto. Participaram ativistas de Albacete, Valência, Castelló e Catalunha, focados em identificar estruturas, valores, ferramentas, violências, riscos e configurações relacionais da anarquia relacional. Criamos um mapa conceitual e concluímos a necessidade de delinear e diferenciar a Anarquia Relacional de outras propostas, manter

---

[225] Os mais abrangentes agora são provavelmente: "Próximos eventos: próximos 12 meses" em polyevents.blogspot.com e "Eventos Polyamory" em findamunch.com.
[226] Nos EUA, em 2019, foi realizada uma desconferência em Detroit, no estilo da OpenCon; radunconference.com.

vínculos com outros grupos e continuar agendando reuniões específicas. Ainda não ocorreu uma segunda edição, mas esperamos que seja organizada em breve.

Mapa conceitual concebido durante o Primeiro Encontro sobre a Anarquia Relacional. Fonte: Juan-Carlos Pérez-Cortés

6.4 O futuro

Conhecemos o passado. Até agora, o mundo experimentou formas de organização, sistemas de governo e estruturas de poder que resultaram em exploração, desigualdade, guerra, crime e corrupção. A concepção anarquista não teve papel nesses modelos de governo e poder. Mesmo assim, "caos e desordem" são associados ao anarquismo, não aos sistemas autoritários que dominaram a história. O caos é a enorme desigualdade, fome, falta de saneamento, serviços essenciais e água potável, pessoas morrendo no mar e recursos investidos em armas e exércitos. A desordem é a destruição dos ecossistemas, o tratamento desumano dos animais, a discriminação dos diferentes, aqueles que amam diferente, acreditam em deuses diferentes ou em nenhum, a doença e a morte por causas evitáveis, a falta de oportunidades, a ilusão e o futuro sombrio dos jovens sem uma família poderosa, e a repressão que sofrem ao protestar por dignidade e direitos iguais. Isso não é anarquia. Foi para isso que a anarquia nasceu.

Exemplos e referências

Não se trata de reclamar acreditando que um grupo de indivíduos insatisfeitos com a forma como os relacionamentos são abordados em nossas sociedades, que se encontram e passam horas conversando para tentar superar suas próprias contradições, mudará o mundo da noite para o dia. A única ambição sensata é encontrar maneiras de viver de forma diferente, menos focada em pequenas bolhas de consumo, reprodução, repetição e vigilância... E torná-las visíveis.

No filme *Un franco, 14 pesetas*, de Carlos Iglesias, dois emigrantes espanhóis na Suíça dos anos 1960 viajam de trem e, após apressarem os sanduíches, jogam os papéis no chão. Uma senhora sentada do outro lado do corredor percebe e, sem hesitar, sem um gesto de reprovação ou olhar feio, se aproxima, pega os papéis e os joga na lixeira próxima. Os homens, estupefatos, murmuram um inaudível "O que ele fez?".[227] O exemplo, a maneira como agimos e nos relacionamos é mais valioso do que qualquer ferramenta política, repressiva ou retórica. É uma revolução lenta, mas profunda, que transforma o tecido da vida cotidiana. Para isso, é necessário viver e tornar visível, entender e reconhecer a nós mesmos como coletivo e, em seguida, compartilhar o que compreendemos. Refinar nossas contradições depois de vivê-las, não

---

[227] https://youtu.be/eVC8MyfIP10.

por boatos. Atualmente, poucas pessoas sabem que existem modelos de relacionamento ético não normativos. E, quem sabe da sua existência, tem uma ideia correta, mesmo que incompleta? Ou totalmente distorcida? E o que acham do ponto de vista moral? E do ponto de vista político?

A evolução dessas questões definirá até que ponto a sociedade aceitará uma mudança profunda nessa área e direção. Talvez não seja o momento ou o caminho certo. Ou talvez haja uma necessidade e uma capacidade de reconstrução cultural, uma base social que possa visibilizar comportamentos inovadores em larga escala, superando estigmas e gerando um novo espaço. Isso ampliaria o senso comum da época, transformando essa proposta, hoje radical, em mais uma opção, talvez até majoritária em algum momento da história futura.

Além dos vínculos

Esperamos que a influência dessa nova forma de se relacionar, solidária, em rede, sem autoritarismo, igualitária e horizontal, leve a uma mudança real, a uma autêntica revolução baseada nos afetos e vínculos. No entanto, mesmo que essa aceitação e normalização se tornem significativas, há o risco de algo que já vimos tantas vezes: a cooptação e assimilação pelas sociedades de consumo, transformando um movimento radical em moda, tendência ou ativo de mercado. Do ativismo comprometido ao ativo econômico, em declínio e sem freios.

Sabemos que isso já aconteceu e continua acontecendo, e estamos prontos para combatê-lo. Queremos viver os vínculos de maneira diferente e ser um exemplo, sem tentar convencer quem não sente necessidade de mudar. Enfrentamos uma realidade cheia de imperfeições, problemas e aflições, o que torna difícil ser otimista em relação ao presente, mas muito mais fácil em relação a qualquer futuro que possa surgir de uma mudança revolucionária. Desde o início, ao apresentar este livro, tenho afirmado que acredito que as revoluções estão se tornando cada vez mais difíceis, pelo menos em sua forma clássica. Portanto, o desafio está em adaptar desafios, estilos e caminhos. Há mais de 40 anos, Michel Foucault proferiu palavras que continuam relevantes. Com seu otimismo realista, quero encerrar este último capítulo.

"Esse pensamento europeu revolucionário (...) perdeu suas bases concretas. (...)

"Então, se eu entendi corretamente, você é muito pessimista?"

- Diria que estar ciente das dificuldades não é necessariamente um sinal de pessimismo. Pelo contrário, reconhecer as dificuldades é um ato de otimismo. Enxergar as enormes dificuldades e ainda assim afirmar "Vamos começar de novo!" exige um grande otimismo. Devemos reiniciar não apenas a análise e crítica da sociedade "capitalista", mas também do poderoso sistema social e estatal presente tanto nos países socialistas quanto capitalistas. Esta é a crítica que necessita ser feita, uma tarefa monumental, diga-se de passagem. É hora de começar com determinação e muito otimismo."[228]

---

[228] Entrevista de Knut Boesers com Michel Foucault, 1977, em *El poder, una bestia magnífica: sobre el poder, la prisión y la vida*, Siglo XXI, Buenos Aires, 2012.

Epílogo

rwell disse em sua obra *1984* que "Os melhores livros... são aqueles que lhe dizem o que você já sabe", mas eu acrescentaria que as melhores leituras são aquelas que revelam que o que você intuiu... não era apenas seu. São leituras que conectam você a mais pessoas e constroem algo maior, mais horizontal, com perspectivas mais amplas. Algo que não cabe em uma única mente, mas que ganha sentido e espaço para crescer quando compartilhado com muitos outros. Este livro é uma composição coral de muitas dessas leituras. Se não consegui harmonizar tantas vozes para produzir um som uníssono, a responsabilidade é exclusivamente minha.

Cheguei ao prefácio com uma citação de Toni Morrison e quero terminar o epílogo com outra frase dessa mulher excepcional, que triste e coincidentemente morreu enquanto esta obra estava sendo escrita. De sua autobiografia, *The Pieces I Am*: "A história sempre provou que os livros são a primeira planície em que certas batalhas são travadas".

Estamos exatamente neste ponto.

Saúde e revolução relacional!

Glossário

ABOBRINHA: Usado para se referir a outra pessoa em uma relação QUEER-PLATÔNICA (ver). Em inglês, o acrônimo qpp (*Queer-Platonic Partner*) é às vezes empregado. A intenção é evitar os termos ou rótulos convencionais usados para descrever pessoas com quem se tem um vínculo, como parceiro, amigo, ou amiga, optando por uma palavra arbitrária que não carrega o peso prescritivo associado a esses rótulos pelos padrões hegemônicos.

AFETAÇÃO: A expressão de características, gestos, expressões e estilos de comportamento que não se alinham com o gênero atribuído é conhecida como "afetação". Este termo é predominantemente utilizado para descrever a efeminação ou maneirismos associados à homossexualidade masculina, mas também pode ser aplicado ao fenômeno oposto, quando uma pessoa percebida como mulher adota modos e padrões expressivos próximos ao estereótipo de gênero masculino. A afetação é frequentemente alvo de ridicularização e ataques, exemplificando a violência social resultante da hegemonia normativa heterocêntrica, na qual qualquer desvio é percebido como uma ameaça e uma forma de dissidência.

ALOSSEXISMO: É a priorização normativa das relações sexuais, ou seja, a valorização das relações que envolvem atração erótica e práticas sexuais sobre outros tipos de vínculos. Similar à amatonormatividade, o alossexismo pressupõe que compromissos significativos e uma verdadeira profundidade de laços só podem ser encontrados nestes tipos de relacionamentos. Além disso, está associado à crença de que todas as pessoas desejam experimentar atração erótica e participar de práticas sexuais, e que aqueles que não se enquadram nessa "normalidade" têm algum problema ou doença.

AMATONORMATIVIDADE: É a priorização normativa dos relacionamentos amorosos, isto é, a valorização dos relacionamentos que envolvem expressões de amor romântico sobre outros tipos de vínculos. Compromissos significativos e uma verdadeira profundidade de laços são vinculados a essa avaliação. A amatonormatividade implica a crença de que essas relações não são apenas "importantes", mas também "normais", e que todas as pessoas desejam (ou deveriam desejar) formar relacionamentos românticos que são o centro de suas vidas, pois sem eles, a vida é vista como solidão e fracasso.

APOIO MÚTUO: Um conceito anarquista clássico que refere-se à prática de dar e receber livremente de acordo com a capacidade de cada um e conforme a necessidade de cada um. O auxílio mútuo é horizontal, estabelecido entre iguais, e não se resume a uma troca direta do tipo "hoje para você, amanhã para mim", nem implica em obrigação ou reciprocidade imediata. No entanto, envolve uma reciprocidade indireta: quando ofereço ajuda, não espero que a mesma pessoa me retribua, mas conto com o coletivo, outros indivíduos ou uma rede de apoio, para me ajudar no futuro. Assim, o apoio é mútuo, não a nível pessoal, mas indiretamente em relação ao grupo ou à rede de apoio.

ARMÁRIOS: As expressões "estar no armário" ou "sair do armário" dizem respeito à divulgação pública de um aspecto da vida (geralmente orientação sexual) que é mantido em segredo ou privado devido ao receio de rejeição social ou outras consequências negativas. O que é mantido oculto ou revelado está, por definição, fora da normatividade hegemônica.

ARROMANTISMO / ALORROMANTISMO: Condições que refletem uma tendência nula ou muito pequena de experimentar os sentimentos e padrões associados à atração romântica (arromantismo), ou a tendência comum e esperada na sociedade de vivenciá-los (alorromantismo). Além disso, são discutidos hetero-romantismo, homo-romantismo, biro-romantismo e pan-romantismo em relação à orientação (ver "PANSEXUALIDADE").

ASSEXUALIDADE: Ausência ou forte diminuição da atração sexual em relação ao que é considerado "normal". Não significa falta de desejo sexual ou libido, mas sim falta de atração. É distinto da abstinência, pois não é uma escolha consciente ou uma repressão, mas sim uma orientação sexual. De fato, não implica necessariamente abstinência, já que pessoas assexuais podem optar por ter relações sexuais sem atração, seja para satisfazer seu próprio desejo sexual, o desejo sexual de outra pessoa, ou por curiosidade em experimentar as sensações da atividade sexual (ver também "DEMISEXUALIDADE").

ASSEXUALIDADE CINZENTA OU ASSEXUALIDADE-CINZA: É uma orientação intermediária entre a sexualidade e a assexualidade. Pessoas com essa orientação podem sentir atração sexual apenas em algumas ocasiões ou preferir relacionamentos menos sexuais do que os normativamente aceitos.

Existem outras orientações que caracterizam o objeto de atração por outros traços, como sapiossexual, quando a qualidade que atrai é a inteligência; androginosexual, quando é a aparência andrógina; demissexual, quando é a conexão emocional; e autossexual, quando a atração é pela própria pessoa e a atividade sexual preferida é a masturbação. Esta lista não é exaustiva.

AUTOGESTÃO: Autogestão ou coletivização dos trabalhadores é um termo tradicionalmente usado pelo anarquismo, contestando a organização que emana do poder do Estado e do Capital. Neste livro, ele se aplica à organização de relações e redes de vínculos de maneira não normativa, ou seja, guiada pelas diretrizes estabelecidas voluntariamente pelos membros, de forma consciente e responsável. Isso envolve recusar aderir a contratos sociais padrão pré-estabelecidos, rotulados com termos como "parceiro", "amizade", "família", etc. Em vez disso, são definidos compromissos voluntários e limites individuais para configurar um modelo de comportamento onde não há autoridade além do compromisso mútuo. Não há hierarquia nem autoridade de uma pessoa sobre outra, e as normas sociais não são aceitas como regras automáticas. Em caso de dúvida ou conflito não contemplado nos compromissos estabelecidos, novos compromissos são discutidos e acordados para resolver a questão.

BINÁRIO: Sistema que envolve a divisão de pessoas, identidades, traços ou outros elementos em dois grupos, excluindo aqueles que não se enquadram em uma das duas categorias. No contexto de gênero, isso é especificado na dicotomia masculino/feminino, obrigando indivíduos (ou traços comportamentais) a se conformarem a um desses rótulos, enquanto estar "no meio" resulta em invisibilidade e marginalização. A resistência a isso se manifesta na reivindicação de identidades de gênero queer, agênero ou não binárias. No livro, isso também se aplica às relações que são categorizadas como sexo afetivo ou amizade, forçando cada vínculo a se ajustar a uma dessas duas opções devido às normas culturais da AMATONORMATIVIDADE (ver).

CASAL ABERTO: É um estilo de relacionamento que adota a estrutura tradicional do casal, mantendo todos os seus elementos principais, mas busca evitar a monotonia sexual ao permitir relações secundárias, geralmente limitadas a interações físicas, com a condição (às vezes ingênua) de não permitir o desenvolvimento de afetividade nelas. Essa restrição é estabelecida por consenso entre os membros do casal, sem voz para os relacionamentos secundários nesse acordo.

As características aproximadas (como pigmentação, feições faciais e corporais externas, etc.) dos indivíduos que detêm poder econômico, político e social não são racializadas. Isso significa que as pessoas que compartilham essas características, mas não possuem poder, não são necessariamente racializadas.

CISGÊNERO / TRANSGÊNERO: Tradicionalmente, o critério binário atribui o sexo feminino a um bebê nascido com vagina (afab, *Assigned Female at Birth*) e o sexo masculino a um bebê nascido com pênis (amab, *Assigned Male at Birth*). Cisgênero refere-se a uma pessoa que se identifica com o gênero binário que lhe foi atribuído ao nascimento. Transgênero refere-se a alguém que se identifica com o gênero binário oposto ao atribuído ao nascimento, podendo ser um homem trans (afab) ou uma mulher trans (amab). Algumas pessoas trans optam por tomar hormônios ou realizar cirurgias para modificar seus corpos, enquanto outras não sentem essa necessidade. Alternativamente, pessoas podem se identificar como não-binárias ou *genderqueer*.

COMPROMISSO VOLUNTÁRIO RESPONSÁVEL / CONSCIENTE: Um compromisso voluntário assumido pela pessoa, não resultante de negociação ou troca, mas de uma convicção profunda de desejar manter um certo nível de cuidado, atenção, carinho, apoio, presença emocional, logística, entre outros. Essa convicção requer um processo reflexivo para garantir que seja consciente. Os compromissos são responsáveis quando são fundamentados em razões específicas, e as consequências de assumi-los e os danos potenciais de quebrá-los foram considerados (diferentemente de contratos regulatórios sancionados). Isso não implica que sejam permanentes ou inflexíveis, mas que são passíveis de reavaliação de maneira consciente, dialogada, argumentativa e responsável.

CONSENTIMENTO E CULTURA DO CONSENTIMENTO: Consentimento é o ato de expressar clara e explicitamente a aceitação de algo, frequentemente um ato de natureza emocional, física ou intelectual. A cultura do consentimento surge do ativismo feminista, onde o respeito rigoroso aos limites individuais é fundamental na análise e prática das relações com componentes sexuais ou emocionais. Esta cultura rejeita e alerta contra a possibilidade de ultrapassar os limites de uma pessoa ou de fazê-la sentir-se coagida a qualquer coisa. Enfatiza a soberania individual, a autonomia corporal e emocional, e sustenta que cada indivíduo é quem melhor pode julgar e decidir sobre seus próprios desejos e necessidades.

Nessa cultura, o consentimento é concebido como algo que deve ser afirmativo, claro e explícito. Deve ser específico, aplicando-se unicamente à situação e ao momento em questão, sem extensão para outros casos ou momentos. Além disso, é considerado um processo contínuo, que deve ser reafirmado ao longo de toda a interação para a qual foi dado. Importante ressaltar que é também reversível, podendo ser retirado a qualquer momento, sem necessidade de justificação.

CUIDADO: O cuidado é um conceito fundamental no feminismo contemporâneo, representando uma referência ética e prática que precisa ser reivindicada, pois tradicionalmente foi assumido pelas mulheres sem reconhecimento ou retribuição adequada. A reivindicação inclui a corresponsabilidade no cuidado, o reconhecimento e a redistribuição desse trabalho. No âmbito das relações, o cuidado ocupa uma posição central, pois novos tipos de vínculos podem ser desenhados ou praticados de maneira a integrar e valorizar esse elemento essencial, que se mostra crucial em diversos momentos da vida. A dimensão emocional do cuidado também desempenha um papel significativo nesse contexto.

DEMISSEXUALIDADE: Demissexualidade é a orientação sexual em que uma pessoa frequentemente não experimenta atração física ou sexual sem uma conexão emocional significativa. É comum que indivíduos demissexuais optem por não praticar sexo ou o pratiquem apenas com pessoas com quem têm uma conexão emocional intensa e consolidada. Similar à assexualidade, a demissexualidade implica uma limitação na atração física ou sexual (exceto por laços com a conexão emocional apropriada), sem necessariamente diminuição do desejo sexual. As outras considerações expressas na definição de assexualidade também se aplicam à demissexualidade.

DESCRITIVO / PRESCRITIVO: Rótulos, em essência, referem-se aos termos que utilizamos para descrever relacionamentos, identidades, papéis e afins. São empregados descritivamente para retratar, explicar e detalhar uma realidade de maneira neutra e puramente expositiva. No entanto, frequentemente, além de descrever, os rótulos também estabelecem fronteiras que definem o que está incluído no conceito e o que está excluído. Essa delimitação pode ter um efeito prescritivo, impondo obrigações e confinamentos que limitam as possibilidades de construir e gerir autonomamente relacionamentos, identidades ou comportamentos. Assim, o que se diz ser pode restringir o que se pode ser e fazer.

DESCONSTRUÇÃO: O termo desconstrução, em seu sentido filosófico e literário, é geralmente visto como obscuro, técnico e acadêmico. Originado do pós-estruturalismo e da filosofia pós-moderna, trata-se de uma forma de análise semiótica que questiona o essencialismo e reavalia a ambiguidade da linguagem e do pensamento. Em termos mais acessíveis, desconstrução refere-se à revisão crítica e consciente dos elementos de nossa personalidade que consideramos essenciais e identitários. Desconstruir o que pensamos ser é uma maneira de resistir aos mandatos culturais. O objetivo é aproximar-nos daquilo que realmente desejamos ser, para além das definições impostas sobre nós.

EIXO, VETOR, DIMENSÃO OU GRADIENTE DE OPRESSÃO OU DOMINAÇÃO: As relações entre pessoas frequentemente envolvem disparidades de poder que impactam diversos aspectos funcionais, emocionais e simbólicos. Quando essas disparidades são significativas, persistentes e imutáveis, e se tornam uma condição crônica, isso pode ser descrito como submissão, opressão ou dominação. Quando essas dinâmicas se repetem de forma predominante na sociedade, seguindo um padrão constante (por exemplo, de homens em relação às mulheres), caracteriza-se como uma opressão estrutural (como no caso do machismo).

Existem várias formas de opressão que atuam simultaneamente. Por exemplo, desde a discriminação contra indígenas até a xenofobia contra estrangeiros pobres (aporofobia), ou da homofobia contra homossexuais até o homoantagonismo. Podemos representar esses fenômenos como gradientes de opressão, onde maior violência implica maior opressão, ou como vetores ou eixos em um espaço multidimensional para entender suas interações. Visualmente, até três eixos podem ser facilmente representados: horizontalmente para o machismo, verticalmente para a xenofobia/aporofobia, e em profundidade para a homofobia. Minha posição neste espaço tridimensional determina o nível de violência que enfrento: por exemplo, como uma mulher migrante lésbica, estaria em um ponto de opressão máxima, enquanto um homem heterossexual autóctone estaria em um ponto com menor exposição ao abuso estrutural.

EXCLUSIVIDADE AFETIVA OU SEXUAL: Uma das normas culturais que profundamente influenciam o formato das relações na maioria das sociedades contemporâneas é o da exclusividade afetiva e sexual. Quando uma relação íntima ou de "casal" é estabelecida, o compromisso de exclusividade ou fidelidade sexual é normativamente imposto, muitas vezes sem necessidade de expressão explícita. É esperado que nenhuma pessoa mantenha ou estabeleça outros relacionamentos do mesmo tipo ou similares. Em alguns formatos que se desviam do normativo, a exclusividade sexual é flexibilizada (como em casais abertos, liberais ou *swingers*), enquanto em outros também é questionada a exclusividade afetivo-sexual (como na não-monogamia ou no poliamor).

FALSIFICAÇÕES (POLI-FALSIFICAÇÕES, ANARCO-FALSIFICAÇÕES...): Coletivos que compartilham e refletem sobre modelos alternativos de relacionamento também funcionam como espaços facilitadores para conectar pessoas que estão passando por situações semelhantes, compartilham preocupações ou podem contribuir com lições de suas próprias experiências. Esses encontros são marcados pela intensidade emocional e pela autenticidade das interações, o que os torna especialmente significativos. No entanto, a ideia de encontrar pessoas, especialmente mulheres, que vivenciem relacionamentos fora das normas convencionais, muitas vezes desperta o interesse e a ganância de homens cisgêneros heterossexuais que, motivados pela carência e pela mesquinhez, procuram relações sexuais sem compromisso. Esses indivíduos, que geralmente são facilmente identificáveis, são rotulados pejorativamente como "polifalsificados" quando se inserem em encontros rotulados como "poliamor". Uma versão equivalente no contexto da anarquia relacional poderia ser descrita como "anarco-falsificações", embora este termo não seja atualmente utilizado.

FAMÍLIA DE ORIGEM / FAMÍLIA ESCOLHIDA: O termo "família escolhida" foi cunhado na década de 1990 em uma pesquisa conduzida por Kath Weston sobre os aspectos relacionais e formatos de cuidado, proteção e apoio no coletivo LGTBIQ+. O desprezo e a rejeição enfrentados por pessoas homossexuais por parte de suas famílias de origem criaram a necessidade de formar redes de apoio fora do âmbito da família biológica. A família escolhida pode funcionar como uma versão menos normativa da família tradicional, substituindo-a, ou pode constituir uma rede complementar.

FOBIA / ANTAGONISMO: O sufixo "-fobia" originalmente se refere a um medo irracional que pode se tornar patológico. Em palavras como homofobia ou transfobia, no entanto, representa uma forma de violência e opressão (às vezes o medo e o sentimento de ameaça desencadeiam a violência, mas são apenas ingredientes necessários, não suficientes). Nesse contexto, o uso de "-fobia" pode desrespeitar e comprometer a dignidade das pessoas que sofrem de fobias, as quais enfrentam consequências involuntárias que requerem tratamentos médicos e psicológicos que nem sempre são eficazes. Isso pode banalizar ou culpar essas realidades. Portanto, recentemente, foi proposto substituir esse sufixo por "-antagonismo" (homoantagonismo, transantagonismo), embora a forma original ainda seja mais difundida. Neste livro, usei ambas as opções de forma intercambiável.

GÊNERO: Um conjunto de expectativas, normas, costumes e práticas que se aplicam às pessoas com base em diferenças na aparência física correspondentes a diversos traços biológicos. O fator mais comum usado para dividir as pessoas em dois grupos é a manifestação anatômica de dois cromossomos X ou um cromossomo X e um Y. Outras variantes anatômicas, atribuídas com mais ou menos dificuldade a esses dois grupos, resultam de mutações ou expressões diferenciais dos genes SRY, DAX-1, SOx 9, SF-1 WT1, WnT4, ou da presença ou ausência, em momentos específicos do desenvolvimento, dos hormônios e enzimas MAH, 5-alfa-redutase e di-hidro-testosterona. A combinação desses fatores gera múltiplos arranjos corporais que formam uma distribuição bimodal, mas não binária. Em geral, todas essas disposições corporais são compatíveis com uma vida saudável e (o que deveria ser) socialmente normal. Nas sociedades atuais, dependendo do grupo designado — menino ou menina, homem ou mulher —, o tratamento dado, a educação, o valor, as oportunidades e as expectativas de vida variam ostensivamente.

GÊNERO QUEER OU PESSOA NÃO BINÁRIA: Uma identidade de gênero que corresponde a pessoas que não se identificam com o sexo atribuído ao nascimento, mas também não com o gênero oposto. Elas rejeitam o binarismo normativo de gênero e se situam em algum lugar no espectro entre os dois gêneros tradicionais. Outras identidades que compartilham nuances semelhantes são "agênero", "gênero fluido", "terceiro gênero", "bigênero", "pangênero" e "trigênero".

HETERO/HOMO/BI/PAN-SEXUAL: A orientação sexual descreve uma pessoa com base no que ela é sexualmente atraída. Muitas das denominações padrão implicam a aceitação do binarismo sexual.

Uma pessoa atraída apenas por pessoas do sexo oposto é heterossexual. Se ela é atraída por pessoas do mesmo sexo, é homossexual. Se ela sente atração por ambos os sexos de forma binária, identificando-os como homens e mulheres e percebendo sua atração como diferenciada, é bissexual. Se a atração não diferencia explicitamente os sexos, é pansexual ou omnisexual. Uma pessoa que não se identifica com um gênero (*genderqueer* ou pessoa não binária), mas sente atração específica por pessoas que percebe como de um ou outro gênero binário, é ginecosexual se for atraída por mulheres e androssexual se for atraída por homens.

HIERARQUIA: É uma organização em forma de estrutura aplicada a pessoas, coisas, conceitos, símbolos, etc., em uma escala ordenada que estabelece um critério de subordinação. Em contextos de pessoas e vínculos, a subordinação é considerada em termos de inter-relação, implicando que um dos elementos da hierarquia pode influenciar o que acontece com o outro. Estruturas hierárquicas devem ser distinguidas de conceitos como preferência, importância, afinidade, cumplicidade, dedicação e tempo gasto. Um elo pode mostrar mais ou menos afinidade, cumplicidade ou qualquer outra dessas qualidades do que outro elo, sem estar em uma posição hierárquica superior ou subordinada, desde que não haja capacidade de influência em termos de poder direto e efetivo.

IDENTIDADE DE GÊNERO, ORIENTAÇÃO E EXPRESSÃO SEXUAL/DE GÊNERO: A identidade de gênero é a percepção individual que origina a consciência de pertencer a um gênero, seja binário (masculino ou feminino) ou não-binário, posicionando-se em algum ponto do espectro entre feminilidade e masculinidade. Em muitos casos, essa percepção coincide com a atribuição sexual recebida no nascimento (pessoas cisgênero); em outros, não (pessoas transgênero). Pessoas com genitais, perfis cromossômicos ou hormonais que não se encaixam no conceito binário de macho ou fêmea são chamadas de intersexo, mas historicamente são atribuídas a um dos dois sexos binários no nascimento, às vezes mediante cirurgia para ajustar sua anatomia à atribuição. A expressão de gênero é a externalização da identidade de gênero e inclui comportamento e aparência: gestos, voz, linguagem corporal, vestimenta, penteado, uso de maquiagem, nome e pronomes preferidos. Às vezes, a expressão de gênero é fluida, variando circunstancialmente por motivos lúdicos, sociais, políticos ou outros. A orientação sexual refere-se à atração sexual (ver "Heterossexual, homo, bi, pan-sexual"), enquanto a orientação romântica ou emocional pode ser diferente da orientação sexual (ver "Arromantismo / Alorromantismo").

Kink: Refere-se ao conjunto de práticas ou fantasias sexuais não convencionais. Inclui práticas como BDSM (Bondage, Disciplina, Dominação e Submissão, Sadomasoquismo), fetichismo, subcultura do couro, entre outras. É considerada uma das manifestações do fenômeno *queer*, sendo incluída na última letra da sigla LGTBIQ+. No universo kink, a sexualidade convencional é chamada de baunilha (do inglês *vanilla*, significando normal ou ordinário).

Limerência: É um estado emocional involuntário que surge quando o desejo e a atração romântica por alguém se intensificam, caracterizado por pensamentos obsessivos em relação à outra pessoa, fantasias persistentes, e anseios por reciprocidade e proximidade física. Este estado está ligado a alterações nos níveis de hormônios e neurotransmissores.

Liminaridade: É a sensação experimentada ao atravessar um limiar significativo, seja uma mudança crucial na vida ou um rito de passagem. Durante esse momento liminar, a pessoa está na fronteira entre um estado atual e o próximo, entre uma identidade, perspectiva ou realidade e a que se espera seguir. Nessa fase, as certezas desaparecem ou ficam temporariamente confusas, enquanto dúvidas e medos frequentemente emergem.

LIMITES PESSOAIS: Dentro da cultura do CONSENTIMENTO (ver), os limites delineiam explicitamente até onde é aceitável ir. Limites pessoais ou individuais são estabelecidos em relação ao próprio corpo, espaço, dignidade e bem-estar pessoal. Às vezes, a distinção entre limite e imposição pode se tornar confusa quando o bem-estar pessoal depende das ações de outras pessoas. Por exemplo, se eu defino um limite pessoal indicando que outra pessoa não pode se aproximar de mim, isso é um caso claro de um limite individual. No entanto, se eu especificar que não posso me aproximar de uma terceira pessoa, consumir álcool ou sair da cidade, argumentando que isso afeta meu bem-estar, estarei diluindo a distinção dos limites pessoais e impondo restrições que ultrapassam meu corpo e espaço, embora afetem meu bem-estar ou felicidade. Manter os limites do que consideramos fronteiras pessoais de forma clara nem sempre é simples, mas é essencial para garantir a autonomia e a soberania pessoal dentro dos princípios de cuidado, afeto, convivência e apoio mútuo.

METAMORES: No jargão das não-monogamias consensuais, o termo "metamores" é usado para descrever as pessoas que têm relacionamentos íntimos com meus parceiros íntimos. Dentro da anarquia relacional, que busca evitar hierarquias e binarismos entre relações, o conceito pode perder sua relevância. No entanto, poderia ser reinterpretado para se referir aos vínculos mais profundos com pessoas que são próximas da minha rede afetiva, mesmo que não tenhamos um relacionamento direto.

MONOGAMIA (ESTRUTURAL): A monogamia, além de um estilo específico de relacionamento, pode ser vista como uma expectativa cultural que molda uma estrutura social associada a ideais como o casal heterossexual reprodutivo, o amor romântico e a família nuclear. Essa estrutura, por vezes referida como monogamia compulsória, marginaliza outras formas de conexão mais ou menos íntimas que não se enquadram no que é considerado aceitável. Portanto, é crucial distinguir entre relações monogâmicas escolhidas e explicitamente acordadas pelas pessoas envolvidas e relações monogâmicas que são impostas por coerções culturais, sociais e institucionais, contribuindo para a monogamia como um sistema ou estrutura dominante.

MONOSSEXUALIDADE / PLURISEXUALIDADE: Uma classificação da orientação sexual que diverge da clássica heterossexualidade versus homossexualidade é aquela entre monossexualidade e plurissexualidade. Monossexuais são indivíduos que experimentam atração exclusivamente por um gênero ou por pessoas que se encontram em uma extremidade do espectro sexual, ao passo que plurissexuais são atraídos por ambos os gêneros ou, em termos não binários, por todo o espectro de identidades e expressões de gênero. Pessoas homossexuais e heterossexuais são geralmente consideradas monossexuais, enquanto bissexuais e pansexuais são vistos como plurissexuais.

NÓ AFETIVO: Em um modelo de monogamia estrutural, o tecido social consiste em bolhas isoladas que mantêm interesses e cuidados separados e confinados a cada unidade. Em contraste, na anarquia relacional, onde todas as relações são valorizadas (não igualmente, mas todas têm seu valor sem hierarquias), forma-se uma rede de conexões genuínas. Cada pessoa representa um nó e cada relação é única, sem que uma possa substituir ou excluir outra.

NORMATIVIDADE E HEGEMONIA: Aceitamos a normatividade quando aderimos de forma acrítica e automática à visão dominante sobre um assunto importante. É como aceitar uma licença ou um contrato padrão sem avaliar todos os seus aspectos ou refletir sobre suas consequências, ou mesmo considerar a possibilidade de modificar algumas cláusulas, mesmo que seja difícil. Chamo de autogestão a atitude de definir nossas próprias cláusulas em vez de aceitar o formulário padrão. O conceito de hegemonia cultural, desenvolvido por Antonio Gramsci, argumenta que há elites que monopolizam a influência sobre o resto da sociedade e mantêm controle através dessa influência, moldando crenças sobre o que é normal e senso comum. Em outras palavras, essas elites estão moldando o contrato social que regula a conformidade. A normatividade e o senso comum da época (que variam ao longo dos anos) formam o repertório ideológico das identidades legitimadoras ou hegemônicas, que moldam os pensamentos e práticas adotadas de forma automática, transparente e inconsciente no cotidiano, muitas vezes sem percebermos.

NRE (*NEW RELATIONSHIP ENERGY*): Um termo usado em contextos não monogâmicos consensuais para descrever o estado emocional elevado que surge com a paixão ou a LIMERÊNCIA (ver). Este fenômeno, conhecido como NRE (*New Relationship Energy* ou Nova Energia Relacional), é amplamente discutido e analisado em reuniões, blogs e artigos nessas comunidades. É crucial não utilizar o NRE como uma desculpa para negligenciar o cuidado, a atenção e a consideração pelas pessoas com quem mantenho vínculos mais duradouros, evitando assim abusar da confiança que vem com relacionamentos de longo prazo.

OBJETIFICAÇÃO: É tratar as pessoas como se fossem objetos, sem considerar seus sentimentos, desejos, decisões ou limites. Em um sistema patriarcal como o das nossas sociedades, a objetificação frequentemente se manifesta como um traço masculino direcionado às mulheres, transformando-as em objetos sexuais. No entanto, qualquer eixo de privilégio pode contribuir para a objetificação. Às vezes, esse fenômeno se limita à linguagem ou a uma consideração abstrata, o que é grave por ser uma forma de violência simbólica e um ato performativo. Em outras ocasiões, a objetificação se manifesta em comportamentos físicos, servindo como base para o abuso e a violência de forma literal. É difícil sentir empatia por um objeto, portanto, a objetificação representa uma distorção perigosa e séria do pensamento, pois a empatia é fundamental para a convivência, a consideração e o respeito mútuo.

OPRESSÃO INTERNALIZADA: É um fenômeno que afeta grupos oprimidos, levando seus membros a internalizar os estigmas, preconceitos e estereótipos atribuídos a eles como verdadeiros. Sob essa internalização, essas pessoas ajustam suas atitudes, práticas e linguagem para espelhar esses estereótipos. A opressão internalizada resulta na perda de confiança nas próprias capacidades, baixa autoestima, insegurança e até mesmo em sentimentos de autodesprezo em relação a si mesmas e ao grupo ao qual pertencem.

PATRIARCADO: Uma sociedade patriarcal sustenta uma estrutura com múltiplos eixos de poder, nos quais os indivíduos percebidos como homens geralmente desfrutam de privilégios simplesmente por serem reconhecidos como tal. Nas sociedades ocidentais, houve avanços na luta por direitos civis, legais e econômicos iguais, levando muitos a acreditar que o patriarcado foi superado. No entanto, persiste uma considerável violência simbólica e física, práticas de subjugação e dominação, assim como desigualdades sistemáticas em favor dos homens em diversas dimensões. É crucial distinguir o conceito de patriarcado do de patrilinearidade, apesar de ambos ainda serem presentes em diferentes graus nas sociedades contemporâneas. Uma sociedade é patrilinear quando sobrenomes, títulos, e capital econômico e social são predominantemente herdados através de linhagens reconhecidas como masculinas.

PERFORMATIVIDADE: Uma afirmação é considerada performativa ou realizadora quando vai além da simples representação ou descrição, pois o ato de expressá-la em si mesmo gera uma ação. Verbos como confirmar ou proibir ilustram claramente esse conceito. O compromisso ou a proibição resulta diretamente do ato de fala em si. Foi o filósofo da linguagem J. L. Austin quem cunhou o termo e concluiu que qualquer ato de fala é potencialmente performativo: falar é sempre agir. Nos anos 90, Judith Butler desenvolveu uma teoria abrangente baseada nas ideias de Jacques

Derrida e na performatividade de Austin para desconstruir o conceito de gênero, apresentando-o como uma construção cultural e não como uma característica intrínseca da pessoa. Quando um bebê é atribuído a um determinado gênero, isso ocorre através de um ato de fala repetido ao longo da vida: dizemos "é um menino" ou "é uma menina". Embora o perfil cromossômico, hormonal ou anatômico da pessoa seja complexo, transformamos isso em uma marca identitária, o gênero, que moldará seus comportamentos ao longo da vida. Butler propõe uma reapropriação desses rótulos, possibilitando a modificação desses comportamentos de acordo com nossos próprios desejos. Transformar esse desafio de desconstrução em uma estratégia coletiva de expressão e comportamento corporal atua como um ato comunicativo performativo contínuo, capaz de transformar as estruturas de poder na sociedade.

PESSOA ALIADA: Uma pessoa pertencente a um grupo opressor pode desempenhar um papel significativo no desmantelamento das estruturas de opressão. Esse processo geralmente começa com o aprendizado, ouvindo ativamente as vozes das pessoas oprimidas, seguido de uma introspecção profunda e confronto dos próprios preconceitos, estereótipos e comportamentos automáticos. É essencial entender e trabalhar com reações defensivas, sentimentos de culpa e vergonha. Além disso, é necessário desenvolver as habilidades necessárias para desafiar atitudes, expressões, comportamentos e suposições opressoras, assim como enfrentar as políticas e estruturas institucionais que perpetuam a opressão. Por fim, é crucial oferecer uma colaboração modesta (não liderança) ao lado das pessoas oprimidas, apoiando-as em suas lutas por justiça e igualdade.

POLIGAMIA / POLIANDRIA / POLIGINIA: A poligamia refere-se à formação de uniões afetivo-sexuais não diádicas, ou seja, envolvendo mais do que duas pessoas, em contraste com a estrutura convencional de casal (gamos). Sob uma perspectiva binária, pode ser subdividida em poliandria, que envolve vários homens e uma mulher, e poliginia, que envolve várias mulheres e um homem. O termo é frequentemente associado a práticas aceitas em culturas como as comunidades mórmons cristãs ou muçulmanas, onde a poligamia é uma prática específica. No Ocidente, há uma tendência enfática de não rotular as práticas de não-monogamia consensual, como o poliamor, como poligamia, uma rejeição que muitas vezes é fundamentada em considerações morais, raciais e xenofóbicas. Isso gera uma forte reação de desprezo e hostilidade, especialmente em relação à poligamia nas sociedades muçulmanas, refletindo uma manifestação de islamofobia. Certamente, todas as sociedades, especialmente as menos seculares e democráticas, apresentam aspectos eticamente questionáveis à luz da razão, igualdade e direitos humanos. No entanto, é comum percebermos os problemas nos outros e não em nós mesmos, como expresso na frase dos Evangelhos, considerados sagrados tanto no Cristianismo quanto no Islamismo.

POLÍTICA DE UM PÊNIS: A OPP (*ONE PENIS POLICY*) exemplifica uma cooptação ideológica preocupante de um modelo relacional pela masculinidade patriarcal. É uma forma não-= monogâmica bastante comum nos EUA, onde geralmente envolve um homem heterossexual e uma mulher bissexual, permitindo que o relacionamento seja aberto apenas para mulheres. Embora uma rede possa ser formada, apenas um homem é permitido participar. A ética por trás dessa abordagem revela pouco respeito pelo senso de justiça, reflete uma masculinidade rudimentar e insegura, e perpetua um forte padrão de dominação sobre as mulheres envolvidas. Esse modelo também está frequentemente fundamentado na visão machista e homofóbica de que o sexo e o amor entre mulheres não são "verdadeiros" e, portanto, não representam uma ameaça para os homens.

PRIVILÉGIO: Privilégio é um fenômeno que confere vantagens e benefícios para indivíduos, relacionamentos, culturas e instituições pertencentes a grupos dominantes em detrimento de pessoas pertencentes a grupos oprimidos. Nas sociedades ocidentais, esses privilégios são atribuídos aos brancos, homens, heterossexuais, sem deficiências ou diversidades funcionais, da religião cristã, economicamente capazes, não muito jovens ou idosos, nativos do local e capazes de se expressar na língua majoritária. O privilégio tende a ser invisível para aqueles que o desfrutam, que frequentemente o consideram merecido por seus próprios méritos e acessível a qualquer um disposto a se esforçar o suficiente. Por outro lado, a opressão é mais facilmente perceptível, embora às vezes as pessoas oprimidas enfrentem uma forma de injustiça epistêmica ou hermenêutica, onde não compreendem completamente a natureza de sua desvantagem, violência ou sofrimento, nem conseguem transmitir eficazmente sua experiência e as evidências do que enfrentam. Além disso, há o fenômeno da autorresponsabilidade da opressão (ver OPRESSÃO INTERNALIZADA). Uma estratégia dominante usada com sucesso pelas elites e transformada em hegemonia do senso comum em muitos lugares é aquela que coloca grupos marginalizados uns contra os outros, como fazer com que trabalhadores menos educados culpem migrantes em busca de trabalho por seus próprios problemas.

QUEER-PLATÔNICO: Chama-se queer-platônico a um vínculo mais íntimo e intenso do que geralmente se considera amizade, mas que não se conforma às expectativas, compromissos, comportamentos, práticas e limites do modelo tradicional do parceiro romântico, como sexo obrigatório, entrega total e constante, exclusividade, etc. Caracteriza-se, no entanto, por incluir sentimentos de afeto e compromisso emocional. O prefixo *"queer-"* não implica que as pessoas envolvidas se identifiquem como *queer* ou não normativas, mas sim que o relacionamento transcende o normativo. Aqueles que vivem esse tipo de relacionamento podem se referir ao outro como "meu parceiro" ou "minha parceira", embora termos como "minha pessoa especial" (ver ABOBRINHA) também sejam usados para destacar a falta de um rótulo adequado ou mesmo a preferência por dispensar rótulos específicos. Este é verdadeiramente o único tipo de relacionamento descrito e amplamente conhecido que desafia a amatonormatividade como uma norma cultural.

RADICAL: A etimologia deste termo remete à raiz da mudança. Uma abordagem radical foca na transformação fundamental das estruturas sociais e dos sistemas de valores de baixo para cima. A tendência oposta é a imobilidade ou um pensamento reacionário.

RACIALIZAÇÃO: O conceito de raça ou etnia é amplamente debatido sob diversas perspectivas. De fato, a caracterização da raça como um conceito biogenético é altamente problemática e apenas parcialmente aplicável numa interpretação social e cultural da realidade. A ideia de racialização envolve os processos e impactos de categorizar pessoas com base em sua raça. É um fenômeno social que atribui significados raciais à identidade das pessoas, influenciando suas interações com a sociedade, suas estruturas e instituições. Essas atribuições raciais estabelecem hierarquias que perpetuam violências e desigualdades estruturais ao longo do tempo. Tais consequências são fundamentadas na crença, consciente ou inconsciente, de que o comportamento humano é determinado por características genéticas ou pela suposição de que certos traços predisponham indivíduos a determinadas formas de criação ou comportamento.

REDE AFETIVA: São nós afetivos interligados por vínculos de intensidade variável, porém caracterizados pela afetividade, consideração e cuidado compartilhados.

ROMÂNTICO: Os relacionamentos românticos são o modelo predominante de vínculo, seguindo uma normativa heteronormativa, monogâmica e reprodutiva. Eles se baseiam na sublimação de sentimentos amorosos e de atração, ritualizados em um namoro estereotipado que expressa esses sentimentos com a intenção de formar um vínculo único, idealizado e íntimo.

Geralmente incluem relações sexuais e visam estabelecer uma unidade familiar independente, valorizada acima de questões como riqueza, pobreza, saúde e doença. Esse sistema de pensamento evoluiu na Europa desde a Idade Média, influenciado pelas histórias de cavalaria e amor cortês, alcançando seu apogeu nos séculos XVIII e XIX com o movimento artístico do Romantismo.

ROMANTISMO CINZENTO OU ROMANTISMO-CINZA: É uma orientação que se encontra entre o romântico e o arromântico. As pessoas com essa orientação podem sentir atração romântica apenas raramente ou podem sentir atração romântica, mas não desejar relacionamentos românticos ou preferir relacionamentos que não sejam românticos.

RÓTULOS: Neste livro, os termos referem-se aos diferentes elementos do mundo ou do pensamento. Ver DESCRITIVO / PRESCRITIVO.

SOBERANIA PESSOAL: A soberania pessoal ou individual é um conceito central no anarquismo, tanto historicamente quanto filosoficamente. Refere-se ao direito moral ou natural de possuir a própria pessoa, garantindo a integridade corporal e sendo o único proprietário de seu próprio corpo e vida. Este conceito está intrinsecamente ligado aos princípios de voluntariedade, agência, liberdade e responsabilidade individual.

SWINGERS: O *swinging*, também conhecido como estilo de vida liberal ou troca de parceiros, é uma prática de relacionamento na qual um ou ambos os membros do casal participam de atividades sexuais com outras pessoas ou casais, seja juntos ou separadamente, como uma atividade recreativa ou social. Similar ao casal aberto, o swinging é baseado em uma estrutura monogâmica onde a exclusividade sexual é flexibilizada para combater a monotonia e a rotina nas relações íntimas. No entanto, o compromisso com a exclusividade emocional é mantido, e há um foco significativo no respeito à integridade dos casais. Portanto, o swinging é considerado um estilo de vida dentro das normas amorosas estabelecidas.

UNICÓRNIO: No contexto da não-monogamia, o termo "unicórnio" refere-se a uma mulher bissexual que está aberta a se relacionar intimamente com um casal consolidado, sem exigir participação nos acordos existentes entre os parceiros e comprometendo-se a não causar desconforto ou problemas. O termo é usado de forma pejorativa devido à sua associação com a ideia de encontrar algo extremamente raro (como o ser mitológico), implicando uma visão objetificadora e muitas vezes sexista por parte daqueles que o buscam.

UTOPIA: É um termo que origina-se do nome de uma ilha descrita na obra *Utopia* de Thomas More, uma sociedade idealizada, descrita como a melhor das Repúblicas e a Nova Ilha da Utopia. Para Moro, a Utopia era uma sociedade racionalmente estruturada, onde a propriedade seria coletiva, não individual, e as pessoas passariam seus dias dedicadas à leitura e às artes. Uma sociedade de paz, felicidade, justiça e plena harmonia de interesses. O termo, formado pela junção de duas partículas gregas que significam "lugar que não existe", representa um idealismo tão atrativo quanto impossível de ser realizado de maneira precisa nos dias de hoje. Eduardo Galeano relatou um episódio em que, em uma conferência em Cartagena das Índias, o cineasta argentino Fernando Birri foi questionado sobre a utilidade da utopia. Após um breve silêncio, Birri respondeu: "Para que serve a utopia? Essa é uma pergunta que me faço todos os dias. Também me pergunto para que serve a utopia. E eu tendo a pensar que a utopia está no horizonte. Se eu der dez passos, a utopia se afasta dez passos. Se eu der vinte passos, a utopia se coloca vinte passos adiante. Não importa o quanto eu ande, nunca, nunca chegarei lá. Então, para que serve a utopia? Para isso, para andar."

Sobre o autor

Juan-Carlos Pérez-Cortés, Ph.D. Investigador em Inteligência Artificial com vasta produção científica neste domínio. É professor da Universitat Politècnica de València, na Espanha, fundador e diretor do grupo de investigação Perceção, Reconhecimento, Aprendizagem e Inteligência Artificial. Foi diretor científico do Instituto Universitário de Investigação em Informática, onde seu grupo está sediado desde 2004.

Fora da sua área acadêmica, participa de eventos e espaços relacionados com relações não-normativas desde 2010. Foi autor de uma das primeiras traduções para o espanhol do Manifesto da Anarquia das Relações e contribui ativamente para a sua divulgação em diferentes espaços de debate. É cofundador da Associação para as Relações Afectivas, Éticas e Não-Normativas de València (ARAEN Valencia), que organiza, entre outras atividades, um dos encontros de ativismo relacional mais concorridos da Europa, o OpenCon Valencia, que em 2025 chegará à sua quinta edição (depois que as edições de 2020, 2021 e 2022 foram canceladas devido à pandemia). Participou do primeiro Encontro sobre Anarquia Relacional na Espanha, além de outros encontros nacionais e internacionais, workshops e conferências sobre relações e normatividade.